全国商科教育"十二五"规划教材

创业基础

陈卫平　唐时俊　主　编
黄　林　许　强　副主编

清华大学出版社
北京

内 容 简 介

本书共分10章。前9章着重介绍了什么是创业，创业者与创业精神的培育；创意是如何产生的，创业机会识别与评价；创业资源及其获取，商业模式的创新；创业风险的类型及其风险防范；创业计划书的内容、格式及撰写；新创企业组织形式，企业注册流程；创业团队的重要性；创业所需资金的测算方法，创业融资渠道及融资策略；新创企业的成长战略选择。第10章介绍了一个模拟创业实训实践的平台——"挑战杯"网络虚拟经营大赛创业模拟软件"创业之星"，以方便读者进行实践训练。

本书既可作为本科生、高职高专院校学生、研究生的创新创业教育教材，也可作为科技工作者、工程技术人员和其他管理人员的创业培训教材。更重要的是，本书还可以为实践中的创业者（包括准备创业的和正在创业的创业者）提供行动手册。

本书封面贴有清华大学出版社防伪标签，无标签者不得销售。
版权所有，侵权必究。举报：010-62782989，beiqinquan@tup.tsinghua.edu.cn。

图书在版编目(CIP)数据

创业基础/陈卫平，唐时俊主编．—北京：清华大学出版社，2013(2023.1重印)
（全国商科教育"十二五"规划教材）
ISBN 978-7-302-33851-2

Ⅰ.①创… Ⅱ.①陈… ②唐… Ⅲ.①大学生－职业选择－高等学校－教材 Ⅳ.①G647.38

中国版本图书馆CIP数据核字(2013)第215903号

责任编辑：刘翰鹏
封面设计：傅瑞学
责任校对：刘　静
责任印制：刘海龙

出版发行：清华大学出版社
网　　址：http://www.tup.com.cn, http://www.wqbook.com
地　　址：北京清华大学学研大厦A座　　　　邮　编：100084
社 总 机：010-83470000　　　　　　　　　　邮　购：010-62786544
投稿与读者服务：010-62776969, c-service@tup.tsinghua.edu.cn
质量反馈：010-62772015, zhiliang@tup.tsinghua.edu.cn
课件下载：http://www.tup.com.cn, 010-62795764

印 装 者：涿州市般润文化传播有限公司
经　　销：全国新华书店
开　　本：185mm×260mm　　　印　张：16.75　　　字　数：370千字
版　　次：2013年12月第1版　　　　　　　　　　印　次：2023年1月第10次印刷
定　　价：48.00元

产品编号：053821-02

序

创新与创业是企业价值创造和保持竞争优势的重要手段,关乎国家和民族的兴衰。例如,在美国,当代众多的著名高科技公司,如微软、苹果等,几乎都是创业者利用风险投资公司创造出来的,这些创新企业所支撑起的经济与科技体系则正是美国维系其世界超级大国地位的根本保障。对于中国而言,创新与创业也具有同样的重大历史意义,是树立科学发展观、构建和谐社会的国家战略方略。因此,当前我国在创业教育方面进入大力倡导与推进发展阶段。

早在 20 世纪 90 年代,国内的一些高校如清华、北大、人大、南开、浙大等就开始关注国际上的创业热潮,并创立机构、组织研究、举办会议、出版著作等,不少高校则举全校之力,以创业教育实验区响应,如中山大学、黑龙江大学等。如果说,20 世纪高校教育指导思想的重大转变的标志是素质教育,那么,21 世纪继续转变的标志则是创业教育。

21 世纪以来,创业教育已经成为高等教育的热门话题,创业实践也日益成为青年人首选的生存方式。央视的"商道"栏目以及"赢在中国"创业大赛、全国大学生"挑战杯"创业大赛、用友新道杯企业模拟经营大赛等活动,将创新创业的星火席卷全国。

我们认为,创业者的素质并非天生的,而是在后天的环境中逐步形成的。没有孩提时代闻听的种种东方传说,马可·波罗很难萌发东方之旅的意识;没有精湛的软件知识与非凡的创业能力,比尔·盖茨不可能在IT行业独领风骚。正因如此,顺应创业时代热潮,编写创业课程教材,构建行之有效的创业教育体系,是提升全民创新、创业素质的根本途径。

武汉科技大学城市学院的诸位同仁,秉持着"武汉敢为人先"的创新精神,近年来在大学生创业教育方面做了大量卓有成效的工作。同时,在"中部崛起"的大背景下,"武汉市1+8城市圈"及两型社会的高速建设,在经济环境、政策体制、文化氛围等方面极大地促进了当地人民的创新创业热情与激情。

我真心期待本书的出版能进一步推动中部地区乃至全国的创新创业教育事业进程,也相信它的出版必将对我国高校的大学生创业教育起到积极的促进作用。

杨 杰
于武汉东湖之畔
2013.4

前言

大学生创业教育始于发达国家,21世纪初我国开始重视在大学生中开展创业教育,大学陆续开设了创业学选修课程,受到在校学生普遍的欢迎并取得了良好的成效。大学生创业教育日益受到全社会的高度重视,根据《教育部·财政部关于"十二五"期间实施"高等学校本科教学质量与教学改革工程"的意见》和《教育部关于批准实施"十二五"期间"高等学校本科教学质量与教学改革工程"2012年建设项目的通知》的精神,结合近年来从事创业教育的经验与体会,我们组织编写了这本《创业基础》教材。

在教材的编写上,按照教育部2012年8月《普通本科学校创业教育教学基本要求(试行)》规定的普通本科院校创业教育教学大纲要求,结合创业过程的主要环节,构建了本书的主体结构。其中,第1章着重介绍了创业与创业过程、创业者与创业精神的培育;第2章介绍了创意的产生、创业机会的识别与评价;第3章介绍了创业资源及其获取、商业模式与商业模式的创新;第4章介绍了创业风险的类型及其风险防范、基于风险估计的创业收益预测与可行性分析;第5章介绍了创业计划书的内容、格式及其撰写;第6章介绍了新创企业组织形式的选择、企业注册流程及其相关文件的编写;第7章介绍了创业团队的重要性、组建创业团队以及创业团队的运营;第8章介绍了创业所需资金的测算方法、创业融资渠道及融资策略;第9章针对新创企业的特点,介绍新创企业的经营重点以及企业成长战略的选择;第10章介绍了"创业之星"软件以及创业管理模拟,为全书的内容提供了一个实训实践的平台。

本书的编写,一是注重突出理论与实践相结合的课程特点,通过导读案例介绍武汉科技大学城市学院"KIWI大学生创新创业团队"真实的创业事例;二是着重突出课程的实训实践环节,编入"创业之星"实训平台指导教程,该平台作为全国大学生"挑战杯"网络虚拟经营大赛指定竞赛平台,能够很好地满足创业课程教学的实践性及应用性要求;三是本书的编写人员除了长期从事工商企业管理及创业教育的高校教师外,还邀请了具有实际创业经验的企业家参加,努力使教材不仅具有理论的系统性,而且具有实际的可操作性。

本书由武汉科技大学城市学院创业学教学团队老师负责编写,由陈卫平教授、唐时俊讲师担任主编,并特邀杭州贝腾科技有限公司董事长黄林先生、湖北强大连锁及襄阳大枫公司董事长许强先生担任副主编。具体参编人员及分工如下:陈卫平负责拟定编写大纲、第1章的撰写及全书统稿组织；唐时俊负责第2章、第3章、第5章撰写及第1章、第2章、第3章、第5章、第6章、第7章导入案例撰写，并协助第10章撰写及全书审稿；马茹菲负责第4章撰写；胡莎莎负责第6章撰写；徐德钰、舒畅负责第7章撰写；许强负责第8章撰写；何舒卉负责第9章撰写；黄林负责第10章撰写。

  本书在编写过程中参阅了大量的中外文献，主要的参考文献目录已列出，在此一并对各位作者表示感谢；同时也衷心感谢清华大学出版社编辑对本书的鼎力相助与辛勤付出。囿于编者的水平和能力，书中疏漏不当之处，敬请批评指正。

编　者

2013年5月于武汉东湖

目录

第1章 创业与创业者 ·················· 1
- 1.1 什么是创业 ·················· 4
  - 1.1.1 创业的定义 ·················· 4
  - 1.1.2 创业的要素与方式 ·················· 5
  - 1.1.3 创业的重要性 ·················· 8
- 1.2 创业者与创业动机、创业能力 ·················· 9
  - 1.2.1 谁是创业者 ·················· 9
  - 1.2.2 创业动机 ·················· 10
  - 1.2.3 创业者素质与能力 ·················· 11
- 1.3 创业精神 ·················· 13
  - 1.3.1 创业精神的内涵 ·················· 13
  - 1.3.2 创业精神的作用 ·················· 14
  - 1.3.3 创业精神的培育 ·················· 16
- 本章小结 ·················· 18
- 复习题 ·················· 19

第2章 创业机会识别与评价 ·················· 20
- 2.1 创业机会识别 ·················· 23
  - 2.1.1 创意与机会 ·················· 24
  - 2.1.2 创业机会与商业机会 ·················· 27
  - 2.1.3 创业机会的来源 ·················· 28
  - 2.1.4 影响机会识别的关键因素 ·················· 30
  - 2.1.5 识别创业机会的一般过程 ·················· 33
  - 2.1.6 识别创业机会的行为技巧 ·················· 35
- 2.2 创业机会评价 ·················· 38
  - 2.2.1 有价值创业机会的基本特征 ·················· 38
  - 2.2.2 个人与创业机会的匹配 ·················· 40
  - 2.2.3 创业机会评价的特殊性 ·················· 41
  - 2.2.4 创业机会评价的技巧和策略 ·················· 43
- 本章小结 ·················· 48
- 复习题 ·················· 49

第 3 章　创业资源与商业模式 ······ 51
3.1　创业资源 ······ 54
3.1.1　创业资源的内涵与种类 ······ 54
3.1.2　创业资源与一般商业资源的异同 ······ 58
3.1.3　社会资本、资金、技术及专业人才在创业中的作用 ······ 58
3.1.4　影响创业资源获取的因素 ······ 61
3.1.5　创业资源获取的途径与技能 ······ 64
3.2　商业模式 ······ 68
3.2.1　商业模式的定义和本质 ······ 68
3.2.2　商业模式和商业战略的关系 ······ 69
3.2.3　商业模式因果关系链条的分解 ······ 70
3.2.4　设计商业模式的思路和方法 ······ 71
3.2.5　商业模式创新的逻辑与方法 ······ 77
本章小结 ······ 84
复习题 ······ 84

第 4 章　创业风险与可行性分析 ······ 85
4.1　创业风险 ······ 86
4.1.1　机会风险的构成与分类 ······ 86
4.1.2　系统风险防范的可能途径 ······ 88
4.1.3　非系统风险防范的可能途径 ······ 90
4.1.4　创业者风险承担能力的估计 ······ 92
4.1.5　基于风险估计的创业收益预测 ······ 93
4.2　可行性分析 ······ 94
4.2.1　产品(服务)的可行性分析 ······ 94
4.2.2　行业与目标市场的可行性分析 ······ 96
4.2.3　组织的可行性分析 ······ 99
4.2.4　财务的可行性分析 ······ 100
4.2.5　综合可行性分析 ······ 102
本章小结 ······ 103
复习题 ······ 104

第 5 章　创业计划 ······ 105
5.1　创业计划 ······ 107
5.1.1　创业计划的作用 ······ 107
5.1.2　创业计划的内容 ······ 108
5.1.3　创业计划的基本要素 ······ 116
5.1.4　创业计划中的信息搜集 ······ 117

5.1.5　市场调查的内容和方法 …………………………………… 120
　5.2　创业计划书的撰写与展示 ………………………………………… 125
　　　5.2.1　创业计划书的一般文本格式及撰写技巧 ………………… 126
　　　5.2.2　展示创业计划的基本方法 ………………………………… 129
　本章小结 ……………………………………………………………… 135
　复习题 ………………………………………………………………… 135

第6章　新创企业的开办 ……………………………………………… **136**

　6.1　企业组织形式选择 ………………………………………………… 137
　　　6.1.1　各种企业组织形式介绍 …………………………………… 138
　　　6.1.2　不同企业组织形式的比较 ………………………………… 141
　6.2　新企业面临的法律问题 …………………………………………… 142
　　　6.2.1　知识产权保护 ……………………………………………… 142
　　　6.2.2　合法经营 …………………………………………………… 147
　6.3　企业注册流程及企业注册相关文件的提交 ……………………… 152
　　　6.3.1　企业注册流程 ……………………………………………… 152
　　　6.3.2　企业注册登记时应准备提交的文件 ……………………… 157
　本章小结 ……………………………………………………………… 159
　复习题 ………………………………………………………………… 159

第7章　组建新创企业团队 …………………………………………… **160**

　7.1　组建创业团队 ……………………………………………………… 161
　　　7.1.1　创业团队及创建意义 ……………………………………… 161
　　　7.1.2　创始人与创业团队领导者的角色 ………………………… 163
　7.2　组建与运营创业团队 ……………………………………………… 165
　　　7.2.1　组建创业团队的策略 ……………………………………… 165
　　　7.2.2　创业团队的优劣势分析 …………………………………… 168
　　　7.2.3　创业团队的管理技巧和策略 ……………………………… 169
　7.3　创业团队的社会责任与组建公益创业团队 ……………………… 173
　　　7.3.1　创业团队的社会责任 ……………………………………… 173
　　　7.3.2　创业新视角——组建公益创业团队 ……………………… 174
　本章小结 ……………………………………………………………… 175
　复习题 ………………………………………………………………… 176

第8章　获得融资 ……………………………………………………… **177**

　8.1　创业所需资金的测算 ……………………………………………… 179
　　　8.1.1　测算创业资金需要考虑的因素 …………………………… 179
　　　8.1.2　测算创业资金的信息渠道 ………………………………… 180

8.2 测算创业资金需求量的方法 ·· 181
    8.2.1 创业资金的财务规划 ·· 182
    8.2.2 测算创业资金的活动步骤 ······································ 184
8.3 创业融资策略 ·· 185
    8.3.1 创业者个人融资策略 ·· 185
    8.3.2 创业项目股权融资策略 ·· 185
    8.3.3 创业项目内部融资策略 ·· 185
    8.3.4 银行贷款 ·· 186
    8.3.5 融资租赁策略 ·· 188
    8.3.6 典当融资 ·· 189
    8.3.7 风险投资融资 ·· 189
    8.3.8 各种创新基金融资策略 ·· 189
本章小结 ·· 190
复习题 ·· 190

第9章 新创企业的经营与成长战略 ······································ 191

9.1 新创企业的市场细分与目标市场的选择 ································ 193
    9.1.1 新创企业市场细分的必要性 ···································· 193
    9.1.2 新创企业市场细分的标准 ······································ 193
    9.1.3 新创企业目标市场的选择 ······································ 195
9.2 新创企业的营销组合策略 ·· 197
    9.2.1 营销组合的定义及内容 ·· 197
    9.2.2 营销组合策略的内容 ·· 197
9.3 新创企业的成长战略 ·· 201
    9.3.1 企业成长的概念 ·· 201
    9.3.2 企业成长的阶段 ·· 201
    9.3.3 德鲁克的创业战略 ·· 205
    9.3.4 新创企业的其他成长战略 ······································ 209
9.4 新创企业的风险管理 ·· 211
    9.4.1 创业风险的概念及特点 ·· 211
    9.4.2 创业风险的分类 ·· 212
    9.4.3 创业风险的管理 ·· 214
本章小结 ·· 217
复习题 ·· 218

第10章 "创业之星"创业管理模拟 ······································ 219

10.1 "创业之星"软件简介 ·· 221
    10.1.1 "创业之星"平台简介 ·· 221

  10.1.2 "创业之星"主要功能 ………………………………… 221
 10.2 "创业之星"创业管理模拟实训 …………………………… 223
  10.2.1 实训内容大纲 ……………………………………… 223
  10.2.2 实训内容步骤 ……………………………………… 224
 本章小结 …………………………………………………………… 243
 复习题 ……………………………………………………………… 243

附录1 "创业之星"创业模拟实训教师准备 ……………………………… 244

附录2 "创业之星"创业模拟实训学生准备 ……………………………… 245

附录3 企业名称预先核准申请书 ………………………………………… 246

附录4 指定代表或者共同委托代理人的证明 …………………………… 248

附录5 公司设立登记申请书 ……………………………………………… 249

附录6 公司股东（发起人）出资信息 …………………………………… 250

附录7 董事、监事、经理信息 …………………………………………… 251

附录8 法定代表人信息 …………………………………………………… 252

参考文献 ……………………………………………………………………… 253

第 1 章

创业与创业者

车库里诞生的苹果公司

他,出生在美国加州硅谷,17 岁高中毕业,19 岁迷上佛学,21 岁在自家车库里成立苹果电脑公司,30 岁离开苹果,42 岁重返苹果并任 CEO,52 岁苹果推出 iPhone,55 岁推出 iPad。他手中的那个苹果几乎改变了全世界,iPhone 4 风靡中国,更是改变了很多中国人的生活。这都是因为他——史蒂夫·乔布斯,他是一个美国式的英雄,几经起伏,但依然屹立不倒,就像海明威在《老人与海》中说的,一个人可以被毁灭,但不能被打倒。

1. 初露锋芒

史蒂夫·乔布斯 10 岁时,搬到洛斯阿尔托斯市,在这个城市中,他随时都能在各处的箱子翻到一两只废弃不用的电子元件,拆开来看个究竟,玩上好几个小时。他也结识了对他后来成功最重要的人——斯蒂夫·沃兹尼亚克。

图 1-1 乔布斯

比乔布斯大 5 岁的沃兹是远近闻名的电子学小专家,当时已是科罗拉多州立大学一年级学生,曾经因为恶搞学校管理部门的计算机而被赶出学校。

当在沃兹家车库里看到他设计的计算机时,一直为自己电子学知识自豪的乔布斯清醒了,"在电子学方面沃兹是我遇见的第一个水平比我高的人。"

两个斯蒂夫有很多相似之处:他们做事都很专心,生性孤僻,不那么合群,对自己喜欢的事情抱着极大的热情,一碰到兴趣范围的话题就滔滔不绝。两个人又截然不同:沃兹单纯快乐,总是沉浸在计算机和电子学的世界里,而乔布斯活在他自己的世界。

两个天才少年很快有了一次以恶作剧开始的合作。

在一个老牌黑客那里,乔布斯和沃兹见识了一种盗打长途电话的做法。两人决定设计出自己的装置。经过几次试验后,沃兹设计了一个性能非常好的称为"蓝匣子"的电子装置。当他们向身边朋友卖弄时,竟然人人都想问他们要上一只。

乔布斯说服了沃兹,在校园里兜售"蓝匣子"。他凭借买电子元件时讨价还价的本事做起生意,第一批每只卖40美元,由于非常走俏,逐渐提价到150美元并同时提供售后服务,最后卖到300美元。他们通过这个方式赚了不少钱。

2. 自由主义者

20世纪70年代,个人主义的思潮在美国西海岸兴起。乔布斯很快就吸收了这种反文化传统的价值观。到上大学年龄的乔布斯决定去读俄亥俄州一所崇尚自由思想但是收费昂贵的私立大学。他告诉养父母,说那是他唯一想去的大学。夫妇俩再一次满足了养子的任性要求,穷其所有,把他送进了里德学院。然而,一个学期后,乔布斯退学,并设法讨回了所交的学费。

退学后的乔布斯依旧住在学校,无所事事。他的兴趣转移到东方哲学上。他跑到印度,光着脚、穿着破烂衣服开始精神之旅。回来后,穿着橘黄色的长袍,剃光头发。显然,他内心的某种欲望仍旧没有得到满足。因此,他决定以一种与从前不同的方式重新开始他的人生。

乔布斯开始重新思考他和沃兹的关系:他缺乏沃兹在技术上的卓越天赋,但是,他知道如何把一个产品转化为利润。既然少年时的恶作剧——"蓝匣子"这么成功,他们一定还能设计出别的东西,然后拿出来卖。但那是什么呢?

当时,乔布斯打工的一家叫阿尔塔的游戏公司委托他开发一款叫"突破"的游戏。48小时后,乔布斯拿出了使用非常少电脑芯片的设计方案。

事实上,它全是沃兹的功劳,乔布斯只是在沃兹研发的时候买些糖果和可乐。阿尔塔公司最后支付了1000美元设计费。

3. 伟大起航

乔布斯要向世人证明,苹果公司不仅有沃兹一个计算机天才,还有一个乔布斯。

1975年1月,一篇名为《大众电子学》的文章介绍了一台阿尔泰计算机的详细情况,这标志着人们一直争论的"个人"计算机诞生了。乔布斯开始考虑他和沃兹如何在这个新的领域获得商业利润。

此时,沃兹已经一头扎到个人计算机的世界,设计出了电路板。斯蒂夫知道后很高兴,他告诉沃兹,他要把这项技术变成电子企业。新公司有一个文雅而生动的名字——苹果。沃兹卖掉了心爱的惠普65可编程计算机,乔布斯卖了自己的大众汽车,凑了1000美元作为启动资金。两人在新公司占相等的股份,剩下的10%归答应帮助他们的罗恩·韦恩。苹果公司的产业模式非常简单:由沃兹设计电路模型,然后生产出电路板投放市场。3个人都没有意识到一个宏伟的明天即将到来。

一个经营计算机的店主以每台500美元的价格向他们订购了50台计算机。令他生气的是,两个年轻人拿出来的第一代苹果计算机是一块光秃秃的电路板,既没有机箱、电源、键盘,也没有显示器。乔布斯此时对设计和产品还毫无认识。

但是,沃兹设计的苹果Ⅱ计算机获得了重要的突破。1976年,他和乔布斯赶往亚特兰大的个人电脑节,随后又去了费城,急着向世界展示他们的成果。这是次颇为丢脸的经历,展示会上,人们对这两个邋遢的年轻人和丑陋的"箱子"都视而不见。

从展示会回来,乔布斯意识到:要让沃兹设计的计算机取得成功,必须开拓出一条商业经营的通道,要有雄厚的资金,同时还得有维护客户关系和进行广告宣传的专业人士的帮助。

那时起,许多硅谷的公司老板都被一个头发胡子拉碴、穿着破牛仔服的年轻人骚扰着,或者打电话或者被他堵在办公室里。在乔布斯的死缠烂打下,广告创意公司麦金纳、投资人麦克马库拉加盟到这家新公司,苹果正式转变为一家股份公司。

在随后的计算机展销会上,乔布斯有力地助推苹果Ⅱ取得商业成功。

半年之后,苹果Ⅱ在西海岸出尽风头。在花了5000美元设计费的展位上,人们第一次看到这么漂亮、专业的电脑,乔布斯要求每个接口都必须做得巧妙,完全采用流线型设计;沃兹使出浑身解数向观众展示苹果的产品。事实上,开幕之前,乔布斯还对运来的难看机箱非常恼火,立马命令几个员工对机箱进行打磨、刮擦和喷漆。

数月之内,他们接到300份苹果Ⅱ订单。到1979年,苹果Ⅱ已成为商圈必备的计算机设备。

4. 商业奇才

1979年,24岁的乔布斯已成为百万富翁,他买了一辆梅塞德斯-奔驰。

随着新型苹果电脑的陆续开发,苹果成为真正的个人计算机市场"龙头老大"。1980年,苹果公司公开上市。交易当天,460万美元公开股在1小时内就被抢购一空。这是自20世纪50年代中期福特汽车公开上市以来,超额认购数量最大的一次。一夜之间,斯蒂夫·乔布斯的资产达到2.175亿美元。他成为公众的偶像——一个正在改写历史的相貌英俊、带着胜利微笑的年轻单身汉。

为乔布斯工作好像是在攀登一座难以到达山顶的山。他的命令有时听上去是很不合理的,但他总有能力把成员挑战到一个极限。一次,他把电话簿扔在会议桌上,要求设计出来的机器只能这么大,所有的人面面相觑。这能实现吗?

5. 改变世界

乔布斯是幸运的,苹果是幸运的,世界是幸运的,因为,1997年——当乔布斯在离开了苹果公司12年之后他回来了。从这一刻起,他的"电话簿"大小的"机器"——iPod及iPhone们真的开始改变世界了。

iPod之所以能够流行,首先在于它一流的设计,跟其他MP3相比,它鹤立鸡群。其次在于它有一个微创新,其里面的东芝小硬盘,号称可以存储一万首歌,一辈子都听不完。从iPod开始,每一个微小的创新和持续改变,成就了一个伟大的产品。在iPod中加入一个小屏幕,就有了iPod Touch的雏形。有了iPod Touch,任何一个人都会想到,如果加上一个通话模块打电话怎么样呢?于是,就有了iPhone。有了iPhone,把它的屏幕一下子拉大,不就变成了iPad了吗。

就是这样,乔布斯为苹果带来了100倍股价涨幅,给世界带来了1000万台iPad,1亿部iPhone,2.7亿台iPod,带动全球超过万亿的产值。iPad、iPod、iTunes Store、iPhone等数字产品,每一样都极大推动并改变了人类的生活,或者这种推动没有爱迪生发明电灯使用所带来的巨大变化来的"直接",但是,正如一位网友写的:"无论你用的是什么电脑、设备或操作系统,你都要感谢乔布斯。没有他,这个世界会不同。"

思考题:

(1) 大学生为什么要参与创业实践?

(2) 大学生参加创新创业活动有什么特殊优势？
(3) 乔布斯的创业历程告诉了我们什么？

1.1 什么是创业

20世纪80年代以来，以知识创业和跨国创业为主要类型的创业活动日益频繁，创业型经济已成为新的时代特征。例如，美国的创业活动一直十分活跃，每年新创企业数占同期全国企业总数的比重维持在22%左右，其中，硅谷的高科技创业取得了极大的成功，已成为各国学习和效仿的重要对象。

全球创业观察(GEM)提供了世界早期创业行为的情况统计，如表1-1所示，显示了世界各国对创业的浓厚兴趣。其中，创建新企业比例最高的是那些缺乏好工作的低收入国家(泰国26.9%)，同时高收入国家中的创业比例也令人印象深刻(爱尔兰12.5%)。中国的创业行为从人口比例上看，已经居于世界前列。这是在改革开放后的经济体制转轨与全球化进程加快的双重作用下，不少人开始脱离原有事业体制，甚至为了积极融入世界经济而下海创业的结果。

表1-1 早期创业行为的比例(18~64岁)

国家(地区)	巴西	中国内地	中国香港	爱尔兰	秘鲁	俄罗斯	西班牙	泰国	英国	美国
创建新企业的人口比例/%	12.7	16.4	10.0	12.5	25.9	2.7	7.6	26.9	5.5	9.6

(资料来源：N. Bosma, K. Jones, E. Autio, and J. levie, Global Entrepreneurship Monitor 2007 Executive Report (Babson College and London Business School, 2007))

总的来看，今天创业活动已经成为世界各国发展经济和增加就业机会的重要动力来源，因此正越来越受到各国的倡导和鼓励。

1.1.1 创业的定义

面对方兴未艾的世界创业大潮，我们首先要搞清楚的一个问题就是：到底什么是创业？

从词源的角度看，"创业"(Entrepreneurship)这个词实际上来源于法语，其中"entre"(意思是"中间")与"preneur"(意思是"承担")。这个词最初用来描述买卖双方之间承担风险的人，或承担创建新企业风险的人。创业者和发明家不同，发明家创造新事物；而创业者则聚集并整合所有必要的资源(金钱、人力、商业模式、战略和风险忍耐力)，以便将发明转化为可存活的企业，实际上作为一个"中间人"存在。

理论界对这一问题则是仁者见仁，智者见智。杰弗里·蒂蒙斯(Jeffry A. Timmons)所著的创业教育领域的经典教科书《创业创造》(*New Venture Creation*, 1999)的定义："创业是一种思考、推理结合运气和行为方式，它为运气带来的机会所驱动，需要在方法上全盘考虑并拥有和谐的领导能力。创业导致价值的产生、增加、实现和更新，不只是为所有者，也为所有的参与者与利益相关者。"

H. H. 史蒂文森(H. H. Stevenson)与J. C. 杰瑞罗(J. C. Jarillo)将创业(Entrepreneurship)

定义为个人不考虑当前所控制的资源而追求机会的过程。其他人士则有更加简单的阐述，比如风险投资家弗瑞德·威尔逊(Fred Wilson)，把创业看做"将创意转化为企业的艺术"。

郁义鸿、李志能在《创业学》(复旦大学出版社，2000年)中指出："创业，是一个发现和捕获机会并由此创造出新颖的产品、服务或实现其潜在价值的过程。"

我们认为"创业"应该分为两类，一是广义的创业；二是狭义的创业。

首先，广义上的创业可以理解为：一个人根据自己的性格、兴趣、所学专业、能力、社会资源等选择适合自己的发展路径，并为这一发展路径的成功准备各种条件，最后实现自己的人生目标(主要是职业目标)的过程和结果。在这里，创业就是人生。例如，在一个大四毕业班级中，小李同学选择了考取研究生继续攻读硕士、博士学位，最后在大学中任教的发展路径；小刘同学则选择了南下赴广州某外贸公司任职销售员，经过三年的市场历练成为该公司欧洲大区经理的发展路径；小吴同学选择了报考国家公务员；小张同学则通过雅思考试，赴英国攻读金融学硕士；小王同学回温州老家协助父亲管理家族事业；小杨同学则和几个要好的哥们儿在学校边上开了一家奶茶店等。这些看似各不相同的人生发展路径，实际上从广义的角度看都属于创业行为。在这里，一个人的创业路径的选择除了自身因素(性格、兴趣、专业)之外，社会资源也是至关重要的决定性环节，如出国留学的费用、家族是否有企业在经营等这些都是因人而异的。

其次，我们认为狭义上的创业就是指"自主创业"，如上文中谈到的"小杨同学和几个要好的哥们儿在学校边上开了一家奶茶店"的例子。

自主创业又称独立创业，是指创业者个人或创业者团队对自己拥有的资源或通过努力能够拥有的资源进行优化整合，从而创造出更大经济或社会价值的过程。它包含四重内涵：

(1) 这是创造出某种"有价值的"新事物的过程；
(2) 这需要贡献必要的时间，付出极大的努力；
(3) 创业者承担必然存在的风险(财务、精神、社会领域及家庭等)；
(4) 创业成功的报酬：金钱、独立自主、个人满足。

这种创业已经脱离了一般意义上的"就业"、"继承家业"与"求学"的范畴，创业者个人或创业者团队以资源(自有与自筹)所有者的身份，利用资金、知识(专利)、能力和社会关系网络，通过创办企业、技术入股、寻求合作等方式创立新的社会经济单元——不再是现有就业岗位的填充者，而是为自己、为社会更多人提供就业机会的创造者。

我们在本书中介绍的创业，如无特别说明，均指狭义的创业。

1.1.2 创业的要素与方式

1934年，约瑟夫·熊彼特(Joseph Schumpeter)在《经济发展理论》一书中提出"创新理论"，从理论上首次清楚地表达了创业对经济与社会发展的重要性。熊彼特论述道：所谓创新就是建立一种新的生产函数，把一种从来没有过的关于生产要素和生产条件的新组合引入生产体系，也就是说创业者们开发出新产品和新技术，逐渐使当前产品和技术陈旧过时，这个过程被称为"创造性破坏"(The Creative Destruction)。由于新产品和新技术优于那些被取代的产品和技术，改进后的产品和技术将提高消费者需求，所以创造性破坏最终刺激了经济的活力。同时，这些新产品和新技术也将提高整个社会的生产效率。

如熊彼特所述，我们认为创业就是"一种从来没有过的关于生产要素和生产条件的新组合引入生产体系"的过程。因此，创业的前提是具备相应的"要素"，随后，创业者要将这些要素在"一种从来没有过的"、"新组合"形式中"引入生产体系"。

1. 创业的要素

随着愈演愈烈的竞争，创业者越来越发现，吸引、聚集这些重要资源正变得极其困难。对于初创公司来说，这是最好的时代，也是最坏的时代。要想创建一家公司远比以前要容易得多，但在这个竞争激烈的时代，正因为这么多初创公司的存在，资源的争夺也愈加激烈，很多创业公司难以找到足够的资源来支持自身的发展，因此创业公司要想生存下来又比之前变得艰难得多。

首先，我们认为创业公司要想创立、生存并发展下去，最需要以下三大核心要素[①]：

① 财务资源。创业归根到底是一种经济行为，逐利是其原始动机；同时，财务风险又是创业的头号风险。因此，财务资金及盈利始终是其核心关注问题。启动资金来源于自筹还是融资？是否有足够的启动资金？项目启动后的预计盈利模式与周期情况如何？这些都是创业前要仔细考虑的问题。

② 人力资源。包含两个方面：一个是由创业者掌握的技术资源（如知识专利）；二是经营管理资源，即创业者或其团队对创业项目运营管理的能力。这种经营赚钱的能力是最重要的，要有非常出色的经营能力企业才会存在并发展。

③ 客户资源。也就是谁来购买你产品或服务的问题。《哈佛商业评论》（*Harvard Business Review*）和《施乐研究》（*Xerox Research*）的调查结果显示：客户满意度如果有了5%的提高，企业的利润将加倍。一个非常满意的客户的购买意愿将六倍于一个满意的客户。两次光临的顾客可为企业带来25%～85%的利润。一位满意的顾客会引发8笔潜在的生意，其中至少有一位光临。一位不满意的顾客会影响25个人的光顾意愿。争取一位新顾客所花的成本是保住一位老顾客所花费的六倍。一个企业只要比以往多维持5%的顾客，则利润可增加25%以上。

因此，如果能在创业之前或之初就确定自己的客户资源群体，无疑是给自己的创业事业买上了"保险"。

其次，我们要向大家解释或澄清一个创业要素方面的误区。

很多年轻人在创业时，过多强调资金因素影响力，其实不然，创业条件中资金虽然很重要，但不是至关重要的，最重要的是创业者个人的经营能力，特别是业务能力。

2. 创业的方式

思考案例 1-1

一个美国旅行团到澳大利亚旅游，飞机降落时，其中一个乘客看到当地居民的家门口有一堆堆黑乎乎的东西。抱着好奇心，下飞机后，他就去看个究竟。通过了解，他得知这

[①] 资料来源：创业邦. 创业公司所需要的三大核心资源[EB/OL]. 中国网 http://www.china.com.cn, 2012-11-14.

些是由于政府重建城市而被挖出的大量朽木,并且是400多年前欧洲移民用来圈地用的。对这些垃圾,人们一直没有合适的处理办法。这位游客很快意识到有一个巨大商机就在面前:只要稍加处理,这些朽木就可以成为工艺品,而且一定能赢得欧洲人的青睐。于是,他开始"白手创业"行动:首先与当地居民签订朽木的统一处理协议,不花分文就将这些资源据为己有;接着公开招标,请木器加工厂进行加工制作;第三步即面向英联邦国家召开销售订货会,结果订货商趋之若鹜,所有产品以每个14～18美元的价格被订购一空。这位旅行者净赚了一千多万美元。

思考:这个美国人有资金么?没有!他身上有资源么?也没有!他之所以能够"空手套白狼"、"化腐朽为神奇"不仅仅是因为他的"金"点子,更在于他身上所具有的能够迅速为自己创造、整合资源的能力,进而实现资源利用的最大化。

创业成功与否很大程度不是取决于拥有多少资源,而是如熊彼特所述,能在多大范围、何种程度上将这些要素在"一种从来没有过的"、"新组合"形式中"引入生产体系"——即进行资源整合的方式。

在这里介绍三种当前最常见的创业方式。

(1) 创业方式一:网络创业

互联网改变了人们的生活,成为全时空连接资源的纽带,为人们提供了全新的创业方式。网络创业不同于传统创业,无须白手起家,而是利用现成的网络资源。目前网络创业主要有两种形式:网上开店,在网上注册成立网络商店;网上加盟,以某个电子商务网站门店的形式经营,利用母体网站的货源和销售渠道。

网络创业优势:门槛低、成本少、风险小、方式灵活,特别适合初涉商海的创业者。像易趣、阿里巴巴、淘宝等知名商务网站,有较完善的交易系统、交易规则、支付方式和成熟的客户群,每年还会投入大量的宣传费用。加盟这些网站,创业者可近水楼台先得月。而且,网上创业受到政府的重视,可享受诸多的优惠政策和措施,例如,上海现已在普陀、静安两区建立了电子商务创业园,为创业者提供优质的创业环境和服务。

(2) 创业方式二:加盟创业

分享品牌金矿,分享经营诀窍,分享资源支持,连锁加盟凭借诸多的优势,而成为备受青睐的创业新方式。目前,连锁加盟有直营、委托加盟、特许加盟等形式,投资金额根据商品种类、店铺要求、技术设备的不同从几千元到上百万元不等,可满足不同需求的创业者。

加盟创业优势:加盟创业的最大特点是利益共享,风险共担。创业者只需支付一定的加盟费,就能借用加盟商的金字招牌,利用现成的商品和市场资源,并能长期得到专业指导和配套服务,而不必摸着石头过河,创业风险也有所降低。以饰品加盟为例,选择"阿呀呀"这样领跑在潮流前端的品牌加盟,属于小投资、低风险的典型。

(3) 创业方式三:发明创业

靠发明可以创大业,因为"科学技术是第一生产力"。马克思曾指出:"生产力中也包括科学",并且说:"固定资本的发展表明,一般社会知识,已经在多么大的程度上变成了直接的生产力。"马克思还深刻地指出:"社会劳动生产力,首先是科学的力量";"大工业把巨大的自然力和自然科学并入生产过程,必然大大提高劳动生产率"。人类近代的科技发展史正是一部波澜壮阔的创新企业史。

例如,1908年福特汽车公司生产出世界上第一辆属于普通百姓的汽车——T型车,世界汽车工业革命就此开始。1913年,福特汽车公司又开发出了世界上第一条流水线,这一创举使T型车的产量一共达到了1500万辆,缔造了一个至今仍未被打破的世界纪录。福特先生因此被尊为"为世界装上轮子"的人。

发明创业优势:科学技术一旦渗透和作用于生产过程中,便成为现实的、直接的生产力。现代科学技术特别是高技术,正以越来越快的速度向生产力诸要素全面渗透,同它们融合。因此,拥有和掌握了创新技术与专利的创业者,在资金、人才、市场、技术等多方资源优化整合的创业过程中,将始终处于核心位置。

1.1.3　创业的重要性

在新经济与高科技共存共荣的今天,创业行为不仅对创业者的个人生活有强烈的影响,实际上它对社会经济的发展甚至国家民族的未来,都有着巨大而深远的影响。

1. 创业对个人生活的影响

做自己的老板。一些创业者从小就怀有拥有一家企业的梦想,他们始终认为在传统的公司或单位里上班是在为他人工作,而创业则给了自己一个为自己工作的机会。

实践自己的创意。一些创业者天赋机敏,他们在生产与生活中善于发现问题,并能够结合知识与经验提出创新的产品或服务来作为问题的答案。当他们将自己的创意付诸实践,比如做出了原型设备或是申请专利后,他们就拥有将这一创意转化为人们接受的现实产品与服务的强烈渴望。这时他们为了将创意转变为现实,将开创自己的企业作为开发创意的途径。

获得财务回报。创业的财务诱惑在于它的上升潜力,像戴尔公司(Dell Inc.)的迈克·戴尔、雅虎(Yahoo)的杨致远等,他们从创建企业中获得了数以亿计的美元回报。

2. 创业对社会经济的裨益

创业企业的创新对社会有重大的影响。请考虑那些使我们生活更加舒适、工作效率得到提升、改善我们的健康并提供娱乐给我们的新产品和服务吧。史蒂夫·乔布斯1976年和朋友成立苹果电脑公司,先后领导和推出了麦金塔计算机、iMac、iPod、iPhone等风靡全球亿万人的电子产品,深刻地改变了现代通信、娱乐乃至生活的方式,让曾经昂贵稀罕的电子产品变为现代人生活的一部分。比尔·盖茨(Bill Gates)与保罗·艾伦创建微软公司,分别任微软CEO和首席软件设计师,在个人电脑之父爱德华·罗伯茨的率领下,联合发明了世界上第一台个人电脑,随后开发了DOS操作系统与Windows操作系统,深刻地改变了人类的生活方式。

此外,创造就业是创业对社会经济的另一大贡献。自20世纪90年代以来,美国的小企业雇用了半数以上的美国私营经济雇员,创造了2/3的新增工作岗位,为大部分进入劳动力市场的新人提供了第一份工作。小企业占所有企业雇主的99.7%。雇员数低于500人的中小企业,占美国2600万企业的99.9%。

3. 创业对国家民族发展的意义

以美国为例,美国是较早在学校中进行创业教育的国家,从小学、初中、高中到大学乃至研究生,都普遍开设就业与创业教育课程。在美国的历史上,创业从来没有像现在这么生机勃勃。在过去的25年中,创业学成为美国商学院和工程学院中发展最快的学科领域。1980年有163所院校开设了创业课程,到1999年大约有1100所学院和大学开设了创业课程。许多学院和大学还开设了创业学或创业研究专业。美国还设立了国家创业教学基金。

美国的创业教育甚至延伸到中学教育。现在至少30个州的K-12年级的学生正在接受创业教育。一项对全美高中生的随机抽样调查显示:70%的学生希望拥有自己的企业;86%的学生希望知道更多有关创业方面的知识。

在过去的30年里,美国经济正是由于创业革命而发生了巨大的转变。随着技术创新的飞速发展,一大批高新技术企业成为各自行业的风云人物。微软、英特尔、康柏、网景和雅虎等信息业巨子显赫辉煌。微软公司目前股票市值已经超过了全美三大汽车公司市值的总和;雅虎在经过短短的4年发展以后,市值便达到了近百亿美元,这是传统工业企业往往需数十年甚至上百年才能企及的目标。这是一个个真实的神话,一个个令人瞠目的奇迹。创业者们创造出前所未有的巨大价值,使得当今美国财富中超过95%是在1980年后创造出来的。

1.2 创业者与创业动机、创业能力

在回答"谁是创业者"这个问题之前,我们应该先区分清楚"发明(Invention)"与"创业(Entrepreneurship)"这两个概念。发明创造了新思想,而创业则是下一步,即把新的思想付诸于实际应用——新产品或新服务。因此,实际上创业者可以是发明人本人,也可能根本不是。

1.2.1 谁是创业者

早期,法国经济学家萨伊(J.B.Say,1803)认为:"创业家是一个把经济资源从生产效率低的领域转移到高生产效率领域并创造出效益的人。"另一些学者则将创业者简单地定义为创办他或她自己的、新的、小型公司的人。我们认为:创业者(Entrepreneur)是承担必要风险、去组织和管理一个企业、并获得经济与非经济形式回报的人。也就是说,创业者要将一些前提要素(如资金、技术等),通过他们的组织与管理,以"一种从来没有过的"、"新组合"形式"引入生产体系"。

一个开比萨饼餐厅的人会是创业者吗?他的确承担了风险,而且如果为了在激烈的市场竞争中生存,他还进行了一些创新,那么他显然就是一名创业者。雷·克劳克就是这样一个例子,因为他创立了麦当劳公司(McDonald's Corporation)。他的汉堡并不是一个新东西,但是他却将新工艺、资源配置和组织方法应用到了他的事业中,他的标准化连锁式快餐经营极大地提高了生产效率,现在麦当劳公司在世界上大约拥有三万家分店,遍布在全世界六大洲百余个国家,主要售卖汉堡包、薯条、炸鸡、汽水、沙拉等。今天,麦当劳代

表着一种美国式的生活方式。

1.2.2 创业动机

对于创业者而言,什么是他们走上创业之路的原动力呢?他们的创业动机是什么?我们认为,创业动机是指引起和维持个体从事创业活动,并使活动朝向某些目标的内部动力。它是鼓励和引导个体为实现创业成功而行动的内在力量。

1. 国内一般创业动机

当前,随着我国市场经济的高速发展,投身创业的人越来越多,目前国内创业者动机基本可以分成以下类型。

(1) 生存型

生存型创业者大多为下岗工人,失去土地或因为种种原因不愿困守乡村的农民,以及刚刚毕业找不到工作的大学生。这是中国数量最大的创业人群。清华大学的调查报告说,这一类型的创业者占中国创业者总数的90%。其中许多人是被逼上梁山,为了谋生混口饭吃。一般创业范围均局限于商业贸易,少量从事实业(基本是小型的加工业);当然也有因为机遇成长为大中型企业的,但数量极少。

(2) 主动型

主动型创业者又可以分为两种,一种是盲动型创业者;一种是冷静型创业者。前一种创业者大多极为自信,做事冲动。这种类型的创业者,大多具有"博彩"的行动趋向,喜欢"赌"、而不太喜欢检讨成功概率。这样的创业者极容易失败。冷静型创业者是创业者中的精华,其特点是谋定而后动,不打无准备之仗,或是掌握资源,或是拥有技术,一旦行动,成功概率通常很高。

(3) 赚钱型

赚钱型创业者除了赚钱,没有什么明确的目标。他们就是喜欢创业,喜欢做老板的感觉。他们不计较自己能做什么,会做什么。可能今天在做着这样一件事,明天又在做着那样一件事,他们做的事情之间可以完全不相干。奇怪的是,这一类创业者中赚钱的并不少,创业失败的概率也并不比那些兢兢业业,勤勤恳恳的创业者高。

2. 大学生创业动机

根据 ErkkoAutio 等人在亚洲学生创业动机测试模型研究(Entrepreneurial Intent Among Students Testing an Intent Model in Asia, Scandinavia and in the U.S.A)中的研究结果,当代大学生创业的动机大体上可以归为以下4类:对成就的需要、对独立性的偏好、控制的欲望、改变家庭和个人的经济状况。

具体到中国国情,大学生创业活动是适宜的创业环境与做好创业准备的大学生相结合的产物。在我国社会主义市场经济高速发展的今天,大学生作为社会经济生活中的一个特殊群体,他们的创业动机归纳起来主要有以下4种。

(1) 生存的需要

首先,由于经济的原因,许多的家庭越来越难以负担昂贵的学费,国家的助学贷款、奖学金制度也不能完全解决问题。在沉重的经济负担压力之下,为了顺利完成学业,这部分学生中的一部分人只好利用课余时间打工来维持正常的学习和生活。在打工的过程中有一部分具有创业素质的人会发现商机并且去把握它,开始走上了创业的道路。

其次,当前我国高校学生中城镇生源的学生95%均是独生子女,培养他们的独立性已经成为当务之急。目前已经有一部分学生开始独立承担自己的学习、生活费用,在他们中也产生了一定数量的创业先行者。这部分创业者通常都以学习为主要目的,从事一些需要投入时间、精力较少的行业,对经济回报要求较低。

(2) 积累的需要

按照美国学者奥尔德弗(Alderfer)的ERG理论,人的需求分为生存、相互关系和成长。这三种需求并不一定按照严格的由低向高的顺序发展,可以越级。当代大学生随着年龄的增长,对于相互关系和成长的需要会逐渐强烈。一部分大学生为了增加自己的实践经验,丰富自己的社会阅历,或者为了自己以后的发展或实现自己的某个目标做好经济上的准备,在条件成熟的情况下也会利用课余时间走上创业的道路。这个类型的创业者往往以锻炼为目的,承受失败的能力较强。同时由于压力较小,失败和半途而废的比例也比较高。

(3) 自我实现的需要

心理学研究表明,25~29岁是创造力最为活跃的时期,这个年龄段的青年正处于创造能力的觉醒时期,对创新充满了渴望和憧憬。他们思维活跃、创新意识强烈,同时所受的约束和束缚较少,按照ERG理论对成长的需要也更为强烈。另外,由于大学生所处的环境,他们往往更容易接触一些新的发明和学术上的新成果,或者他们中的一部分人本身拥有具有自主知识产权的科研成果。为了能早日实现自己成功的目标,他们中的一部分人改变了自己的成功观念也开始了自己的创业生涯。

(4) 就业的需要

当前,我国的大学生就业形势相当严峻,一方面表现为需求不足;另外一方面表现为大学毕业生的工资待遇降低。在这种情况之下,为了找到一份自己满意的工作,有一部分大学生也开始了创业。

1.2.3 创业者素质与能力

美国《时代周刊》评论曾经有这样一段话:"在21世纪,改变你命运的只有你自己,别期盼有人会来帮助你。从现在开始,'学习、改变、创业'是通往新世界的唯一道路。"但是,创业能否成功,与创业者的素质关系极大。创业者需具备哪些特点和素质,不少学者做过研究。

英国的科林·巴罗在《小型企业》一书中提出小企业人的6个特点:①全身心投入,努力工作;②接受不确定性;③身体健康;④自我约束;⑤独创性和敢冒风险性;⑥计划与组织能力。

美国学者唐·多曼在《事业革命》一书中提出了创业者的5种人格特征:①愿意冒风险;②能分辨出好的商业点子;③决心和信心;④壮士断腕的勇气;⑤愿意为成功延长工作时间。

美国学者蒂姆·伯恩在《小企业创业蓝图》一书中提出了对企业家的四点要求：①信心；②专门知识；③积极主动的态度；④恒心。

著名管理专家威廉·拜格雷夫将优秀的创业管理人素质归纳为10个以"D"字母为首的要素：①理想(Dream)；②果断(Decisiveness)；③实干(Doers)；④决心(Determination)；⑤奉献(Dedication)；⑥热爱(Devotion)；⑦周详(Details)；⑧命运(Destiny)；⑨金钱(Dollar)；⑩分享(Distribute)。

根据我国的创业环境及众多成功案例，我们认为创业者应锻炼以下几方面的基本素质，即心理素质、身体素质、知识素质和能力素质。

1. 心理素质

所谓心理素质是指创业者的心理条件，包括自我意识、性格、气质、情感等心理构成要素。作为创业者，他的自我意识特征应为自信和自主；他的性格应刚强、坚持、果断和开朗；他的情感应更富有理性色彩。成功的创业者大多是不以物喜，不以己悲的，面对成功和胜利不沾沾自喜，得意忘形；在碰到困难、挫折和失败时不灰心丧气，消极悲观。

2. 身体素质

所谓身体素质是指身体健康、体力充沛、精力旺盛、思维敏捷。现代小企业的创业与经营是艰苦而复杂的，创业者工作繁忙、时间长、压力大，如果身体不好，必然力不从心、难以承受创业重任。

3. 知识素质

创业者的知识素质对创业起着举足轻重的作用。在知识大爆炸、竞争日益激烈的今天，单凭热情、勇气、经验或只有单一专业知识，要想成功创业是很困难的。创业者要进行创造性思维，要作出正确决策，必须掌握广博知识，具有一专多能的知识结构。具体来说，创业者应该具有以下几方面的知识。

(1) 法律知识：做到用足、用活政策，依法行事，用法律维护自己的合法权益；

(2) 管理知识：了解科学的经营管理知识和方法，提高管理水平；

(3) 专业科学知识：掌握与本行业本企业相关的科学技术知识，依靠科技进步增强竞争能力；

(4) 市场营销知识：具备市场经济方面的知识，如财务会计、市场营销、国际贸易、国际金融等；

(5) 人文知识：具备一些有关世界历史、世界地理、社会生活、文学、艺术等方面的知识。

4. 能力素质

创业者至少应具有如下能力：①创新能力；②分析决策能力；③预见能力；④应变能力；⑤用人能力；⑥组织协调能力；⑦社交能力；⑧激励能力。

当然，这并不是要求创业者必须完全具备这些素质才能去创业，但创业者本人要有不断提高自身素质的自觉性和实际行动。提高素质的途径：一靠学习；二靠改造。要想成为一个成功的创业者，就要做一个终身学习者和改造自我者。哈佛大学拉克教授讲过这样一段话："创业对大多数人而言是一件极具诱惑的事情，同时也是一件极具挑战的事。不是人人都能成功，也并非想象中那么困难。任何一个梦想成功的人，倘若他知道创业同时需要策划、技术及创意的观念，那么成功已离他不远了。"

1.3 创业精神

什么是真正的创业精神？或者说创业精神的本质是什么？哈佛大学商学院对其的定义是："创业精神就是一个人不以当前有限的资源为基础而追求商机的精神。"从这个角度上来讲，创业精神代表着一种突破资源限制，通过创新来创造机会、创造资源的行为，而不是简单地体现在创造新企业，或体现在创新上。因此，我们认为创业精神的本质在于："没有资源创造资源，没有条件创造条件，用有限资源去创造更大价值。"

1.3.1 创业精神的内涵

纵观所有成功的创业者和商业精英，成功的具体方法虽各有不同，但他们所拥有的创业思想观念和创新精神却是惊人的相似。我们将这些关键的、创业成功的精神要素提炼为以下几点。

1. 梦想与理想

每一个成功的创业者都是一个绝对的梦想家。比尔·盖茨在创业之初的梦想就是让每个家庭都能用上互联网；飞机的发明源于福特兄弟"人类也能在天空中像鸟一样飞翔"的梦想……历史上每一个伟大的企业都是起源于创业者的一个伟大的梦想。如果你想创业，就一定要先给自己确定一个具有强烈吸引力的大梦想、大目标，这个梦想一定要能让你兴奋。

2. 坚强意志

坚强的意志包括了坚持、专注以及克制诱惑的能力。很多实例证明，创业者不断坚持的精神能够解决任何问题。在管理学中有这样一句名言："创业途中如果有今天、明天、后天，大多数人往往都死在了明天晚上，而后天，太阳才会出来。"这是一种不幸和悲哀。因此，只要创业者坚持的方向是符合历史发展规律的，对人们有益的方向，坚持下去就一定会有不错的结果。拥有坚强的意志，是创业成功的有力保障。

3. 开放创新的心态

积极的心态是创业成功者必须具备的精神品质。毫无疑问，创业是一个机遇和挑战并存的过程，只有拥有积极的思维模式和人生态度，才能从事物的两面中取正弃负，发现更多机会。

4. 勇敢

虽然创业的过程对于很多人来说是一个充满激情与喜悦的过程,但也同样是一个充满风险、艰辛与坎坷的过程,从风险的角度来说,创业的过程实际就是一种不断挑战风险的过程,是一种风险与收益博弈的过程。真正的创业者不是要万无一失地去做事情,而是要去尽量规避风险获得高回报。所以,拥有敢为的气魄,是创业者必须具备的精神品质。

5. 诚信

诚信是创业者精神的基石,也是创业者的立身之本。在创业者修炼领导艺术的所有原则中,诚信是绝对不能妥协的原则。市场经济是法制经济,更是信用经济、诚信经济。没有诚信的商业社会,将充满极大的道德风险,显著抬高交易成本,造成社会资源的巨大浪费。

6. 团队精神

小富靠个人,大富靠团队。合作是创业者精神的精华。创业者在重大决策中实行集体行为而非个人行为,尽管伟大的创业者表面上常常是一个人表演,但真正的创业者其实是擅长合作的,而且这种合作精神需要扩展到企业的每个员工。

7. 社会责任感

伟大的创业者不只是完全为了实现个人的财富梦想而创业的,而是为了帮助普通人实现自己的梦想的责任而努力的人,创业精神中也包括创业者必须承担社会责任并且拥有一种甘于奉献的精神。一个人创业所作的事业,应该把实现社会价值和赚取阳光财富结合起来,成功的创业者应该是一个有社会责任感的人。

8. 超强适应力

成功的创业者一定要有超强的适应性,不但能够适应艰苦的生活,也同样要能够适应成功与富足,特别是在很多暂时取得阶段性成功的时候,一定不能被胜利冲昏头脑,只有迅速适应新的环境,将自己及企业的状态调整到符合新情况的状态,才能使企业一直走正确的道路。超强适应力也是一个成功创业者必须具备的精神力量。

1.3.2 创业精神的作用

创业精神(Entrepreneurship)作为一股"创造性的破坏"力量,是刺激经济增长和创造就业机会的一个必要因素,是经济体"进化和再生"的主要动力。那些富有创业精神的创业者采用"新组合"打破原有经营方式,代之以新的、更好的经营方式,乃至推动转型升级;或成功创办各类小微型企业,创造就业机会、增加收入和减少贫困。正是基于此种考虑,创业精神已然成为一种国家竞争优势,各国政府对创业的支持已经成为促进本国经济发展的一项极为重要的战略。

1. 创业精神是成就经济奇迹的原动力

根据对世界经济发展历史的考证,世界上经济发达的国家大都是创业精神强劲的典范。有的国家在现代化追赶时期人们的创业精神大都表现强劲,这主要得益于国家政策创新释放了人们的创业精神,如英国、瑞典、丹麦等实行高社会福利水平的欧洲国家早期创业精神强劲,但目前却缺乏创业精神。据欧盟委员会近年公布的一份民意调查表明,就业人口中有意创业的比例在美国为28%,在欧洲却仅有15%。

有的国家存在持久而强劲的创业精神,这主要得益于整个社会文化氛围的影响和人们的价值追求。欧洲新教徒迁移美国后,焕发出空前的创业热情,使得美国市场经济得以确立、企业得以创立、近代资本主义经济得以繁荣和发展。这种创业精神,是美国爆发第二次、第三次技术革命的思想基础和精神动力。创业精神与高新技术相结合,更是美国保持世界经济领先地位的"秘密武器"。在20世纪70年代,美国风险资本投资每年只有5000万至1亿美元,现在上升到了120亿美元。

另一个例子是以色列,虽然其只有1.5万平方公里国土面积和710万人口,但它却是全世界创业公司密度最高的国家,平均每1844个人里就有1人创业,人均创业投资是美国的2.5倍,欧洲的30倍,中国的80倍,印度的350倍。更令人惊讶的是,该国在纳斯达克上市的新兴企业总数,超过全欧洲在纳斯达克上市的新兴企业总和,甚至超过日本、韩国、中国、印度四国的总和。仅2008年,以色列就吸引了近20亿美元的风险资本,相当于英国6100万人口所吸引的风险资本,或德国和法国合计1.45亿人口所吸引的风险资本总额。

2. 创新创业精神给予中国发展新动力

中国长期发展自给自足的自然经济,封建社会"重农抑商"的政策和"无商不奸"的偏见根深蒂固,加之几十年的计划经济体制,使得经商、创业观念十分薄弱。

改革开放以来,我国通过一系列政策创新,一方面围绕产权制度的农村经济改革、国有企业改革和民营企业快速发展等,使人们基于所有权的权利逐渐替代基于身份的权利;另一方面不断改革完善城乡分割的户籍制度、人事制度和社会保障制度等,使以"后致型"(社会身份经过后天努力可以改变的)为主的公民社会的人员流动机制逐渐替代以"先赋型"(社会身份是先天赋予的)为主的传统社会的人员流动机制,极大地激发了各类人员的积极性和能动性,有效释放了人们的创业精神和创造性智慧,进而推动了中国经济的快速发展。

2004年《中国城市竞争力报告》研究表明,目前在我国创业精神指数排前几名的城市是温州、深圳、北京、泉州、台州、镇江、中山、惠州、佛山等。这些地区大都属于改革开放的前沿,是非公有制经济发展十分活跃的地区。我们认为,小微型企业的创办及其发展水平通常是人们创业精神是否得到有效释放的鲜明表征。根据近年来以中小微型企业为主体的非公有制经济对各省(区、市)GDP的贡献率来看,贡献率超过60%的广东、江苏、浙江等省份,均是私营企业户数超过70万户、注册资金总额超过2万亿元的地区,它们在地区GDP、城乡居民工资性收入和财产性收入、拥有百强县数量等方面的排名皆位于全国前列。这些指标相对落后的甘肃、贵州、宁夏、西藏、青海等地区,无一例外都是非公有制经济对 GDP 的贡献率低于 50%,且私营企业数量和注册资金总额都属较低的地区。

现实告诉我们,凡是以中小微型企业为主体的非公有制经济发展较好的地区,人们的创业精神就竞相迸发,市场发育程度就比较成熟,经济就充满生机活力,人民生活就比较富裕,社会环境就更为和谐稳定。因此,我们应该在全社会树立劳动为本、创业立身、致富光荣、懒惰可耻的时代创新创业意识,营造"想创业、敢创业、会创业"的社会环境,让一切有利于人们创业的思想活跃起来,把一切有能力创业的人才解放出来,使千家万户的创业热情和冲动充分发挥出来。

1.3.3 创业精神的培育

改革开放以来,我国基于产权制度和以"解放人"为中心的政策变革,极大地释放了人们的创业精神,各类小微型企业,包括个体工商户如雨后春笋般创办起来。但是,中国人在组织内部及更高层面的发展过程中,其创业精神却不尽如人意。据国际知名咨询公司埃森哲对 26 个国家和地区的企业就如何鼓励创业精神的研究表明,21 世纪的中国企业缺乏的是创业精神。

尽管中国相当多的企业和政府领导人能够全面认识创业精神的重要性,但中国人的创业精神却并不被看好。在知识经济、创新经济为主题的今天,国家的繁荣昌盛将取决于每个人能不能进一步发挥他的创造性,我们认为系统培育并激发中国创业精神显得十分必要。

1. 系统培育并激发中国创业精神的必要性

《孟子》有言:"君子创业垂统,为可继也。"它把创建功业与一脉相承、流传后世联系起来。通常来说,培育创业精神,就是要弘扬创业精神,通过兴办实业,追求物质财富增长,推动社会进步。知识经济时代,畅通的筹资渠道、打造规模经济、拥有自然资源等方式对一个国家获得竞争优势的贡献逐渐减弱,世界各国将获得竞争优势的关注点更多地放在"人"的身上时,中国要"和平崛起",就不能走发达国家的老路——资本投入、消耗或掠夺资源,应该且必须关注中国人力资源优势,优先开发人才资源,真正走出一条科技含量高、经济效益好、资源消耗低、环境污染少、人才资源优势得到充分发挥的科学发展道路。

2008 年我国人才总量已达 1.14 亿人,预计 2015 年能达 1.56 亿人。优先开发人力资源并充分发挥人力资源优势的关键不仅在于"量的积累"的人海战术,而且在于"质的提升"的激发所有人的创业精神。因此,"十二五"时期不管是坚持科学发展主题和加快转变经济发展方式主线,还是建设创新型国家,不仅仅需要创新政策鼓励人们一次性创业,更需要营造尊重创业创新的氛围,让人们将创业精神作为一种价值追求和行为习惯。唯有如此,才能将创业精神培育成为一种不断推动经济平稳较快发展的国家竞争优势。

2. 系统培育创业精神的途径

为使创业精神成为国家核心竞争优势,为确保我国经济持续健康发展并保持其在世界经济范围内的领先发展势头,我们必须构建系统的创业精神培育体系,这一体系总体上看可以分为五个层面。

(1) 国家战略层面。我国已经认识到通过进一步实施体制机制改革来激发人们创业精神的重要性,并在努力尝试克服妨碍创业精神释放的各种障碍,从体制机制层面到政策法规层面,直至创办各类创业园区、创业指导中心等方面都在进行有利于激发人们创业精神的实践探索。

(2) 社会文化层面,良好的创业文化和制度会培养人们面对失败的独特态度,我们应当努力培育全民创业精神,通过制度变革,营造尊重创业、宽容失败的氛围,优化创业条件,在全社会树立劳动为本、创业立身、致富光荣、懒惰可耻的时代意识,营造"想创业、敢创业、会创业"的社会环境,让一切有利于人们创业的思想活跃起来,把一切有能力创业的人才解放出来,使千家万户的创业热情和冲动充分发挥出来。

(3) 教育系统层面。目前我国大中专毕业生自主创业的比例与其他国家相比是较低的,自主创业的意识和能力也较为薄弱。根据《2012年中国大学生就业报告》,2011届大学生自主创业比例仅有1.6%。其中,高职高专毕业生自主创业比例(2.2%)远远高于本科毕业生(1.0%)。出现如此结果的重要原因是大学生知识单一、经验不足、创业意识不强和资金实力欠缺。当前急需将创业教育引入课堂,推行创业导师制度,注重理论和实践结合,教学中增加创业意识和创业知识内容,培养学生创造型人格,帮助学生建构创业型知识结构,训练学生必要的组织、管理、处理人际关系的技能。

(4) 在企业层面,企业领导者应将知识共享,聘用并留住关键人才,以及企业领导者本身必须具备创业精神等视为发挥企业创业精神的有效手段。在创业者层面,通过减免税收和规范行政、市场环境,降低各种交易成本,不仅要鼓励创业者开展小型创业,如从家庭生意开始,或成立一个小公司,以填补市场的某个空缺,而且要推行各种创业激励制度,如股票期权、利润分享和建立创新型团队等制度,鼓励高增长、创造型的创业,激励并相信那些具备特殊才能的工程师、科学家、管理人才和市场营销人才等,他们完全有能力把一个创新的想法运作成一种商业化的模式。

(5) 个人精神层面。对于我们每一个个人而言,培养良好的创业意识,不可能通过空想达成,也不可能光看看课本就能够具备。"纸上得来终觉浅,绝知此事要躬行",一切真知皆出自实践。因此,积极务实地参与到各项创业实践中去才是关键。

在个人精神层面上,我们应该特别学一学温州人的创业精神。温州是一个特别能创业的城市,联合国工业经济联合组织确定温州为"全球最具活力的城市"。活力何在?源于一方水土养一方人,特定的历史传统加上特定的地理环境,形成温州人特定的人文环境,从而成为温州民营经济发展的内生条件。正如江泽民同志说得那样:"世界的人都知道温州人会做生意,沿海靠山赋予他们这种开放的精神,冒险的精神,最主要的是温州人能吃苦。"实际上,无论是"做生意"、"开放"、"冒险"、"能吃苦"都是"实践",只有在这种实践的基础上才能产生"创业精神"。

反过来,温州人的创业精神又集中体现在他们"四敢"的实践之中:敢想、敢干、敢闯、敢为人先。

敢想。市场经济的规律告诉我们:唯思路常新才有出路。温州人能想别人不敢想、行别人不敢行、做别人不敢做的事,自然就能发现别人视而不见的商机,赚别人赚不了的钱,钱来源于头脑,钱会往有头脑的人口袋里钻。正所谓:脑袋空空口袋空空,脑袋转转口袋满满。成功与失败,富有与贫穷,只不过一念之差。

敢干。"不唯书,只唯实"。温州人兴办企业,做生意赚钱,不看伟人讲了没有,也不看别人做过没有,只看实践中需不需要,实践中能不能做得通。只要实践中需要的而且又能做通的,是法律明文没有禁止的,他们都会千方百计地去做。对一些是非一时难以说清楚的事,他们不是先争论清楚再干,而是不争论,先干起来,理论总结以后再说。温州人思维中,没有"等、靠、要"这些概念,白手起家当老板,从小老板到大老板,生意从国内做到国外,能做别人不愿做的事,能吃别人不愿吃的苦,能忍别人无法忍受的事,就能挣别人挣不了的钱。

敢闯。温州人血液中流淌的都是"时间就是金钱"、"时间就是效率"、"时间就是商机"等信条,因而其创业意识与众不同:敢闯敢试。不管做什么生意,只要能使企业生存发展,只要能赚着钱,不管别人怎么讲,都要试一试、闯一闯。特别是,温州人生活观念与众不同:把吃饭睡觉叫"生活",把做工创业叫"做生活"。这种原始的主观能动性无疑就是推动温州民营经济发展的内在动力。

敢为人先。有人说,淘金者要有梦想,发财者要有胆量。温州企业家恰好具备这两种素质。他们认为,创业本身就是一项冒险活动,需要有胆量,有赚钱的强烈意愿,也有不怕输的心理素质,敢拼的人最适应创业。凭着"胆大敢为,高人一筹的见识",温州人先后创造了一个又一个"全国第一"。随着企业的发展和新时期新要求,很多成功企业家都在抓紧时间充电。如今,有的经过几年努力,由原来的小学、初中文化程度变为硕士、博士;有的每月一次坐飞机到北京、上海、深圳等地听专题讲座,更新知识,提升能力。他们认定一个理:"打天下"主要靠胆量,长久地"坐天下"必须靠见识。

例如温州商人王均瑶的"胆大包天",就是集中体现了上述"四敢"。他是第一个将民营资本引入航空业,包飞机飞温州航班,被人称之为"敢冒天下人不敢冒的险"。

本 章 小 结

在这一章里,我们认为"创业"应该分为两类:一是广义的创业;二是狭义的创业。创业公司要想创立、生存并发展下去,最需要三大核心要素:①财务资源;②人力资源;③客户资源。

三种当前最常见的创业方式:网络创业、加盟创业、发明创业。其中,拥有和掌握了创新技术发展与专利的创业者,在资金、人才、市场、技术等多方资源优化整合的创业过程中,将始终处于核心位置。

在新经济与高科技共存共荣的今天,创业行为不仅对创业者的个人生活有强烈的影响,实际上它对社会经济的发展甚至国家民族的未来,都有着巨大而深远的影响。

创业动机是指引起和维持个体从事创业活动,并使活动朝向某些目标的内部动力。它是鼓励和引导个体为实现创业成功而行动的内在力量。

创业者应具备以下几方面的基本素质,即心理素质、身体素质、知识素质和能力素质。

创业精神的本质在于:"没有资源创造资源,没有条件创造条件,用有限资源去创造更大价值。"目前,创业精神已然成为一种国家竞争优势,各国政府对创业的支持已经成为促进本国经济发展的一项极为重要的战略。

复 习 题

1. 什么是创业?
2. 谁是创业者?
3. 创业公司生存发展的三大核心要素是什么?
4. 创业者应该具备哪些基本素质?
5. 创业精神的本质是什么?大学生应该怎样培养自己的创业精神?

第 2 章

创业机会识别与评价

KIWI 团队的创业机会发现与评价

武汉科技大学城市学院经济与管理学部的 KIWI 团队的同学们,在武汉的日常学习与生活中对于"鞋子"这个不起眼的生活用品产生了创意的火花,并通过自己的努力付诸了创业计划的实施。为什么叫 KIWI？同学们说：KIWI(几维鸟)是新西兰的国鸟,虽然不会飞行,但是我们可以成为最好的步行专家。

1. 创意的产生源于对生活的思考

一到冬天,同学们常常感到去教室上课特别痛苦。原因在于上课时脚太冷了,常常满教室的同学都在集体"跺脚"。这主要是由于武汉地处南方,所以室内一般都没有像北方那样安装暖气。同时,由于湖泊众多,武汉的冬天湿度很大,所以人们所穿着的衣物与冬鞋的保暖能力就大打折扣,因此上课时脚就特别冷。一些来自北方的同学甚至表示,这种"湿冷"比起北方零下三四十摄氏度的冷还难扛得多。

后来,同学们还认识到,其实不仅仅是冬天,夏天人们的双脚也没有少"受罪"。武汉作为国内知名的"火炉"之一,夏天里不仅天气非常炎热,而且湖泊众多所带来的高湿度,使得武汉的"热"还多了一种"黏"。这样的天气中,同学们有时在暑假中因为应聘等社会活动,必须得穿着正装和皮鞋就必然十分"受罪"了。

"痛定思痛"之后,KIWI 团队的同学们想,要是能够发明一种就像是装了一台空调一样——在冬天穿起来保暖,夏天穿起来又凉爽的"空调鞋",那不就好了吗？而且,考虑到随着中国消费市场的发展完善,鞋业市场容量不断增大,鞋类款式层出不穷、种类不断增多,鞋类消费趋势日益精品化、个性化。消费者需求也发生了很大的变化,开始寻求新样式、多功能、高科技的创意鞋品。这种冬暖夏凉的鞋子还很可能有非常不错的市场前景。

2. 创意向创业机会的转化

那么如何才能做出那台可以装进鞋子的"空调"呢？KIWI 团队的同学们在指导老师的帮助下,认真分析和研究了现有的科学技术资源及条件。同学们发现,手机的聚合物电池具有体积不大、功率安全、经久耐用、充电便捷、抗冲击性好的诸多良好特点,可以作为"空调"的动力核心。而且,现有的一般手机用聚合物电池已经可以让金属制发热片保持 20℃ 左右的恒温,这样的温度对于冬天里人的脚尖而言已经十分

"温暖"了。

同时,为了解决夏天给脚部"制冷"的问题,同学们经过反复思考,一致认为在目前的科技条件下在鞋子中装入传统制冷剂是不现实的,但是可以装入难度不大的小型风机,通过设计合理的风道来达到鞋内空气流动与降温的作用。

为了实现上述目标,KIWI团队的同学们和指导老师一起,赶赴湖南长沙的相关科研单位,解决了热导线路耐弯折实验与风道防水的设计问题。又远赴浙江温州,成功联系到了鞋子制造厂,成功开发出了空调鞋的模具,并制造出了一批样鞋,实现脚部冬天全方位保暖、夏天凉爽除臭的功能,得到了市场的好评。

KIWI团队研发的空调鞋的主要原理是将装有风扇和新型聚合物电池的"核心舱"植入了鞋子的鞋跟部,并通过科学设计出符合人体脚步曲线的通风管道和导热隔层,来实现通电状态下的鞋子制热与通风的工作状态。除了一般的普通版空调鞋外,团队同学还研发了可以红外线遥控、蓝牙遥控的空调鞋,这主要是为了方便使用者对鞋实行开关及温度设定等功能的智能遥控。目前该项目申请了多项技术专利。空调鞋技术原理展示如图2-1所示。

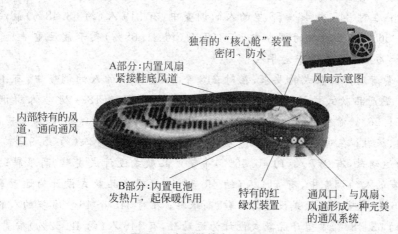

图 2-1 空调鞋技术原理展示

3. 创业机会评价

为了真实了解自己的创意能否被市场真正接受,从2011年10月到2012年3月,根据KIWI团队的3914份有效问卷的数据分析:平时用于保持身体健康,投入时间非常多和比较多的人数比率分别只占到2.15%和9.53%,而投入时间一般的人数比率占到了37.33%。说明日常生活中,会分配时间用于保持身体健康的人数比率只有49.01%。人数比率高达51%的人只会分配比较少或者非常少的时间来保持身体健康。此调查结果反映出大部分人生活压力或者工作压力较大,平时很少时间并且有规律地来进行保持身体健康的行为。关于健康的话题,主要的矛盾是对身体健康的重视度的提高与生活节奏的加快,缺少时间来保持身体健康的客观事实。

调研显示,现在保健和养生市场上的产品,主要以保健药品类和器械类为主。例如一些高档营养产品,以及按摩仪、磁疗仪等器械类产品。目前为止,市场上没有任何一种产品将保健养生功能融入生活必需品之中,由此契机,电子科技空调鞋开创了保健品融入生活必需品的先河,填补了保健养生市场上的空白。同时推测出KIWI的科技空调鞋拥有相当大的潜在消费市场和消费人群。

(1) 市场前景分析

在3914份调查问卷中显示,选择非常愿意尝试空调鞋产品的人数比率占到12.9%,选择可以考虑尝试空调鞋产品的人数比率占到38.74%,选择进一步了解后再确定是否使用空调鞋产品的人数比率占到44.43%,选择不予考虑尝试空调鞋产品的人数比率占到3.93%。

如今鞋类品种繁多,各种品牌之间竞争日益激烈,传统鞋类产品面临很大困境,该产品不仅具有传统鞋类产品的常规功能,在注重鞋的质量、款式、舒适度的同时,把保健、养生等新功能应用到鞋类产品中,打破了传统鞋类开发瓶颈,开创了"电子科技空调鞋"的先河。因此KIWI团队倡导"健康生活,走出来",致力于用全新的生活理念引领健康便捷的生活方式。

(2) 消费者分析

关于消费者的生活观分析,在对834个36~45岁的人的调查中,有504人(约60.43%)最注重健康;在对345个46~55岁的人的调查中,有219人(约63.48%)最注重健康;在对131个56岁以上的人的调查中,有107人(约81.68%)表示最注重健康。调查说明,我们的产品主要侧重于中老年人。

关于消费者对产品款式的要求,在对218个18岁以下的人的调查中,有115人(约52.75%)希望产品款式设计为帆布鞋和板鞋;在对1703名18~24岁人群调查中,有873人(约51.26%)希望产品款式设计为运动鞋,有927人(约54.43%)希望产品款式设计为帆布鞋、板鞋;在对683个25~35岁的人的调查中,有382人(约55.93%)希望产品款式设计为运动鞋,有277人(约40.56%)希望产品款式设计成皮鞋、高跟鞋;在对834个36~45岁的人的调查中,有414人(约49.64%)希望产品款式设计为运动鞋,有385人(约46.16%)希望产品款式设计为皮鞋、高跟鞋;在对345个46~55岁的人的调查中,有219人(约63.48%)希望产品款式设计为运动鞋,有146人(约42.32%)希望产品款式设计为皮鞋、高跟鞋;在对131个56岁以上的人的调查中,有94人(71.76%)希望产品款式设计成运动鞋。据此KIWI团队可以根据不同的目标群体进行不同的款式设计,以最大限度的满足消费者的需求。

关于消费者购买产品的用途,在对417名国家公务员的调查中,有197人(约47.24%)选择自用,有149人(约35.73%)选择孝敬父母;在对603名国家企事业员工调查中,有203人(约33.67%)选择自用,有246人(约40.80%)选择孝敬父母;在对509名外企、私企员工调查中,有177人(约34.77%)选择自用,有193人(约37.92%)选择孝敬父母;在对1632名学生的调查中,有776人(约47.55%)选择孝敬父母;在对393名个体经营户的调查中,有157人(约39.95%)选择自用,有120人(约30.53%)选择孝敬父母。由此可以推测出,大多数人选择自用和孝敬父母,进一步证明了空调鞋产品目标人群主要为中老年群体。

(3) 竞争者分析

KIWI团队的同学们还对市场中的潜在竞争者进行了分析研究。

① 排气鞋：通过人体重力挤压鞋底气囊实现物理通风，以达到鞋内空气流通，实现降温的效果。由于气囊体积有限，以及气囊折叠次数过多会影响气囊的使用寿命，因此难以达到耐用效果。

② 电热式发热鞋：目前市场上一般为电发热鞋垫，材质为EVA和皮，鞋垫采用的内置锂电池，利用开关通过脚踩来控制发热，电池一次充满电可连续使用约5小时。但是受技术限制，鞋垫不可直接浸入水洗，不利于鞋子清洁；而单一的发热功能容易造成鞋底温度过高，影响电池使用寿命以及对脚部产生一定的不利影响。

③ 化学式发热鞋：把一些化学物质置于鞋子底部，利用人体重力挤压以及其他方式促进化学物质反应，来实现发热功能。但是一般化学物质使用周期比较短，不能长时间使用；鞋子清洁不方便。

④ 其他燃料发热鞋：市面上的其他发热鞋由于功能单一，很难满足冬暖夏凉的效果，很难被市场所接受。

4. 总结

KIWI团队的8名同学因为共同的梦想相聚在一起。大家从最初组队开始就目标明确——通过"空调鞋"项目的创业活动真实锻炼自我的创新创业能力。在随后紧张而又充实的几个月里，团队成员齐心协力取得了多项国家专利，注册了公司，建立了淘宝网店，联系了外协加工单位，成功设计并制造出了第一批样品。KIWI大学生创业团队的同学们从生活中发现创意，并通过科学的努力，一步一步将不起眼的"点子"逐渐转变为"实现"，在创新创业的大道上不断前进。

2012年3月KIWI大学生创业团队项目成功从全省160多支代表队中脱颖而出，该团队被共青团湖北省委中央确定为中国光谷·湖北青年企业孵化器第四批"湖北青年创业重点关注企业"，成为湖北省第一支入驻省级青年创业基地的大学生创业团队。

思考题：

(1) KIWI团队是如何从生活中产生创意的？
(2) KIWI团队是如何将创意向创业机会转化的？
(3) 面对市场竞争性产品，KIWI团队的电子科技空调鞋还有优势吗？

2.1 创业机会识别

无论何种创业都要善于抓住好的创业机会。在这里，我们认为"创业机会"是指创业者可以利用的商业机会。这样的创业机会往往又来源于好的创意，可以说"好的创意是成功的一半"，把握住了任何一个稍纵即逝的、真正的好创意，创业就等于成功了一半，创意是创业机会的来源。

然而，"创意"并不能完全与"创业机会"画等号，这是因为任何一个创意的产生，可以天马行空、可以不必十分注重其实现的可能性；但是一个真正的创业机会却必须是实实在在的、具备实施条件的、是能够用来作为新创企业的基础的。这是两者之间最为关键的区别。

2.1.1 创意与机会

"机会"是指具有时间性的有利情况,而"创意"则是指具有一定创造性的想法或概念。创意显然也不等于机会,但真正有商业价值的创意则一定是好的机会。同时,一项创意其是否具有真正的商业价值则存在不确定性。例如,1922年,明尼苏达矿业制造公司(Minnesota Mining and Manufactoring,3M)的弗兰西斯·G.欧奇,作为当时公司顶级的销售人员,就梦想着把砂纸作为剃须刀片的替代品卖给男士。这的确是一项创意,但它从来未曾流行过。

另外,我们需要注意的是,创意与点子不同,区别在于创意具有创业指向,进行创业的人在产生创意后,会很快甚至同时就会把创意发展为可以在市场上进行检验的商业概念。商业概念既体现了顾客正在经历的也是创业者试图解决的种种问题,还体现了解决问题所带来的顾客利益和获取利益所采取的手段。例如,帮助球手把打丢的球找回来是一个创意,容易把球打丢是实际存在的问题。而有人试图要解决这个问题,在高尔夫球内安置一个电子小标签,开发手持装置搜索打丢的球则是解决问题的手段。

1. 应该如何产生有意义的创意

应该如何产生有意义的创意,而不是凭空去想象一些异想天开的事情呢?我们认为,如果一个创意的提出者希望其创意付诸商业实践,或是新创企业都应该注意以下两项要求。

第一,消费者是真正的上帝。一切立志于商业成功的创意,都应该建立在消费者需求与信念的基础上。脱离消费者需要的任何创意,都将成为"无源之水"。这一点必须贯穿创新过程的始末。只有与目标消费群在适当场所,采用合适的方法进行沟通,才能得到准确的需求结果,最终成功激发灵感。

第二,成功的创意必然是创新和规范的结合。很多公司往往在营销部门丰富的创造力和研究部门严谨的科学态度之间痛苦地徘徊。最好的办法是在创新过程中的每一步都积极平衡好创造力和规范性。因此在创新之旅的初始阶段,也就是在生成创意时,企业就需要采用一些专业规范保证最好的创意生成,并使之转化成革新的产品。

基于以上两点,创意的产生过程应该包括以下几个环节:

(1)了解消费者的观察;
(2)把观察转换为洞察;
(3)最终产生创意——产品或服务的概念。

思考案例 2-1

了解需求:联想于2007年推出"玩乐王"i909游戏手机

任天堂的"红白机"曾经令20世纪八九十年代的中国少年为之着迷。"红白机"的经典游戏,与"红白机"相处的那段岁月是"80后"甚至"90后"的人们无法忘怀的美好岁月。联想的市场与研发人员(大多本身就是"80后")显然意识到了市场中的这一需求,从而迅速推出了专门配备了与"红白机"类似手柄的 i909 游戏手机,i909 游戏手机凭借其鲜明的功能特色与低廉的价格迅速在市场上取得了不错的反映。

综上所述,我们应该时刻不忘将消费者放在第一位,通过对消费者真实需要的认识来驱动产品创意的发展。通过消费者参与和共同走过的创新之旅,发现消费者的观察,在一个激发创意的环境下把这些观察提到洞察的高度,从而挖掘出蕴含的消费者的真正需求。然后,针对这些需求抽象出一个产品概念,将概念进一步精化和优化,使之具体化和现实化。最终一款不同凡响、充满喜悦的新产品由此诞生。

2. 应该如何鼓励和保护好的创意

对于如何鼓励和保护好的创意,我们应该从国家与社会、企业和创业者这三个层面来进行思考。

(1) 从国家与社会的层面上看

国家与社会要通过广泛的宣传发动,在全社会进一步营造尊重劳动、尊重知识、尊重人才、尊重创造的浓厚氛围,营造崇尚创新创业、宽容挫折失败的浓厚氛围,营造创业求致富、创新求发展的浓厚氛围,引导广大群众求上进,想致富,积极创新创业。

第一,要不断完善创新创业的支持政策。创新创业有风险,需要鼓励和扶持。政策环境的改善第一就是财税政策,要加大财政投入力度,进一步完善促进企业自主创新的政策措施,建立健全鼓励企业做大做强,推动上市、争创品牌的激励机制;要针对融资难等问题,着力解决中小企业和科技人员创新创业中的要素制约问题,积极推进服务创新、方法创新、管理创新。

例如,湖北共青团青年企业孵化器。该青年创业孵化基地成立于 2009 年,总部位于国家自主创新示范区——武汉东湖高新区,是全国首家共青团组织自建自有、自管自用的青年企业孵化器。目前,该孵化器实有建设面积 2358 平方米,主要为大学生、归国留学人员、城市青年等各类青年群体提供免房租形式的"零成本"创业扶持。湖北青年企业孵化器自 2009 年启动以来,先后通过入驻孵化、挂靠孵化等方式,引进 73 家企业和大学生创业团队免费进驻,提供就业岗位 400 余个,先后成功孵化出 7 家东湖高新区"3551"人才计划企业和 5 个中小企业科技创新基金项目,累计 16 个项目获得国家、省及武汉市专项扶持资金 970 余万元。

对于成为"湖北青年创业重点关注企业"的各团队,湖北团省委认为:服务青年创业,是培育市场主体、激发发展活力、助推中小企业成长的重要途径,是解决就业问题、促进社会和谐的有效举措,是推动湖北科学发展、跨越式发展的战略之举。近年来,团省委紧密围绕湖北"十二五"跨越式发展战略任务,以促进青年创业就业为主线,以着力打造"青创工程"品牌为统揽,以完善青年创业就业服务体系为重点,以建成青年创业就业专业性服务机构为目标,为青年创业就业提供专业化、系统化、网络化、规范化、长效化服务。自 2012 年起,将着力构建促进青年创业就业的平台、政策、市场、项目、活动支撑,开展以"青春创业季"为主题的系列活动,积极为广大青年提供创业成才的良好舞台。

第二,要大力推进校园创新创业教育。党的十七大提出"提高自主创新能力,建设创新型国家"和"促进以创业带动就业"的发展战略。学生是最具创新、创业潜力的群体之一。在学校开展创新创业教育,积极鼓励学生、尤其是高校学生自主创业,是教育系统深入学习实践科学发展观,服务于创新型国家建设的重大战略举措;是深化高等教育教学改革,培养学生创新精神和实践能力的重要途径;是落实以创业带动就业,促进高校毕业生充分就业的重要措施。

2012年8月,我国教育部印发了《普通本科学校创业教育教学基本要求(试行)》(以下简称《基本要求》),对普通本科学校创业教育的教学目标、教学原则、教学内容、教学方法和教学组织作出明确规定,旨在深入贯彻落实教育规划纲要,推动高校创业教育科学化、制度化、规范化建设,切实加强高校创业教育工作。

首先,《基本要求》强调,在普通高等学校开展创业教育,是服务国家加快转变经济发展方式、建设创新型国家和人力资源强国的战略举措,是深化高等教育教学改革、提高人才培养质量、促进大学生全面发展的重要途径,是落实以创业带动就业、促进高校毕业生充分就业的重要措施。要坚持面向全体、注重引导、分类施教、结合专业、强化实践的原则,以教授创业知识为基础,以锻炼创业能力为关键,以培养创业精神为核心,使学生掌握创业的基础知识和基本理论,熟悉创业的基本流程和基本方法,了解创业的法律法规和相关政策,激发学生的创业意识,提高学生的社会责任感、创新精神和创业能力,促进学生创业就业和全面发展。要遵循教育教学规律和人才成长规律,以课堂教学为主渠道,以课外活动、社会实践为重要途径,充分利用现代信息技术,创新教育教学方法,努力提高创业教育教学质量和水平。

其次,《基本要求》强调,各高校要把创业教育教学纳入学校改革发展规划,纳入学校人才培养体系,纳入学校教育教学评估指标,建立健全领导体制和工作机制,制订专门计划,提供有力教学保障,确保取得实效。各高校应创造条件,面向全体学生单独开设"创业基础"必修课;明确职能部门,负责研究制定创业教育教学工作的规划和相关制度,统筹协调和组织学校创业教育教学工作;根据专任为主、专兼结合的原则,按照学生人数以及实际教学任务,合理核定专任教师编制,配备足够数量和较高质量的创业教育专任教师。

最后,《基本要求》明确要求各高校要结合学校实际,把创业教育教学效果作为学校本科教学评估的重要内容,作为本科人才培养质量的重要指标,加强自我评估和检查,并体现在学校本科教学质量年度报告中,主动接受社会监督。

(2)从企业层面看

企业应该建设内部对于创新活动的激励制度,创造创新环境。也就是要对员工的创新行为实行"鼓励实验、容忍失败、肯定成功、利益共享"的政策。像3M、惠普、通用电气这样的大公司都鼓励员工的创新创业行为。

思考案例 2-2

企业可以促进员工的创意与创新:3M公司的创意之举

3M公司就以鼓励研究人员发展新构想的"15%规则"闻名于世。该规则规定公司员工每周必须拿出15%的工作时间来进行创新思维。

该公司创建于1902年,总部设在美国明尼苏达州的圣保罗市,是世界著名的产品多元化跨国企业。3M 公司素以勇于创新、产品繁多著称于世,在其一百多年历史中开发了 6 万多种高品质产品。走进它总部的创新中心,最吸引人的是橱窗里陈列的各式 3M 产品。从医药用品、电子零件、电脑配件,到胶布、粘贴纸等日常用品,逾 6 万种的产品表明该公司在产品创新方面的强大优势。该公司起初是个名不见经传的小公司,依靠创新精神,成为令人尊敬的"创新之王"。

(3) 从创业者层面看

创业者必须敏捷、谨慎地行事。"敏捷"就是说要对生活中的每一处潜在创新点保持敏锐。一个 3M 公司中的简单例子是,一位刚刚进入公司不久的小姑娘看到,快递公司下单的同时,会给一个追踪号码,以此来追踪邮件到达的位置,她便建议将此应用于 3M 产品到达供应商的位置追踪上,后来,这个建议被采用并广泛运用于物流追踪。在 3M 公司看来,这种移植也是一种创新。

"谨慎"是指任何创意都应该在付诸实施时保持警惕,要科学理性地执行创业计划。人们常说,创意不值钱,而执行才值钱。这不是说创意没有价值,而是由于全世界会有上千万人和你想到同一个点子上,所以,要创立什么事业,其实没有什么惊人的,但是把它付诸行动,实现出来,才是有价值的。

假如你想要开一家珠宝店。首先你会去找一些珠宝供应商,然后选一个店面,投入资金,聘请几名店员。在很多时候,你会发现没有几个客人上门。于是,你会开始去找原因。也许是因为你的店面附近刚好有一个品牌比你响亮的对手,客人对它比较信任,都到它那里去了;也许是你的店员未经过良好训练,导购技巧不佳;也许是你销售的商品特色不足,定价不对。

总之,你会开始逐步地调整。也就是说,你会开始注重一些细节,一步步地完善,那么你的点子就逐步有价值了。到此,你的创意在进入执行、优化的过程后,才会成了一个"Good Idea"。

2.1.2 创业机会与商业机会

创业机会是具有商业价值的创意,而"创意"则是指具有一定创造性的想法或概念。两者表现为特定的组合关系,只有具有商业价值的创意才能称为创业机会,才能转化为创业事业。创业机会的三层含义如下。

第一,创业机会是可以为购买者或使用者创造或增加价值的产品或服务,它具有吸引力、持久性和适时性;

第二,创业机会是可以引入新产品、新服务、新原材料和新组织方式,并能以高于成本价出售的情况;

第三,创业机会是一种新的"目的—手段(Means-End)"关系,它能为经济活动引入新产品、新服务、新原材料、新市场或新组织方式。

同时,创业机会并不等于商业机会。商业机会客观存在于市场过程之中,是一种有利于企业发展的机会或偶然事件,是还没有实现的必然性。它通常体现为市场上尚未满足和尚未完全满足的有购买力的消费需要,也称为市场机会。凡是有利于促进企业生产,有利于企业产品开发和市场开拓,能促进企业经济效益的提高,有利于企业摆脱困境等方面的信息、条件、事件等,都可称为商业机会。

我们认为,创业机会是商业机会的一种,主要是指具有较强吸引力的、较为持久地有利于创业的商业机会,创业者据此可以为客户提供有价值的产品或服务,并同时使创业者自身获益。

2.1.3　创业机会的来源

我们认为创业机会有五大来源:问题,创造发明,竞争,新知识、新技术的产生,变化。但是,归根到底创业机会来自于一定的市场需求和变化。变化就是机会。环境的变化,会给各行各业带来良机,人们透过这些变化,就会发现新的前景。

(1) 问题

创业的根本目的是满足顾客需求。而顾客需求在满足之前就是问题。寻找创业机会的一个重要途径是善于去发现和体会自己和他人在需求方面的问题或生活中的难处。比如,上海有一位大学毕业生发现远在郊区的本校师生往返市区交通十分不便,于是创办了一家客运公司,就是把问题转化为创业机会的成功案例。

例如,金融机构提供的服务与产品大多只针对专业投资大户,但占有市场七成资金的一般投资大众未受到应有的重视。这样的矛盾,显示提供一般大众投资服务的产品市场必将极具潜力。

(2) 创造发明

创造发明提供了新产品、新服务,更好地满足顾客需求,同时也带来了创业机会。比如随着电脑的诞生,电脑维修、软件开发、电脑操作的培训、图文制作、信息服务、网上开店等创业机会随之而来,即使你不发明新的东西,你也能成为销售和推广新产品的人,从而给你带来商机。

(3) 竞争

如果你能弥补竞争对手的缺陷和不足,这也将成为你的创业机会。看看你周围的公司,你能比它们更快、更可靠、更便宜地提供产品或服务吗?你能做得更好吗?若能,你也许就找到了机会。

(4) 新知识、新技术的产生

例如,随着健康知识的普及和技术的进步,围绕"水"就带来了许多创业机会,上海就有不少创业者通过加盟"都市清泉"而走上了创业之路。

(5) 变化

创业的机会大都产生于不断变化的市场环境,环境变化了,市场需求、市场结构必然发生变化。著名管理大师彼得·德鲁克将创业者定义为那些能"寻找变化,并积极反应,把它当作机会充分利用起来的人"。这种变化主要来自于产业结构的变动、消费结构升级、城市化加速、人口思想观念的变化、政府政策的变化、人口结构的变化、居民收入水平提高、全球化趋势等诸方面。具体而言变化可以包括以下几点。

① 产业结构的变化。例如,美国一家高炉炼钢厂因为资金不足,不得不购置一座迷你型钢炉,而后竟然出现后者的获利率要高于前者的意外结果。经过分析,才发现美国钢品市场结构已产生变化,因此,这家钢厂就将往后的投资重点放在能快速反映市场需求的

迷你炼钢技术。

例如,在国营事业民营化与公共部门产业开放市场自由竞争的趋势中,我们可以在交通、电信、能源产业中发掘极多的创业机会。在政府刚推出的知识经济方案中,也可以寻得许多新的创业机会。

② 科技进步。例如,从"低科技"中把握机会。随着科技的发展,开发高科技领域是时下热门的课题。美国近年来设立的风险性公司中电脑占25%,医疗和遗传基因占16%,半导体、电子零件占13%,通信占9%。但是,公司机会并不只属于"高科技领域"。在运输、金融、保健、饮食、流通这些所谓的"低科技领域"也有机会,关键在于开发。

例如,当人类基因图像获得完全解决,可以预期其必然在生物科技与医疗服务等领域带来极多的新事业机会。虽然大量的创业机会可以经由有系统的研究来发掘,不过,最好的点子还是来自创业者长期观察与生活体验。

③ 通信革新。例如:移动通信技术的发展。可以说从无线电通信发明之日就产生了移动通信。1897年,M. G. 马可尼所完成的无线通信试验就是在固定站与一艘拖船之间进行的,距离为18海里。而现代移动通信技术的发展始于20世纪20年代,大致经历了五个发展阶段。35年前,谁也无法想象有一天每个人身上都有一部电话,用来连接这个世界。如今,人们可以通过手机进行通信,智能手机更如同一款随身携带的小型计算机,通过3G等移动通信网络实现无线网络接入后,可以方便地实现个人信息管理及查阅股票、新闻、天气、交通、商品信息,应用程序下载,音乐图片下载等。

④ 政府放松管制。例如:北美自由贸易协定自生效以来,由于关税的减免,政府对跨国贸易管制的放松,有力地促进了地区贸易的增长。根据国际货币基金组织的数据,仅10年的发展,成员国之间的货物贸易额增长迅速,三边贸易额翻了一番,从1993年的3060亿美元增长到2002年的6210亿美元。

⑤ 经济信息化、服务化。例如,在全球生产与运筹体系流程中,就可以发掘极多的信息服务与软件开发的创业机会。

思考案例 2-3

克里斯·迪克逊谈创业需要把握时机

克里斯·迪克逊,身兼创业者(Hunch 联合创始人、Founder Collective 联合创始人)和投资人(多家科技企业,包括 Skype、Foursquare、Kickstarter 等的早期个人投资者)双重角色,对初创企业投资有丰富的实战经验。下文是他关于创业的一份访谈:

"我从未有过投资 YouTube 的机会,但我不得不承认,如果我当年遇到这个机会,肯定会错过(当然这将是一个巨大的错误)。在 YouTube 出现前,我很久以来一直在网上留意并记住了数十家公司,这些公司试图建立众包视频网站但都失败了。所以以此类推,我怀疑 YouTube 也会失败。

我当时没有看到的是,之前的众包视频网站创立时间都太早。YouTube 开发了伟大的产品,但更重要的是,成立时机正合适。到2005年,众包视频的所有条件都已具备——家庭宽带、数码摄像机的普及、视频"刚好可以用"的 Flash 版,以及为 YouTube 提供的受版权保护的网络内容和想嵌入视频博客的出现。

几乎所有你在网上开发的东西都以这种或那种形式尝试过。你不应被此吓住。先行者包括谷歌、Facebook、Groupon都生存下来,几乎所有网络泡沫后出现的其他科技公司都已成功。

企业家都应该问自己"为什么在其他人都失败的地方我将成功?",答案如果是简单的"我做得对"或"我更聪明",那你很可能低估了你的前辈,他们可能比你更聪明、更有才能,甚至是伟大的企业家。

相反,你应该解释为什么你在最恰当的时机进行创业——解释时代发生了巨大的变化,为你的成功创造了条件。如果视频网站的生存环境晚一些成熟——YouTube的成立也还赶得上,但如果他们动作慢一些,就会被其他公司取代。

常常是,成功的必要条件总是先出现,但要知道条件什么时候完全成熟,却很难预测。大家都知道互联网将完全社交化、个性化、移动化、位置化、互动化等,大量新的、成功的新创公司将因此出现。但很难知道这些公司什么时候大规模出现。

一种降低时机风险的方法是,相应管理好你的现金。如果你想利用现有的趋势,你应该更积极行动。如果你将希望寄托在新趋势上,最好降低烧钱速度并长期投资。这需要自我约束和耐心,但也是你获得真正成功的途径。"

(资料来源:http://www.yicai.com/news/2012/11/2265170.html)

(6) 价值观与生活形态化。例如,追求"负面"就会找到机会。所谓追求"负面"就是着眼于那些大家"苦恼的事"和"困扰的事"。人们总是迫切希望解决,如果能提供解决的办法,实际上就是找到机会。例如,双职工家庭没有时间照顾小孩,于是有了家庭托儿所;没有时间买菜,就产生了送菜公司。这些都是从"负面"寻找机会的例子。例如,人们对于饮食需求认知的改变,造就美食市场、健康食品市场等新兴行业。

(7) 人口结构变化。以人口因素变化为例,可以举出以下一些机会:为老年人提供健康保障用品;为独生子女服务的业务项目;为年轻女性和上班女性提供的用品;为家庭提供文化娱乐用品。也就是说,我们应该集中盯住某些顾客的需要就会有机会。机会不能从全部顾客身上去找,因为共同需要容易认识,基本上已很难再找到突破口。而实际上每个人的需求都是有差异的,如果我们时常关注某些人的日常生活和工作,就会从中发现某些机会。因此,在寻找机会时,应该习惯把顾客分类,如政府职员、菜农、大学讲师、杂志编辑、小学生、单身女性、退休职工等,认真研究各类人员的需求特点,机会自见。

例如,单亲家庭快速增加、妇女就业的风潮、老年化社会的现象、教育程度的变化、青少年国际观的扩展……必然提供许多新的市场机会。

2.1.4 影响机会识别的关键因素

机会识别是创业的开端,也是创业的前提。围绕创业机会,有些基本的问题是所有想创业的人都关心的,比如,为什么是他而不是别人看到了机会?未经系统论证调查的(甚至可以说偶然发现的)机会,为什么可以成为创业机会?实际上,我们认为能否识别创业机会其实受到历史经验等多种因素的影响。

在这些影响机会识别和开发的各项因素中,我们认为主要可以分为两个方面,即机会本身的属性和创业者的个人特性。

1. 创业机会的自然属性

机会的特征是影响人们是否对之进行评价的基本因素,创业者选择这项机会是因为相信其能够产生足够的价值来弥补投入的成本。就创业而言,创业的核心产品和所面对的市场,这两者就属于创业机会的自然属性,它们显然不依赖于创业者自身或者创业机会的其他特征而客观存在,但是对创业活动的实施与开展起到巨大的影响。

例如,在信息时代的今天,创业者开设一家网店与开设一家传统的餐厅,这两个创业机会的自然属性显然是大不一样的。互联网作为一个创业的平台,已经给无数人带来了商机,从创业机会的自然属性来看,开设一家成功的网店与开设一家传统餐厅的要求是不同的。一家新网店要从电子商务竞争中脱颖而出就必须依据电子商务商业创业的自然属性要求,注意做好以下几点。

(1) 投入自己最熟悉的行业。

赚第一笔钱要从自己最熟悉的行业开始,这样,就不用在一个陌生的领域从头学起。没有雄厚财务支撑的小本买卖更是经不起外行的折腾,这是一笔交不起的学费。著名的奔驰汽车公司是由两家公司合并而成的,这两家的老板分别是本茨和戴姆勒,他们俩分别制造出了世界上最早的一批汽车,然后在汽车这一领域大显身手,成就了奔驰今天的辉煌。世界首富比尔·盖茨更是在自己熟悉的行业中成功的杰出例证。在车库里办公的微软公司已是世界信息业的巨无霸,而比尔·盖茨迄今为止也只拥有这一家公司,他从未做过与电脑无关的生意。

(2) 找出自身的优势,选择好货源。

有了爱好,选好了最熟悉的行业,结合一下自己的特长,就可以选择货源了。总体而言,开设网店的货源最好是选择一些小的冷门行业会好做一点,譬如有人在网上专门卖宝马车的车标,等等这样细微的小的行业。当然,前提是兴趣,还有你在那个行业中的优势,比如拿货时的人脉,这才能保证你能拿到很具竞争力的货源。

(3) 永葆高昂情绪和自信心。

据调查,最初的几个月不成功,几乎能令一半的卖家放弃努力。48%的卖家努力1个月后没有成功后就不干了;25%的卖家努力2个月后没有成功后就不干了;15%的卖家努力3个月后没有成功后就不干了;12%的卖家努力3个月后继续干下去,而80%的大卖家是从这些人中产生的。网店卖家具有良好的心理环境的心理状态,有利于影响和激发顾客采取购买行为,因此成功的卖家大多善于首先把自己推销给顾客,以赢得顾客的理解:喜爱和信任。赢得顾客的喜爱和信任,自然会产生购买行为。

(4) 勤奋是所有企业家成功的法宝。

资金短缺,规模过小,没有知名度,大卖家排挤等会困扰小生意。艰苦创业在此时显得重要。我国台湾的经营之神王永庆是在世界上华人中数一数二的人物,勤奋也是他的成功秘诀,王永庆最早的生意是开米店。他的米店在社区中有口皆碑,因为王永庆可以做到对社区居民的情况了如指掌。当某一户居民即将吃完家中的米时,王永庆就会送上门,而且当时并不收钱,只是到了居民发薪的日子,王永庆才登门上访。就这样艰苦细致的工作,才成就了今天的大企业家王永庆。

(5) 宣传和促销不可少。

开网店促销技巧如下。

① 多发精华帖和认真回帖。看帖后认真回帖,既能得到楼主的感谢又能宣传自己的店铺,何乐而不为呢?

② 多到其他购物网站发帖做广告。

③ 选择适当的时候给朋友们免费送一些小礼品,淘宝专卖的人气就是这样上来的哦,回帖免费送礼品,不要买家们出邮资,还怕没人来领吗,领的时候自然会看看你的店铺了。

④ 选择适当的时机降低价格,既可吸引更多的消费者,又可打击竞争者。

⑤ 每周拿出一些热销的产品来低价促销,虽然此款产品的利润低,但可以带旺店铺人气,增加其他产品的销量,业绩自然就会上来了,为此应专门设一个特价区。

总的来说,我们认为创业机会的自然属性很大程度上将决定创业者对未来创业进程的预期,因而对创业进程产生重大影响。

2. 创业者的个人特征

机会青睐于特定创业者,理论界与实践界都一直试图回答:为什么是有些人而不是另外的人看到一个机会?这些看到了机会的创业者有什么独特之处呢?

许多好的商业机会并不是突然出现的,而是对于"一个有准备的头脑"的一种"回报"。对于机会识别来说,更重要的因素应当来自创业者的个人因素,这是因为从本质上说,机会识别是一种主观色彩相当浓厚的行为。事实上,即使某一机会已经表现出较好的预期价值,但是并非每个人都能从事这一机会的开发,并且坚持到最后的成功,因此创业者的个人特征对于机会识别来说更为重要。普遍而言,下面的几类因素,被认为是那些机会青睐的特定创业者具备的特征如下。

(1) 先前经验。在特定产业中的先前经验有助于创业者识别机会。有调查发现,70%左右的创业机会,其实是在复制或修改以前的想法或创意,而不是全新创业机会的发现。

(2) 个人性格特性。如"(对信息的)警觉性",创业者比一般的经理人更加渴望信息,更倾向于在信息搜索上花更多的时间,搜索方式也有所不同。又如"自信",成功的创业者需要有执着的信念,并且能够坚持他们的事业直至最后成功。研究显示创业者的自信能够增强他们对机会的感知。

(3) 专业知识。拥有在某个领域更多专业知识的人,会比其他人对该领域内的机会更具警觉性与敏感性。例如,一位计算机工程师,就比一位律师对计算机产业内的机会和需求更为警觉与敏感。

(4) 社会关系网络。个人社会关系网络的深度和广度影响着机会识别,这已是不争的事实。通常情况下,建立了大量社会与专家联系网络的人,会比那些拥有少量网络的人容易得到更多机会。

(5) 创造性。从某种程度上讲,机会识别实际上是一个创造过程,是不断反复的创造性思维过程。在许多产品、服务和业务的形成过程中,甚至在许多有趣的商业传奇故事中,我们都能看到有关创造性思维的影子。

心理学家德雷夫达尔指出,创造力是个体产生任何一种形式思维结果的能力。这些结果在本质上是新颖的,产生它们的人事先所不知道的,它有可能是一种想象力或是一种不只局限于概括的思维综合。创造性是指创造者根据一定目的,运用一切已知信息,产生出某种新颖、独特、有社会或个人价值的产品的智力品质或思维成果,是人类创新意识与创新能力综合作用的结果。创新意识和创新能力是人的综合能力的外在表现,以深厚文化底蕴、综合化知识、个性化思想和崇高精神境界为基础。

值得注意的是,这些个人因素并非彼此独立存在,在某种程度上,它们彼此之间也存在一定的相关性。

2.1.5 识别创业机会的一般过程

创业机会识别是创业领域的关键问题之一。从创业过程角度来说,它是创业的起点。创业机会识别过程是一个不断调整反复均衡的过程。不同的创业者可能愿意关注不同的创业机会,即使是同一个创业机会,不同的人,对其评价也往往不同。

创业过程开始于创业者对创业机会的把握。创业者从成千上万繁杂的创意中选择了他心目中的创业机会,随之不断持续开发这一机会,使之成为真正的企业,直至最终收获成功。这一过程中,机会的潜在预期价值以及创业者的自身能力得到反复的权衡,创业者对创业机会的战略定位也越来越明确,这一过程称为机会的识别(Opportunity Identification, Opportunity Recognition)过程。这一机会识别过程实际上是一种广义的识别过程,因为它事实上囊括了大部分研究中提到的机会搜寻、机会鉴别、机会评价等活动。我们给出了一个简单的分析框架,如图2-2所示。

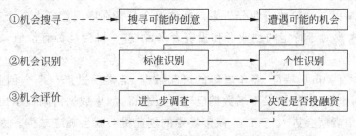

图2-2 机会识别过程的三个阶段

(资料来源:Lindsay. N. J, Craig. J, A Framework for Understanding Opportunity Recognition: Entrepreneurs versus Private Equity Financiers [J]. Journal of Private Equity,2002(6):13-24)

1. 阶段一"机会的搜寻"

在机会搜寻(Opportunity Searching)阶段,创业者对整个经济系统中可能的创意展开搜索,如果创业者意识到某一创意可能是潜在的商业机会,具有潜在的发展价值,就将进入机会识别的下一阶段。

首先,根据创意,明确研究的目的或目标。例如,创业者可能会认为他们的产品或服务存在一个市场,但他们不能确信:产品或服务如果以某种形式出现,谁将是顾客。这样,一个目标便是向人们询问他们如何看待该产品或服务,是否愿意购买,并了解有关人口统计的背景资料和消费者个人的态度。当然,还有其他目标,如了解有多少潜在顾客愿意购买该产品或服务,潜在的顾客愿意在哪里购买,以及预期会在哪里听说或了解该产品或服务等。

其次,从已有数据或第二手资料中收集信息。这些信息主要来自于商贸杂志、图书馆、政府机构、大学或专门的咨询机构以及互联网等。一般可以找到一些关于行业、竞争者、顾客偏好趋向、产品创新等方面的信息。该种信息的获得一般是免费的,或者成本较低,创业者应尽可能利用这些信息。最后,从第一手资料中收集信息。收集第一手资料包括一个数据收集过程,如观察、上网、访谈、集中小组试验以及问卷等。该种信息的获得一般来说成本都比较高,但却能够获得更有意义的信息,可以更好地识别创业机会。

如果创业者希望主动搜索机会,他们还可以将一些经过特别筛选和培训的有创意的消费者、非行业内专家、客户,以及创意专家集合在一起,以产生最新、最激动人心的创意。所有的创意产生都植根于真正消费者的洞察,以保证这些创意和商业需求息息相关。这些相关的商业目的可能会是:便于实施、适用于大部分消费者、能紧跟或反映公司的技术水平、盈利、和品牌价值相符。在产生创意和选择最好创意的时候,所有上述商业目的都会给予考虑。应该鼓励任何发散式创意,当然创意也必须具备可操作性,以便于实施。

2. 阶段二"机会的识别"

识别创业机会是思考和探索互动反复,并将创意进行转变的过程。

相对整体意义上的机会识别(Opportunity Recognition)过程,这里的机会识别应当是狭义上的识别,即从创意中筛选合适的机会。这一过程包括两个步骤:首先是通过对整体的市场环境以及一般的行业分析来判断该机会是否在广泛意义上属于有利的商业机会;第二步是考察对于特定的创业者和投资者来说,这一机会是否有价值,也就是个性化的机会识别阶段。

一般来说,有关市场特征、竞争者等的可获数据,常常反过来与一个创业机会中真正的潜力相联系,也就是说,如果市场数据已经可以获得,如果数据清晰显示出重要的潜力,那么大量的竞争者就会进入该市场,该市场中的创业机会就会随之减少。因此,对收集的信息进行结果评价和分析,识别真正的创业机会是重要的一步。一般而言,单纯地对问题答案的总结,可以给出一些初步印象;接着对这些数据信息交叉制表进行分析,则可以获得更加有意义的结果。也就是说,对创业者来说,搜集必要的信息,发现可能性,将别人看来仅仅是一片混乱的事物联系起来以发现真正的创业机会,这是非常重要的。

思考案例 2-4

垃圾电子邮件中的商机

当被垃圾邮件骚扰得不胜其烦时,有多少人能够敏锐地意识到其中蕴藏着创业商机?上海亿业网络科技发展有限公司总经理刘东昇就是这么一位有心人。他亲身经历了国内互联网业的沉浮,从枯燥的技术研发岗位转型到精彩的市场拓展领域中,最终看准机会把握住电子邮件营销的发展浪潮,在浦东软件园实现了自己创业的目标。

刘东昇在就读同济大学与德克萨斯大学合办的 EMBA 班时，一位外籍教授在闲聊中抱怨自己的电子邮箱经常收到信息庞杂的垃圾邮件。正所谓说者无意听者有心，这句抱怨使刘东昇茅塞顿开："电子邮件营销在整个互联网业中虽然并不显眼，但其实可能蕴藏着一个很大的市场，而且大多数人还未意识到其中的商机，岂不是很合适的创业方向？"

其实互联网产品没有很好和很差之分，关键是能不能找到一个有上升趋势的市场，另外就是有没有一个很好的团队，勇气也是创业者必须具备的素质之一。刘东昇谈到自己在 2007 年成立上海亿业网络科技发展有限公司时有感而发。电子邮件营销（EDM）市场当时在国内基本是一片空白，但刘东昇仍鼓足勇气做第一个吃螃蟹的人，因为他坚定看好电子邮件营销在国内会有很好的上升趋势。为了尽快打开市场，他采取了"洋为中用，中西合璧"的策略，将美国电子邮件营销市场的成熟发展经验加以本土化，寻找国内实行会员制的公司客户商讨合作，这一策略果然在市场上灵验。

"不要小看电子邮件营销，其实里面大有文章可做。"刘东昇介绍，电子邮件营销追踪用户在收到 B2C 电子商务网站的商品推广邮件后，点击邮件中的链接登录到 B2C 网站，选中商品放到购物车后结账购买的全过程，从中统计用户网上购物的特点，这可以对 B2C 网站的下一次营销产生影响。

正如刘东昇所料，随着电子商务在国内快速发展，电子邮件营销也越来越能够吸引市场眼球，不少网民已经习惯了打开 EDM 看看是否有新鲜的产品和新闻，电子邮件营销正在被广大用户所接受。

"现在 EDM 的发展还仅仅是序曲，过了三年到五年后，也会像电子商务一样迎来一个爆发的阶段。"刘东昇充满信心地展望电子邮件营销市场的未来，预计国内 EDM 市场应该约有十几亿的份额，但目前所有 EDM 公司的市场份额加在一起也只有这一规模的两成到三成而已，所以未来还有很大的发展空间。

3. 阶段三"机会的评价"

实际上这里的机会评价（Opportunity Evaluation）已经带有部分"专业调查"的含义，相对比较正式，考察的内容主要是各项财务指标，创业团队的构成等，通过机会的评价，创业者决定是否正式组建企业，吸引投资。在下一节里，我们将详细探讨这一问题。

2.1.6 识别创业机会的行为技巧

实际上，创业过程就是围绕着机会进行识别、开发、利用的过程。识别正确创业机会的行为技巧是创业者应当具备的重要技能。

关于创意，约翰·斯坦贝克（John Steinbeck）有一句名言："创意，就像兔子。假使你手头有一对兔子，如果学会对它们悉心呵护，很快就会养出一窝来。"但是人们如何才能精准地掌控这些创意呢？这就需要在灵感闪现时，借助一些工具和经验，这样可以确保带来好的结果。对此，创意领域的众多专家进行了多年的深入探讨，从诸多公司的大事件年表中总结智慧，挖掘出了一些能够让创意变现的"法宝"。

不要让手头的好主意悄悄溜走，因为只有那些善于将抽象的理念转化为具体解决方案的人，才能够被称为真正的创业者。在前人的基础上，我们认为识别创业机会有以下多种行为技巧方法。

1. 根据经验分析

对创业者而言,创意是创建企业的工具,在创建成功企业的过程中少不了它。就这方面而言,经验在审视创意时显得至关重要。有经验的创业者往往在模式和机会还在形成的过程中,就表现出了快速识别它们和形成创意的能力。

2. 创造性思维

创造性思维在形成创意的过程中是很有价值的,而且在创业的其他方面也是如此。创造性思维可以通过学习和培训等来提升。

3. 激发创造力

激发创造力的方法有很多,如头脑风暴法、自由联想法、灵感激励法等,可以通过这些方法来激发创造力。

以"头脑风暴法"为例,所谓头脑风暴(Brain-storming)最早是精神病理学上的用语,针对精神病患者的精神错乱状态而言的,现在转变为无限制的自由联想和讨论,其目的在于产生新观念或激发创新设想。

在群体决策中,由于群体成员心理相互作用影响,易屈从于权威或大多数人意见,形成所谓的"群体思维"。"群体思维"削弱了群体的批判精神和创造力,损害了决策的质量。为了保证群体决策的创造性,提高决策质量,管理上发展了一系列改善群体决策的方法,头脑风暴法是较为典型的一个。

采用头脑风暴法组织群体决策时,要集中有关专家召开专题会议,主持者以明确的方式向所有参与者阐明问题,说明会议的规则,尽力创造融洽轻松的会议气氛。主持者一般不发表意见,以免影响会议的自由气氛。由专家们"自由"提出尽可能多的方案,具体流程如图 2-3 所示。

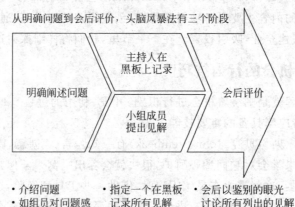

图 2-3 头脑风暴法的流程

4. 依靠团队创造力

当人们组成团队时，往往出现单个人不会产生的创造力。而且，通过小组成员集体交换意见所产生的问题解决方案和其他方式相比，或者更好，或者相当。据统计，约47%的创意来源于工作团队的活动。

5. 良好的生活及工作安排

大多数创意最后无疾而终。我们需要对此负大部分责任，因为我们常常会因为生活中一件接一件看似紧急的琐事而将这些创意延误，或受累于消极的项目管理计划而未能将创意执行到底，抑或因为一些更容易实现的、更新的、更能令人获得满足的其他点子，不知不觉地跑偏了轨道，放弃了原来的创意。

创业者需要摈弃一切杂念，全力以赴，推进创意一路前行。这意味着你需要运用新的方法，或者对先前的一些理念进行微调，比如，如何分配时间，如何革新旧的回报考量机制（新的创意充满乐趣，旧的创意需要额外的努力）等。

（1）制定具体的时间表。随着各类通信工具的涌现，我们的生活方式也变得有些违背工作流程。经常被各种信息包围——电子邮件、短信、Twitter信息、Facebook上的最新帖子，电话以及各种即时通信信息——我们并非投入精力，以一种积极的方式处理这些信息，而是受制于信息焦虑症，我们迫切地需要知道最新的信息，否则就会陷入不安之中。

实际上，生活中那些最有工作效率的人则反其道而行之，在生活中尽量排除外界信息的刺激。他们达到这个境界的途径很简单，以2~3小时为时间段，在此期间减少查收及回复电子邮件和其他信息的次数，专注于那些需要深入研究及思考的长期项目，而不是处理一些琐碎的事情。

（2）对资料进行分类安排。每一个创意的最终落实，都有三个层面的内容：制定行动步骤，可以稍后处理的材料，仅供参考的材料。

① 制定行动步骤。这些步骤一定是以动词开头的句子，是需要实际行动的。你需要将这些行动计划与其他规划及笔记等区分开。

② 可以稍后处理的材料。这些通常是在头脑风暴中产生的创意，你目前尚无法或无须立刻驾驭但将在后续的工作中发挥作用的信息。把它们放在比较醒目的位置，并定期浏览判断其能否派上用场。例如，某位企业领导者就有一个很好的习惯，他把这些信息汇总到一个Word文档中，并随时补充，在每月首个周日早晨打印后仔细研究，从中剔除已经与当下项目缺少关联度的信息，将其中的一些列入行动步骤，剩余的部分则遗留在待筛选清单中，留待未来做进一步判断。

③ 仅供参考的材料。这类辅助性文件是支撑你的创意的文章、笔记或者其他材料。你无须花费大量时间组织这些材料；相反的，只需按照时间顺序排列出这些文件，借助计算机软件的查找功能即可快速完成文件的调用工作。

（3）根据项目进展调整会议计划。如果你的时间十分宝贵，某些例会将会成为一种羁绊。如果会议当中没有更新的行动部署需要传达的话，不妨试试用声讯电话或者电子邮件代替。

在会议即将结束前,需要和每一位团队成员或者客户分享下一阶段的具体任务,让他们明白在为目标奋斗的过程中各自的职责所在。通过不断的演练,在前进的过程中,错失了哪些东西,错误地理解了哪些东西,以及哪些东西是多余的,都能够迅速辨别出来。大声地说出行动部署,能够营造一种各司其职和各尽其责的氛围。

(4) 保持前进。不要让任何惰性扼杀你的创意灵感,努力奋进吧,这也是你尊重自己及自身创意的最好方式。

2.2 创业机会评价

创业机会很多,但不是每一项都具备实施条件与发展潜力,即不是每一项都是有价值的创业机会。如果幸运地发现了一项具备商业价值的创业机会,这时也不能轻举妄动,因为创业者还要仔细识别该项目是否与自身的创业条件与优势高度匹配。正如一句谚语所说"一个人的美食,可能是另一个人的毒药",对于他人而言十分理想的创业机会,可能对于你而言就是一场人生的陷阱。

如何从这些"美丽的陷阱"中,识别真正理想的创业机会,就需要我们对创业机会进行深入的评价,因为机会评价有利于应对并化解环境不确定性。但是,由于创业机会评价具有特殊性,其特殊性在于——创业机会不同于一般的商业机会,其往往提出的是一些革命性的创新概念,而人们往往对于革命性的创意在初始期一般呈负评价,所以创业者很容易对自己的项目产生疑惑。因此,学习了解科学的创业机会评价的技巧和策略就显得十分重要。

2.2.1 有价值创业机会的基本特征

创业机会很多,但不是每一项都具备实施条件与发展潜力。昆仑万维的周亚辉谈到:"经过这么多事,我明白了一些特别深刻的道理,有些东西看起来很美,但最多只是个美丽的诱惑而已。你真去做就会发现,做不到一年合伙人就得散伙,很多创业机会只是看起来很美而已,实际上并不美。"

1. 识别有价值创业机会的意义

即使在世界上最富创业精神的美国,所有新创企业中也有40%存活不到一年,2/3以上在其第5个生日之前死亡,仅有25%的新企业生存了8年。更令人震惊的是,大多数创业者几乎没有盈利,一般来说,即使让企业存续10年的创业者,也只获得了在他们以往的受雇生涯中所获得真实收入价值的65%。

机会识别是创业的开端,也是创业的前提。百森商学院亚洲研究中心总监伍健民说:是的,在中国真正成功抓住机会的人非常少。这其中有两个最主要的原因:首先,只有很少数的企业家知道组成一个真正机会的要素是什么;其次,即使一些企业家在众多机会中识别出了真正的机会,他们中的很多人也不能掌控那些能够将机会转变为利润的特性。

2. 有价值创业机会的三大基本特征

正如上文所述,不是每一个创意都是机会。有的创业者认为自己有很好的想法和点子,对创业充满信心。有想法固然重要,但是并不是每个大胆的想法或新异的点子都能转化为创业机会。许多创业者因为仅凭想法去创业而失败了。那么,到底什么样的创业机会才是真正的、有价值的机会呢?或者说有价值的机会应该具有什么样的特征呢?我们认为:有价值的创业机会具有价值性、时效性等基本特征。

(1) 有价值的创业机会具有价值性

对机会的识别源自创意的产生,而创意是具有创业指向、同时具有创新性的想法。在创意没有产生之前,机会的存在与否意义并不大。有价值潜力的创意一般会具有以下基本特征。

① 独特、新颖,难以模仿。创业的本质是创新,创意的新颖性可以是新的技术和新的解决方案,可以是差异化的解决办法,也可以是更好的措施。另外,新颖性还意味着一定程度的领先性。不少创业者在选择创业机会时,关注国家政策优先支持的领域就是在寻找领先性的项目。不具有新颖性的想法不仅将来不会吸引投资者和消费者,对创业者本人都不会有激励作用。新颖性还可以加大模仿的难度。

② 客观、真实,可以操作。有价值的创意绝对不会是空想,而要有现实意义,具有实用价值,简单的判断标准是能够开发出可以把握机会的产品或服务,而且市场上存在对产品或服务的真实需求,或可以找到让潜在消费者接受产品或服务的方法。

另外,有潜力的创意还必须具备对用户的价值与对创业者的价值。创意的价值特征是根本,好的创意要能给消费者带来真正的价值。创意的价值要靠市场检验;好的创意需要进行市场测试;同时,好的创意必须给创业者带来价值,这是创业动机产生的前提。

(2) 有价值的创业机会具有时效性

"创业"因"机会"而存在,而机会是具有时间性的有利因素。创业机会存在于一定的时空范围之内,随着产生创业机会的客观条件的变化,创业机会就会相应的消逝和流失。纽约大学柯兹纳教授认为机会就是未明确的市场需求或未充分使用的资源或能力。机会具有很强的时效性,甚至瞬间即逝,一旦被别人把握住也就不存在了。而机会又总是存在的,一种需求被得到满足,另一种需求又会产生;一类机会消失了,另一类机会又会产生。大多数机会都不是显而易见的,需要去发现和挖掘。如果显而易见,总会有人开发,有利因素很快就不存在了。

创业者对机会的评价来自于他们的初始判断,而初始判断通常就是假设加简单计算。牛根生在谈到牛奶的市场潜力时说:民以食为天,食以奶为先,而我国人均喝奶的水平只是美国的几十分之一。也许这就是他对乳制品机会价值的直观判断。这样的判断看起来绝对不可信,甚至会觉得有些幼稚,但却是有效的。机会瞬间即逝,如果都要进行周密的市场调查,经常会难以把握机会。假设加上简单计算只是创业者对机会的初始判断,进一步的创业行动还需依靠调查研究,对机会价值做进一步的评价。

(3) 有价值的创业机会具有可行性

创业者还必须了解已有的创业机会是否具有可行性。首先,它能在你的商业环境中行得通。比如,你打算开一家肯德基加盟店,但是在印度的许多邦中,由于宗教的原因,你是开不了的。其次,你必须有资源(人、财、物、信息、时间)和技能才能创立业务。

那么创业者应该怎么办呢?我们认为确定顾客的偏好,通常可以采用市场测试的方法,将产品或服务拿到真实的市场中进行检验。市场测试可以说是一种比较特殊的市场调查,是创业者的必修课程。市场测试与市场调查不完全相同,询问一个消费者是否想购买和这位消费者实际是否购买很多时候是两回事。雀巢咖啡为打开中国市场,选择一些城市向住户投递小袋包装咖啡就是一种市场测试。

总之,创业机会是指那些适合创业的机会(特别是创意)。看到机会、产生创意并发展成清晰的商业概念意味着创业者识别到机会,至于发展出的商业概念是否值得投入资源开发,是否能成为有价值的创业机会,则还需要认真的论证。

2.2.2 个人与创业机会的匹配

如果幸运地发现了一项具备商业价值的创业机会,这时也不能轻举妄动,因为创业者还要仔细识别该项目是否与自身的创业条件与优势高度匹配。正如一句谚语所说,"一个人的美食,可能是另一个人的毒药",对于他人而言十分理想的创业机会,可能对于你而言就是一场人生的陷阱。我们认为:判断创业机会是否适合自己的主要依据在于机会特征与个人特质的匹配。

根据"成员—组织"匹配理论和认知领域的结构匹配理论,我们可以把机会识别过程分为:第三人机会识别和第一人机会识别。第三人机会是指对某些市场主体而言的潜在机会(对于创业者而言,外界客观存在、尚未开发的创业机会),而第一人机会则指对于创业机会识别者或创业者本人而言的潜在机会(创业者自身所具备的、尚未发现的创业机会)。这里我们关注第三人机会的识别过程,其中个人因素与机会因素匹配包括增补型匹配、互补型匹配和结构型匹配三种。

1. 增补型匹配

"增补型匹配"是指有关顾客的信息与创业者所掌握的顾客知识相同或相似,或者有关技术的信息与创业者所掌握的技术知识相同或相似,从而能产生类似于"成员—组织"匹配中的增补型匹配的效果。这种增补型匹配会增强创业者的创业意图。

2. 互补型匹配

"互补型匹配"是指个人因素或机会因素能在一定程度上改善创业环境或者补充创业环境所缺少的东西,从而产生类似于"成员—组织"匹配中互补型匹配的效果,因此,互补型匹配有利于识别创业机会。例如,创业者掌握了有关顾客问题的先前知识,外部环境提供了相关新技术的信息,如果这种新技术信息能用来解决创业者认知的顾客问题,那么,创业者先前掌握的关于顾客问题的知识与外部环境提供关于新技术的信息就属于互补型匹配。或者创业者先前掌握了技术知识,外部环境提供了有关顾客的信息,如果创业者先前掌握的技术知识恰好用来解决新的顾客问题,那么两者也产生了互补型匹配。

3. 结构型匹配

"结构型匹配"是指已知某种知识关系（如某种技术或服务适合应用于某类顾客），通过直接推理、类比推理、相似性比较、模式匹配等方式把这种知识关系应用于改进新的潜在或实际顾客需求与创业者所拥有的知识、技术和服务方法或新技术之间的匹配上。这与认知领域的结构匹配理论中的结构型匹配相类似。

在第一人机会的识别过程中，创业者首先应该评估第三人机会能否成为第一人机会，即能否成为对创业机会识别者本人而言有价值的机会。创业者应该识别第三人机会在创新性、盈利性和不确定性等方面的特点。之所以要重点考察机会的创新性、盈利性和不确定性三个指标，是因为识别第一人机会的过程实际上是创业意图不断增强或减弱的过程，而根据有关的创业意图理论，创业者在考察创业机会时会重点考察机会的盈利性和不确定性，而机会的创新性与机会的盈利性和不确定性密切相关。

同时，创业者也存在个体差异，如在认知风格上，有的创业者偏好创新性认知风格，有的则偏好调适性认知风格。有学者就认为认知不和谐与创业之间存在一定的联系。在成就需要上，有的创业者倾向于开发盈利较高的机会，而有的创业者认为能够维持生计即可。在自我效能感方面，有的创业者对自己处理不确定性的能力充满自信，而有的则信心不足。因此，在这个阶段，创业者所感知到的第三人机会的创新性、盈利性和不确定性程度，又能与其个人的认知风格、成就需要、自我效能感匹配，那么就能识别第一人机会；如果两者不能匹配，那么，创业者就会放弃第三人机会。

2.2.3 创业机会评价的特殊性

一方面，创业机会评价具有特殊性，创业机会不同于一般的商业机会，其往往提出的是一些革命性的创新概念，而人们往往对于革命性的创意在初始期呈负评价，所以创业者很容易对自己的项目产生疑惑；另一方面，也有可能创业者自己对创新的创意十分满意与肯定，但是市场对其却并不感冒，如果不尽快改进创意，以迎合消费者的需求，那么贸然创业的前景将是十分危险的。

1. 创业者的主观判断失误

创业者经常容易犯的错误是，自己认为好的，则一厢情愿地断定顾客也应该认为好。"己所不欲，勿施于人"，然而"己所欲，施于人"也不一定能奏效。

> **思考案例 2-5**

老徐兵败网店

徐静蕾的网店开张一年，只有60笔生意成交，成就了所谓"老徐兵败网店"的重大新闻。其实徐静蕾已很懂得运用互联网，开博客点击2.4亿成为第一博；做网络电子杂志首期号称赚了100万元。一个号称很懂得运用互联网的明星人物，前后反差如此之大，的确有点让人大跌眼镜。

实际上，徐静蕾运用互联网的确不赖，博客和电子杂志的超高人气有力地证明了她的实力，但毋庸置疑的是，点击量和访问量的绝大部分来源应该是慕明星之名而去，窥探明星的私密生活以满足各自的猎奇心理，来也匆匆，去也匆匆，就是有个别忠实的粉丝，最多也是用寥寥数字表达下仰慕之情，毕竟网上传情，成本是近似为零的，这是鼠标用户的共同特征之一，这也就是为什么短时间内徐静蕾的博客能赚那么多吆喝的原因吧。

然而，徐静蕾的网店从事网络营销，不可能只是希望别人到此一游，更重要的还要别人从口袋中掏出人民币。当粉丝的身份转换成顾客"上帝"，"上帝"的眼光和要求就会大不相同了。一方面对产品的需求是"物美价廉"，何况是网络营销的最大优势都快变成了低价的今天，"许多买家都抱怨衣服价格偏贵"自然少人问津；另一方面也有人指出了：徐静蕾并没有有效地利用她的名气为产品增加附加值，也是影响因素之一。促使键盘用户作为的是利益和价值，有利可图才是键盘用户判断是否作为的动因，只有引导键盘用户实际参与网络营销的全程，才能最终完成网络营销的目标。从徐静蕾网店的界面和陈设产品的单一种类来看，能吸引键盘用户的元素可谓寥寥无几，也就怪不得最后落得个"兵败"的尴尬结局了。

2. 创新创意一开始往往难以被人们接受

创新创意刚刚产生时往往被人们的疑虑所包围。

从哲学的角度讲，创新创意往往属于新事物。新事物是指符合事物发展的客观规律和前进趋势、具有强大生命力和远大前途的事物。

然而，新事物产生之初，总是不完善的、弱小的，但它在与暂时强大的旧事物的斗争中，最终会取得胜利。新生事物不可战胜，这是由事物发展的本质和新生事物的本性决定的。因为新事物符合历史发展的必然趋势，它萌芽、产生于旧事物之中，是对旧事物的"扬弃"，即抛弃了旧事物中的消极的、过时的、腐朽的因素，吸取了旧事物中的积极的、合理的因素，并且形成了它自身的特点。与旧事物相比较，新事物更完善、更高级、更优越，具有更强的适应力，因此新生事物必然取代旧事物，这是不可避免的。

思考案例 2-6

诺基亚对新生的苹果手机反应迟钝

在 iPhone 刚推出的时候，诺基亚的工程师们就做了一个全面的研究。研究结果表明，当时的 iPhone 制造成本过高；并且只支持 2G 网络，比诺基亚的 3G 技术要逊色不少。更为有趣的是，iPhone 没有通过诺基亚严格的"坠落实验"——诺基亚工作人员把 iPhone 在五英尺的高度，从不同的角度摔到混凝土地面进行抗摔测试，结果显示 iPhone 不如诺基亚手机抗摔。最后诺基亚得出结论，iPhone 不会带来威胁。

然而事情并没有诺基亚想象的那么美好。苹果 CEO 蒂姆·库克（Tim Cook），已经向世界展示了如何能够减少制造成本。而苹果在 iPhone 面世第二年，就解决了 3G 的技术问题。而之后的几年，全世界的"果粉"们更是让诺基亚看到了一个残酷的现实，消费者居然宁愿多花钱去购买时髦的智能手机，尽管这个手机可能不如那些笨重的手机那么抗摔。

然而直到 2008 年，诺基亚高管们才真的意识到 iPhone 是他们身边的一个重磅炸弹。

但是诺基亚的努力却被自身组织问题阻碍——诺基亚的研发团队被迫互相竞争,而又有太多人进入了企业决策层,最终导致该公司发展缓慢。

2.2.4 创业机会评价的技巧和策略

创业机会评价有利于创业者应对并化解环境不确定性,但是由于创业机会评价具有特殊性,常规的市场研究方法不一定完全适用于创业机会评价,尤其是对于原创性创业机会的评价。因此,学习了解科学的创业机会评价的技巧和策略就显得十分的重要。

1. 创业机会评价的分析技巧

创业的核心产品和所面对的市场,属于创业机会的自然属性,它们显然不依赖于创业者自身或者创业机会的其他特征而客观存在。因此,我们认为对于创业者所选择的创业机会来说,主要存在两个客观的考察维度。

(1) 市场层面维度。

主要指创业者所面临的市场环境的特征,包括市场的成长性、市场的规模、市场的竞争程度,是否拥有良好的市场网络关系等。

无论你的公司经营什么,都必须了解行业及其市场竞争状况。行业及市场竞争分析是对公司商业生态环境的重要层面做战略性的评估。

行业之间在以下几个方面有着重大的区别:经济特点、竞争环境、未来的利润前景。行业经济特性的变化取决于下列各个因素:行业总需求量和市场成长率、技术变革的速度、该市场的地理边界(区域性的?全国范围的?)、买方和卖方的数量及规模、卖方的产品或服务是统一的还是具有高度差别化的、规模经济对成本的影响程度、到达购买者的分销渠道类型。行业之间的差别还体现在对下列各因素的竞争重视程度:价格、产品质量、性能特色、服务、广告和促销、新产品的革新。在某些行业中,价格竞争占统治地位,而在其他行业中,竞争的核心却可能集中在质量上,或集中在产品的性能上,或集中在品牌形象与声誉上。

一个行业市场的经济特性和竞争环境以及它们的变化趋势往往决定了该行业未来的利润前景,对于那些毫无吸引力的行业,最好的公司也难获得满意的利润;相反,颇有吸引力的行业中,弱小的公司也可以取得良好的经营业绩。

(2) 产品本身维度。

主要指产品本身的技术优势,包括产品的技术是否存在进入壁垒、产品技术是否有成本优势、技术优势能否持久等。根据这两个维度,可以建立一个坐标轴,纵向为市场特征,横向为产品本身的技术先进性。为了方便对问题的分析,将市场优势和产品的技术优势分为强弱两种,如图 2-4 所示。这样,对创业机会的评价可以大致分为四类,对应图中的四个象限。

创业机会不同维度的建立,可以直观地分析和比较不同创业机会的实际开发成长过程,这一过程,实际上也正是创业者制定创业战略,促进新创企业良性成长的过程。因此,在创业战略的制定过程中,需要对于创业机会深入分析,不同的创业机会需要不同的创业战略来支持,才能获得较好的成功。因此,创业机会的特征对于创业战略的制定具有重要

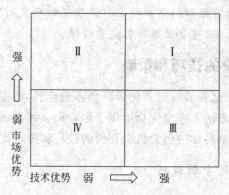

图 2-4 创业机会的四种评价类别

的导向作用。

尽管这里直观地将机会分为四种类型,然而,在实践中,它们的应用程度各不相同。Ⅰ型的创业机会市场特征和产品特征俱佳,然而,这样的机会常常转瞬即逝,大量的市场追随者使得市场优势不再,或者是技术的飞速发展使得原有的技术优势很快成为过去,即从Ⅰ型变成Ⅱ、Ⅲ型甚至是Ⅳ型的创业机会。Ⅳ型的机会在市场和产品两个维度上都不具备优势,创业者最好暂缓创业,等待市场进化或者技术发展到一定程度再开发创业机会。

因此,在实践中真正用于创业的机会主要集中于Ⅱ、Ⅲ型的创业机会,对于这两种类型的机会的研究最具借鉴意义,下文也主要集中考察Ⅱ、Ⅲ型的创业机会。为直观地说明创业机会与创业战略之间的关系,这里提出一个机会导向的创业战略制定模式。根据这一分析模式,本书认为,在分析创业者的可行战略规划时,首先要考虑的是创业者拥有的创业机会的特征。

2. 创业机会的评价策略

(1) Ⅱ型创业机会

行业市场优势较强,产品优势不佳的创业机会。这一类型(Ⅱ型)创业机会的代表如"小霸王学习机"。

思考案例 2-7

小霸王学习机

20 世纪 80 年代末也正是学习机出现的年代,最早一批"家用"学习机应该是从中国台湾引进来的 LASER-310 型计算机。计算机内嵌操作系统,可编写简单的 BASIC 程序,并能使用普通录音机作为磁带记录仪。在五六年后,计算机发展到 286 和 386,国内开始掀起了电脑热。

小霸王公司也学着台湾企业做起了学习机,在游戏机的基础上增加了键盘、鼠标,还加了摇杆和游戏磁带,内嵌了 Logo 等图线制作为主的语言,以及词霸学习卡等配件,自主研发出了电脑学习工具——小霸王学习机,如图 2-5 所示。尽管其产品本身的技术并不具备较高的壁垒,然而,小霸王公司通过有效的市场战略规划,在电脑尚未普及,而人们已经开始渴望拥有电脑的市场机遇期中,获得极大成功。

图 2-5 小霸王学习机

在电脑尚不普及的 20 世纪 80 年代末和 20 世纪 90 年代初,"你拍一,我拍一,小霸王出了学习机"——那种机器其实也就是个电脑启蒙用的玩具,演变到后来甚至能直接兼容"红白机"游戏卡,几乎所有孩子都把它当成游戏机了,小霸王学习机最终成为中国孩子的理想玩具。

(2) Ⅲ型创业机会

产品存在优势,市场优势不强的创业机会。

这种创业机会(Ⅲ型)尽管技术本身拥有较强的优势,然而创业初期往往难以进行清晰的市场定位,为了生存,创业者需要重新审视市场,适时调整经营战略,这种创业机会多见于高科技新创企业。

思考案例 2-8

鼠标的发明与应用

1968 年 12 月 9 日在美国加州旧金山,加州斯坦福研究所的道格·恩格勒巴特和同事们当年致力于研究一种能更加简捷操作电脑的方法。鼠标在这一研究过程中诞生。

鼠标面世前,人们使用光笔操纵计算机。首次面世的鼠标外面有一层木质雕刻木板,拖着一条连接线或者说是"尾巴",下面装有轮子能滚动。因为拖着长长的连接线,整个外形好像老鼠,这个新产品被称为"鼠标"。

20 世纪 70 年代,美国施乐公司将鼠标进一步升级,并在 1981 年"施乐之星"电脑操作系统诞生之际推出第一只商业化鼠标。但直到苹果公司以 4 万美元从斯坦福研究所买下鼠标生产许可证后,鼠标技术才算真正起飞。

苹果公司 1984 年推出"麦金托什"电脑被认为是开创个人电脑时代的重要里程碑,这一机型充分发挥了鼠标的功能。此后至今,鼠标已经成为绝大多数电脑的必备部件。

总之,对于创业投资者而言,创业机会的甄别类似于投资项目的评价,这对投资者取得收益十分重要;这也帮助创业者从另一角度来分析其创意是否具有继续发展成为一个企业的实际价值。

事实上,有60%～70%的创业计划在其最初阶段就被否决,就是因为这些计划不能满足创业投资者的评价准则。以成功的企业家、私人投资者以及风险资本家们多年所运用的良好的企业经营和市场竞争意识为基础,一组经过挑选并得到广泛认可的创业机会的评价准则已经形成,它包括以下六个大方面。

① 行业和市场(市场基本情况、市场结构、市场规模、市场增长率、可达到的市场份额、5年内成本结构);

② 资本与获利能力(毛利、税后利润、所需要的时间、投资回报潜力、价值、资本需求、退出机制);

③ 竞争优势(固定和可变成本、对成本和价格与分销渠道的控制力、进入壁垒);

④ 管理团队(创业团队、行业和技术经验、整体性、知识上的诚实度、致命缺陷);

⑤ 个人标准(目标适合度、上限/下限问题、机会成本、愿望、风险/收益承受力、压力承受力);

⑥ 战略性差别(适合程度、团队等级、服务管理、时机、技术、柔性、商机导向、定价、分销渠道、错误容忍空间)。

一般来说,具有好的创业机会的企业将在所列准则的大部分中表现出其巨大的潜力,或者将在一个或几个准则中拥有其竞争者望尘莫及的压倒性优势。

3. 机会评价有利于应对并化解环境不确定性

创业机会评价必然包含创业环境分析。创业环境在创业过程中扮演着非常重要的角色,因此,创业者准备创业计划之前,首先有必要对其进行研究分析,主要包括技术环境分析、市场环境分析和政策环境分析。

(1) 技术环境分析。技术的进步难以预测,从某种意义上说,技术是变化最为剧烈的环境因素,因为技术的进步可以极大地影响企业的产品、服务、市场、供应商、分销商、竞争者、用户、制造工艺、营销方法及竞争地位等。技术进步可以创造新的市场,产生大量新型的和改进的产品,改变创业企业在产业中的相对成本及竞争位置,也可以使现有产品及服务过时。技术的变革可以减少或消除企业间的成本壁垒,缩短产品的生命周期,并改变雇员、管理者和用户的价值观与预期,还可以带来比现有竞争优势更为强大的新的竞争优势。因此,创业者应对所涉及行业的技术变化趋势有所了解和把握,应考虑或因政府投入可能带来的技术发展。

思考案例 2-9

诺基亚的第一款全触屏智能手机——N8

诺基亚于2010年推出了寄予厚望的第一款全触屏智能手机——N8,但是,该机型还没上市就已经被业内认定过时。

2010年,诺基亚在智能手机领域面临的竞争前所未有的严峻挑战,想要快速挽回败局,诺基亚需要一款具有竞争力的产品。这个时候N8的出场被赋予了很多的期望。首款 Symbian 3 系统手机、首款多点触屏手机,相对高端的配置,首次尝试微博营销,多位明星助阵宣传,一系列的动作体现了诺基亚打造明星产品的决心。

软件方面,N8 采用诺基亚最新的 Symbian 3 系统,该系统针对之前的 S60 略有改进,但要跟苹果的 iOS 或者谷歌的 Android 相比,还是有相当差距。苹果的 APP Store 和谷歌的 Android Market 应用商店都已经有十万级数量的应用软件,而 Symbian 3 由于是新系统,支持它的应用软件并不多,更遗憾的是,有些 S60 5.0 的软件在 Symbian 3 上并不兼容。所以如果用户想在 N8 上享受丰富的应用,除非 N8 有足够的铺货量,才能带动软件开发者们为之开发更多的应用程序。

综合来看,N8 手机的配置虽然说得上豪华,甚至可以称为"奢华",但是并没有让人眼前一亮的功能。所有的功能不过是在目前智能手机的主流配置上的加配而已,摄像头从 500 万像素升到 1200 万像素,屏幕分辨率高一点,加一些音视频输出功能,这些只能构成 N8 价格高昂的理由,却并不足以支撑它登上"智能机皇"宝座。实际上,智能手机领域所拼杀的更多的是创新应用,而简单的加配恰恰是低端机比拼方式,要是仅仅提高一下参数值也算创新的话,那这个创新也太简单了。无情的市场现实,很快告诉诺基亚 N8 尚未上市就已经埋没在一堆安卓和苹果手机的夹击之中了。

(2) 市场环境分析。市场环境分析可以从宏观、中观和微观三个层次来进行。

在宏观上,主要是对经济因素、文化因素的分析。一方面,一个新创企业成功与否,在很大程度上取决于整个经济运行情况,如整个国民经济的发展状况、产业结构的构成与发展、消费和积累基金的构成及其变化、失业状况,以及消费者可支配收入等,具体体现在 GDP、人均 GDP、可支配收入等指标上,这些因素都会影响市场的需求状况,从而对创业企业有一定的影响。另一方面,文化环境,如人们生活态度的变化、价值观念的变化、道德观的变化等,也会对创业的市场需求产生影响,特别是那些与健康或环境质量等有密切关系的产品或服务更是如此。

在中观上,主要是对行业需求的分析。如市场是增长的还是衰退的、新的竞争者的数量,以及消费者需求可能的变化等重要问题,创业者必须加以认真考虑,以便确定创建企业所能获得的潜在市场的规模。

在微观上,根据波特的竞争模型,潜在的进入者、行业内现有竞争者、代用品的生产者、供应者和购买者是主要的竞争力量。

① 新进入者的威胁。新进入者是行业的重要竞争力量,虽然创业者本身往往是一个行业的新进入者,但同时也会面临其他意识到同样创业机会的创业者或模仿者新进入的威胁,他们会对创业的成功与收益带来很大威胁,其大小主要取决于进入障碍和本企业的可反击力度。其影响因素主要包括规模经济、产品差别优势、资金需求、转换成本、销售渠道等。

② 现有竞争者的抗衡。创业者在进入某一个行业时,会遇到行业内现有企业的压力与竞争,其程度是由一些结构性因素决定的。由于每个行业的进入和退出障碍不同,便形成不同的组合。

③ 替代品的竞争压力。看见的发展将导致替代品的不断增多,因此,创业者在制定战略时,必须识别替代品的威胁及程度。对于顺应时代潮流,采用最新技术、最新材料的

产品,或对于从能获得高额利润部门生产出来的替代品,尤应注意。

④ 购买者和供应者的讨价还价能力。任何行业的购买者和供应者,都会在各种交易条件上尽力迫使交易对方让步,使自己获得更多的收益,其中讨价还价能力起着重要作用。

⑤ 其他利益相关者。主要包括股东、员工、政府、社区、借贷人等,他们各自对企业的影响大小不同。创业者从创业初始就应适当考虑与利益相关者的价值均衡问题及他们对创业的影响。

(3) 政策环境分析。政府的政策规定、法律、法规等都可能直接或间接影响创业的活动。例如,取消价格控制法规、对媒体广告的约束法规(如禁止香烟广告)、影响产品及其包装的安全条例等,这些法规都将对创业企业的产品开发和市场营销等产生影响。另外,政府对市场的规制也是一个值得重视的方面。如美国政府在20世纪80年代对电信和航空业进入限制的放松,就导致了大量新公司的组建。

例如:武汉市政府对"光谷"发展的政策支持。

东湖高新区2001年被批准为国家光电子信息产业基地。10多年来,光电子信息产业保持快速发展势头,光纤光缆、光器件、激光等产品国内市场占有率均超过50%,其中光纤光缆生产规模全球第一;一批具有国际影响力的自主创新成果相继涌现,广泛用于生产生活、航天国防等领域;聚集了丰富的科教人才资源,成为第二大智力资源密集区;建成一批企业孵化器、重点产业园,未来科技城、武汉软件新城、光电子配套产业园、中新(武汉)科技园等一批新的产业载体正在加快规划和建设。

光谷的高新产业的大发展,离不开优良的政策支持环境。为打造享誉世界的"光谷",助推"武汉—中国光谷"二次腾飞,武汉东湖高新区发布《武汉东湖新技术开发区加快发展光电子信息产业实施方案》及《武汉东湖新技术开发区关于加快光电子信息产业发展的若干意见》,出台系列优惠措施加快产业发展。支持企业培育、技术研发、载体建设、人才引进等方面奖励措施,重点支持代表光电子信息产业发展方向的前沿技术和新兴领域,以及对完善东湖高新区光电子信息产业链具有重大作用的关键领域和环节。

本 章 小 结

无论何种创业都要善于抓住好的创业机会。在这里,我们认为"创业机会"是指创业者可以利用的商业机会。这样的创业机会往往来源于好的创意,可以说"好的创意是成功的一半",把握住了任何一个稍纵即逝的、真正的好创意,创业就等于成功了一半,创意是创业机会的来源。

"机会"是指具有时间性的有利情况;而"创意"则是指具有一定创造性的想法或概念。创意显然也不等于机会,但真正有商业价值的创意则一定是好的机会。同时,一项创意是否具有真正的商业价值则存在不确定性。

创业机会是具有商业价值的创意,而"创意"则是指具有一定创造性的想法或概念。两者表现为特定的组合关系,只有具有商业价值的创意才能称为创业机会,才能转化为创业事业。我们认为归根到底创业机会来自于一定的市场需求和变化。变化就是机会。环境的变化,会给各行各业带来良机,人们透过这些变化,就会发现新的前景。

创业机会很多,但不是每一项都具备实施条件与发展潜力,即不是每一项都是有价值的创业机会。如果幸运地发现了一项具备商业价值的创业机会,这时也不能轻举妄动,因为创业者还要仔细识别该项目是否与自身的创业条件与优势高度匹配。

复习题

1. 什么是创业机会?创业机会的内涵有哪些?
2. 如何鼓励和保护好的创意?
3. 创业机会的来源有哪些?
4. 识别创业机会的行为技巧有哪些?
5. 有价值创业机会的三大基本特征是什么?
6. 创业机会评价的特殊性指的是什么?

课后案例

微软创业简史

1975年19岁的比尔·盖茨从哈佛大学退学,和他的高中校友保罗·艾伦一起卖BASIC(Beginners' All-purpose Symbolic Instruction Code),又译培基。培基意思就是"初学者的全方位符式指令代码",是一种设计给初学者使用的程序设计语言,当盖茨还在哈佛大学读书时,他们曾为MITS公司的Altair编制语言。后来,盖茨和艾伦搬到阿尔伯克基,并在当地一家旅馆房间里创建了微软公司。1977年,微软公司搬到西雅图的贝尔维尤(雷德蒙德),在那里开发PC编程软件。1979年,MITS公司关闭,微软公司以修改BASIC程序为主要业务继续发展。公司创立初期以销售BASIC解译器为主。当时的计算机爱好者也常常自行开发小型的BASIC解译器,并免费分发。然而,由于微软是少数几个BASIC解译器的商业生产商,很多家庭计算机生产商在其系统中采用微软的BASIC解译器。随着微软BASIC解译器的快速成长,制造商开始采用微软BASIC的语法以及其他功能以确保与现有的微软产品兼容。正是由于这种循环,微软BASIC逐渐成为公认的市场标准,公司也逐渐占领了整个市场。

此后,他们曾经(不太成功地)试图以设计MSX家庭计算机标准来进入家用计算机市场。1980年,IBM公司选中微软公司为其新PC编写关键的操作系统软件,这是公司发展中的一个重大转折点。由于时间紧迫,程序复杂,微软公司以5万美元的价格从西雅图的一位程序编制者Tim Patterson(帕特森)手中买下了一个操作系统QDOS的使用权,在进行部分改写后提供给IBM,并将其命名为Microsoft DOS(Disk Operating System,磁盘操作系统)。IBM-PC的普及使MS-DOS取得了巨大的成功,因为其他PC制造者都希望与IBM兼容。

MS-DOS在很多家公司被特许使用,在20世纪80年代,它成了PC的标准操作系统。1983年,微软与IBM签订合同,为IBM PC提供BASIC解译器,还有操作系统。到

1984年,微软公司的销售额超过1亿美元。随后,微软公司继续为IBM、苹果公司以及无线电器材公司的计算机开发软件。

但随着微软公司的日益壮大,Microsoft与IBM已在许多方面成为竞争对手。1991年,由于利益的冲突,IBM公司、苹果公司解除了与微软公司的合作关系,但IBM与微软的合作关系从未间断过,两个公司保持着既竞争又合作的复杂关系。微软公司的产品包括文件系统软件MS-DOS和Xenix。Xenix是UNIX操作系统其中一种个人电脑上的版本,由微软公司在1979年开始为Intel处理器所开发的,它还能在DECPDP-11或是Apple Lisa电脑上执行。继承了UNIX的特性,XENIX具备了多人多工的工作环境,符合UNIX System V的接口规格(SVID)、操作环境软件(窗口系统Windows系列)、应用软件MS-Office等、多媒体及计算机游戏、有关计算机的书籍以及CDROM产品。

1992年,公司买进Fox公司,迈进了数据库软件市场。1983年,保罗·艾伦患霍奇金氏病离开微软公司,后来成立了自己的公司。艾伦拥有微软公司15%的股份,至今仍列席董事会。1986年,公司转为公营。盖茨保留公司45%的股权,这使其成为1987年PC产业中的第一位亿万富翁。1996年,他的个人资产总值已超过180亿美元。1997年,则达到了340亿美元,1998年超过了500亿大关,1999年至2000年前后在微软股价一步步飙升时,盖茨身价超过1000亿美元,排徊于1200亿美元上下,最高峰为1360亿美元,成为理所当然的全球首富。Windows操作系统(中文翻译为"视窗")是微软公司最著名的产品,它占据了全世界几乎所有个人电脑的桌面。

思考题:
(1)比尔·盖茨是怎样产生创业创意的?
(2)你怎么看比尔·盖茨放弃大学学业追求创业机会?

第 3 章

创业资源与商业模式

KIWI 团队的创业资源及商业运作模式

作为一支学生创新创业团队,2011 年 10 月"KIWI 大学生创业团队"正式组建时可谓"一穷二白",要资金没资金,要场地没场地,有的就是八位优秀的同学,以及同学们那股创业的执着与理想。

很快同学们的创业行动就得到了学院的关注,在团队指导老师唐时俊老师的帮助下,学院专门批了一间办公室作为大家的创业基地。从此,大家利用课余时间在自己的基地里开会研讨,分析思路,解决问题(见图 3-1)。

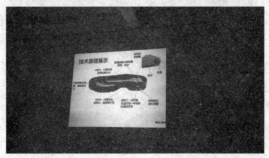

图 3-1　KIWI 团队成员时常工作到深夜

1. 人力资源

三个臭皮匠,顶个诸葛亮。何况 KIWI 有八位青年才俊呢?这就是 KIWI 团队创业的最大资源了。

KIWI团队的首席执行官(CEO)是金晶同学(中国共产党党员)。她曾参加湖北省第八届"挑战杯"课外学术科技作品大赛,荣获省一等奖,以及国赛三等奖;大二时获得会计从业资格证以及全国信息化工程师ERP应用资格证书。作为经济与管理学部学生会会长,她具备丰富的管理经验、组织协调与领导能力和团队精神。时常的口头禅是"Go For The Dream!"

KIWI团队的首席营运官(COO)是刘濮铭同学(中国共产党党员)。他是一个有激情,喜欢幻想的家伙。担任武汉科技大学城市学院及外语外事学院ERP协会会长经济与管理学部ERP综合实训中心负责人。2010年在新加坡CYCLECT宙波机电工程(上海)有限公司兼任业务总监助理,2011年在上海百绘丰文具礼品有限公司兼任销售总监助理。具备良好的业务能力,善于市场调研、市场开发,以及市场营销,并且有比较丰富的社会实践经验。

KIWI团队的首席财务官(CFO)是刘伊丽同学,她任校广播台编辑部部长,是一位有热情,爱看书,喜欢挑战新鲜刺激的事物,有抱负、独立的女生。在平时阅读了大量书籍,工笔深厚。现在负责团队的财务工作。

KIWI团队的首席技术官(CTO)张磊(中国共产党党员)。他是团队中的技术控,擅长于Adobe After Effects CS4、Adobe photoshop、3D MAX等视频、图片编辑软件,以及PowerPoint等office软件,同时擅长于宣传、广告设计、视频以及PPT的制作等。团队的淘宝网店就是他负责开辟和经营的。

KIWI创业团队的首席市场官(CMO)李鹏,性格开朗,喜欢阅读各类书籍,尤其是商业类书籍,善于思考,想法新颖,思维活跃。曾利用双休日、节假日做过服务员、发单员,雪花酒厂机器操作员、统计员以及组织团队经营自行车出租,对一般中小企业的管理模式有一定的理解,有丰富的社会实践经验。他是团队中的实干派,蓝牙、红外设备研发都是他一手"捣鼓"的结果。

KIWI团队的首席品牌官(CBO)是彭佳炜同学。他是团队的积极分子。特长比较广泛,擅长钢琴、英语、绘画等,在人人网上注册的音乐类小站截至今日拥有超过180 000位粉丝。现在负责团队的品牌宣传、维护等工作。

KIWI创业团队的销售总监(CSO)是刘诗卉同学(中国共产党党员)。曾参加第二届"益体网"湖北大学生就业见习大赛,能够制定经营方针、明确营销策略以及落实团队管理,也曾修读电子商务课程,善于文案策划、市场营销等。KIWI的专卖店设计就是她和张磊的杰作。

KIWI团队的人事总监(CHO)是刘欢同学。他是团队的"老大哥"(比其他同学高一个年级),性格活泼开朗,处事严谨务实,有较强的组织管理能力和语言表达能力,善于积累各类知识,挑战新鲜事物,实践经验较为丰富。曾参加2011年湖北省华人华侨创业发展洽谈会志愿者工作;2011年湖北省"益体网"大学生创业计划大赛,获得优秀社会实践个人;2011年湖北省"挑战杯"课外学术科技作品大赛省二等奖。现负责人力资源管理。

此外,团队在武汉科技大学城市学院及湖北创新协会的大力支持下,配有创业专家专业顾问团队,其中理论顾问三人、法律顾问一人、创业融资顾问两人、技术顾问四人、财务顾问一人、市场顾问两人。

2. 技术资源

要把理想变为现实可不是件容易的事情,KIWI团队的同学们在经过前期研究后,很快确定了鞋底加"电池仓"与"风机"的整体设计思路。但是,具体怎么实施与实验,对于这群没有工科背景的经管专业的同学而言,可是个大难题。

为了实现上述目标,KIWI团队的同学们在指导老师的帮助下,赶赴湖南长沙的相关科研单位,在专家的指导下完成了鞋底模具的设计,该模具达到了三大设计要求:

① 可以镶嵌进"核心仓"(电池加风机);
② 可以保证日常使用条件下鞋底的风道通畅且防水;
③ 可以保证日常使用条件下热导线路耐弯折(在湖南省皮革产品质量监督检验授权站完成12万次弯折实验后,情况正常)。

随后,同学们又不辞辛劳,远赴浙江温州,联系到了相关外贸制鞋企业,成功试制出了一批样鞋,在小范围市场试用中,该产品表现良好,既可以实现脚部冬天全方位保暖,又具备在夏天凉爽除臭的功能,得到了市场的好评。

受到鼓舞的同学们,在老师的指导下迅速进行了专利申请。由于考虑到科技空调鞋的技术门槛不高,为了保证产品在市场投放后的技术制高点,团队同学又趁热打铁,在科技空调鞋的基础上,研发了可以红外线遥控、蓝牙遥控的空调鞋,这主要是为了方便使用者对鞋实行开关及温度设定等功能的智能遥控。目前KIWI团队已经成功获批多项电子科技空调鞋的技术专利:

① 专利名称:空调鞋,专利号:20110098255.8;
② 专利名称:蓝牙控制空调鞋,专利号:201220155208.7;
③ 专利名称:红外遥控空调鞋,专利号:201220155253.2。

考虑到当前电池发热的极限问题(在室外温度为零度左右,1200毫安的新型聚合物电池的开热效果为$15℃\sim20℃$),同学们在电池传热的基础上,又在研究"燃气式发热鞋"作为产品的后续研发专利,为创业团队的二期核心项目,该系列产品预计可解决极寒条件下,如南北极科考人员、高原极限运动者的脚部保暖问题。

3. 硬件资源

KIWI创业团队目前已经在武汉市东湖高新技术开发区注册了"武汉吉维鸟科贸有限公司",注册资本10万元人民币。目前,KIWI创业团队在武汉科技大学城市学院内有两处创业基地(15平方米的办公室一间,30平方米的门面一间),在汉口北盘龙城工业开发区拥有500平方米工作厂区一处,在武汉光谷拥有140平方米仓库一处,并已经开设淘宝网店一家。

本项目目前已经经过了权威部门认证,空调鞋产品已达到上市要求。目前该团队已经与温州相关企业签署了代工协议,并合作量产了小批量产品,取得了市场的良好反馈。

4. 政策资源

2012年4月,KIWI创业团队进驻武汉东湖高新"青年创业孵化基地",成为该基地"重点关注项目"。"湖北青年企业孵化器"成立于国家自主创新示范区——东湖高新区,是全国首家共青团组织自建自有、自管自用的青年企业孵化器。该孵化器实有建设面积

2358平方米,主要为大学生、归国留学人员、城市青年等各类青年群体提供免房租形式的"零成本"创业扶持。湖北青年企业孵化器自2009年启动以来,引进73家企业和大学生创业团队免费进驻,提供就业岗位400余个,先后成功孵化出7家东湖高新区"3551"人才计划企业和5个中小企业科技创新基金项目,累计16个项目获得国家、省及武汉市专项扶持资金970余万元。

5. 商业运营模式

KIWI创业团队目前已经进驻武汉东湖高新"青年创业孵化基地",借助武汉光谷的科技人才与融资优势,以武汉为基地设立总公司,开展自身业务。目前,团队的商业运营模式为:①自营:与沿海代工工厂合作建设自己的生产基地实现产品供应,并通过建设高效的网络营销通道(开设淘宝商城网店与实体店)实现及时销售,最终通过与高效的现代物流企业合作实现物流配送。②许可经营:通过向国内主要鞋类企业提供"空调核心仓"的生产技术许可来盈利。KIWI专卖店店铺设计图如图3-2所示。

 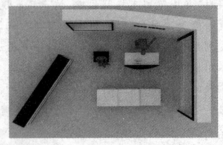

图3-2 KIWI专卖店店铺设计图

KIWI公司似乎有巨大的发展潜力,团队的梦想是,公司产品将使国内制鞋、户外运动、保健养生产业发生革命性变革,就如同iPhone那样改变人们的生活方式。

思考题:
(1) KIWI团队的创业资源有哪些优势与不足?
(2) 创业资源与商业模式有什么关联?

3.1 创业资源

创业不是"天马行空",不是引"无源之水"、栽"无本之木"的事情。任何一个人创业,都必然有其凭依的条件,也就是其拥有的资源。创业的过程就是创业者建立、整合和拓展资源的过程。获取不到创业所需的资源,再好的创业机会对于创业者而言都只是海市蜃楼。

3.1.1 创业资源的内涵与种类

我们认为,创业资源是一种特殊的商业资源,特指创新、创业型团队或企业发展初期所需的一切资材的来源。

1. 创业资源的内涵

从创业对价值的发现与创造的角度看,创业资源是指在创业活动中替企业创造价值的特定资产,包括有形与无形的资产,并通过对不同资源的整合和利用,使其发挥最大的效益。Kirzner 和 Casson 认为,创业机会的存在本质上是部分创业者能够发现特定资源的价值,而其他人不能做到这一点。

从创业机会识别角度看,创业机会的提出来自于创业者依靠自身的资源财富对机会的价值确认。例如,同样的产品或者盈利模式,一些人会付诸行动去创收,其他人却往往放任机会流失。对于后者来说,往往是缺乏必要的创业资源,因此,从这一角度来看,创业就是把创业机会的识别与创业资源的获取结合起来。

我国学者林强和林篙认为:从企业的创立与成长角度看,创业资源是企业创立以及成长过程中所需要的各种生产要素和支撑条件。

从创业资源整合角度看,Alvareza&Busenitzb 认为创业本身也是一种资源的重新整合。简单地说,"创业资源"就是创业者所需具备的一些创业条件。

综上所述,创业资源是创业活动中替企业创造价值的特定资产,是企业创立以及成长过程中所需要的各种生产要素和支撑条件,创业本身就是把创业机会的识别与创业资源的获取整合起来的过程。

2. 创业资源的分类

不同的创业活动具有不同的创业资源需求。我们把创业资源分为有形资源和无形资源两大类,而其中无形资源往往是撬动有形资源的重要杠杆。

(1) 有形资源与无形资源

有形资源包含金融资源、实物资源和组织资源三大类,如表 3-1 所示。

表 3-1 有形资源

金融资源	• 公司的现金和现金等价物 • 公司与资本市场良好的关系 • 公司的信用等级
实物资源	• 现代化的工厂和设施 • 有利的生产地点 • 最新技术的机器设备
组织资源	• 有效的战略规划程序 • 杰出的评价和控制系统

① 金融资源。金融资源是企业物质要素和非物质要素的货币体现,具体表现为已经发生的能用会计方式记录在账的,能以货币计量的各种经济资源,包括资金、债权和其他。

② 实物资源。实物资源是指企业从事生产经营活动所需要的一切生产资料,其构成状况可按实物资源在生产经营过程的作用划分为劳动对象和劳动手段。

③ 组织资源。组织是指为了实现既定的目标，按一定规则和程序而设置的多层次岗位及其相应人员隶属关系的权责角色结构。包括企业的战略规划、员工开发、评价和报酬系统等。

无形资源包含人力资源、科技资源、品牌资源、市场资源、政策资源、信息资源六大类，如表3-2所示。

表 3-2 无形资源

人力资源	• 有技能的员工 • 信任 • 管理技能 • 公司特有的惯例和方法
科技资源	• 技术和科学技能 • 商业秘密 • 创新的产品加工工艺 • 专利、版权和商标
品牌资源	• 品牌名称 • 产品品牌、服务品牌和企业品牌 • 客户忠诚度
市场资源	• 营销网络与客户资源 • 行业经验资源 • 人脉关系
政策资源	• 准入政策、鼓励政策、扶持政策 • 孵化器
信息资源	• 创业资源的信息 • 决策信息

① 人力资源。人力资源是指存在于企业组织系统内部的有经验的、掌握特殊技能的、被激励起来的员工等和可供企业利用的外部人员的总和。人力资源是企业资源结构中最重要的关键性资源，是企业技术资源和信息资源的载体，是其他资源的操作者，决定着所有资源效力的发挥水平。

② 科技资源。科学技术包括两个方面，其一是与解决实际问题有关的软件方面的知识；其二是为解决这些实际问题而使用的设备、工具等硬件方面的知识。科技资源的专有性主要表现为与企业相关的专门知识、商业秘密、专利和版权等。

③ 品牌资源。品牌是一个名称、名词、符号或设计，或是它们的组合，其目的是识别某个销售者或某群销售者的产品或服务，并使之同竞争对手的产品和服务区别开来。品牌资源又可细分为产品品牌、服务品牌和企业品牌三类。

④ 市场资源。市场资源包括营销网络与客户资源、行业经验资源、人脉关系。凭什么进入这个行业？这个行业的特点是什么？盈利模式是什么？是否有起码的商业人脉？市场和客户在哪里？销售的途径有哪些？

⑤ 政策资源。可不可以有一个"助推器"或"孵化器"推进我们的创业，比如某些准入

政策、鼓励政策、扶持政策或者优惠等。

⑥ 信息资源。依靠什么来进行决策？从哪里获得决策所需的信息？从哪里获得有关创业资源的信息？

(2) 无形资源是撬动有形资源的重要杠杆

由于企业新创,企业的战略规划、员工开发、评价和报酬系统等制度安排还不完善,所以有形资源中的组织资源无疑是较为薄弱的部分;从而无形资源中的人力资源在很大程度上承担着组织资源的功能,成为创业时期中最为关键的因素,创业者及其团队的洞察力、知识、能力、经验及社会关系将影响到整个创业过程的开始与成功。

同时,在企业新创时期,专门的知识技能往往掌握在创业者等少数人手中,因而此时的技术资源在事实上和人力资源紧密结合,并且上述两种资源可能成为企业竞争优势的重要来源。

在有形资源中,创业时期的资源最初主要为财务资源和少量的厂房、设备等实物资源。然而,这些资源的取得(如风险投资),很大程度上取决于创业者及其团队的能力、经验、社会关系及其掌握的关键技术资源,以及信息资源、政策资源等无形资源;同时,在企业新创过程中对所需的厂房、设施、原材料等有形资源的组织与运作也有赖于创业者及其团队的能力与经验。

(3) 创业资源的其他分类

创业资源还可以根据其他的标准进行分类,这里再介绍两种常见分类方式。

① 核心资源与非核心资源。

根据资源基础论,创业资源可分为核心资源与非核心资源。识别核心资源,立足核心资源,发挥非核心资源的辐射作用,实现创业资源的最优组合,这就是创业资源运用机制的基本思路。根据创业资源的分类,具体可作如下解释:核心资源主要包括技术、管理和人力资源。这几类资源涉及创业企业有别于其他企业的核心竞争力,是创业机会识别、机会筛选和机会运用几大阶段的主线。必须以这几类要素资源为基点,扩展创业企业发展外延。人力资源对于企业来说,主要是一种知识财富,是企业创新的源泉。高素质人才的获取和开发是现代企业可持续发展的关键。管理资源又可理解为创业者资源。创业者自身素质对创业企业的成长有至关重要的作用。创业者的个性、对机遇的识别和把握、对其他资源的整合能力,都直接影响创业成败。科技资源是一种积极的机会资源。对于新创企业来说,主动引进和寻找有商业价值的科技成果,是企业的立身之本和市场竞争之源。

非核心资源主要包括资金、场地和环境资源。如何有效地吸收资金资源,并保持稳定的资金周转率,实现预期盈利目标,是创业成功与否的瓶颈课题。场地资源指的是高科技企业用于研发、生产、经营的场所。良好的场地资源能够为企业大幅度降低运营成本,提供便利的生产经营环境,短期内累积更多的顾客或质优价廉的供应商。而环境资源作为一种外围资源影响着创业企业发展。例如,信息资源可以提供给创业者优厚的场地资金、管理团队等关键资源,文化资源可以促进管理资源的持续发展,等等。

② 自有资源和外部资源。

自有资源是来自内部机会积累,是创业者自身所拥有的可用于创业的资源,如创业者自身拥有的可用于创业的自有资金,自己拥有的技术,自己所获得的创业机会信息,自建的营销网络,控制的物质资源,或管理才能等,甚至在有的时候,创业者所发现的创业机会就是其所拥有的唯一创业资源。

外部资源可以包括朋友、亲戚、商务伙伴或其他投资者、投资人资金,或者包括借到的人、空间、设备或其他原材料(有时是由客户或供应商免费或廉价提供的),或通过提供未来服务、机会等换取到的,有些还可能是社会团体或政府资助的管理帮助计划。外部资源更多的来自于外部机会发现,而外部机会发现在创业初期起着决定性作用。

创业者在创业初期面临着一个重要问题即资源不足或资源供给短缺。一方面,企业的创新和成长必须消耗大量资源;另一方面,企业自身还很弱小,无法实现资源自我积累和增值。所以,企业只有识别机会,从外部获取到充足的创业资源,才能实现快速成长,这也是创业资源有别于一般企业资源的独特之处。对创业者来说,运用外部资源,是一种非常重要的方法,在企业的创立和早期成长阶段尤其如此。其中关键是具有资源的使用权并能控制或影响资源部署。自有资源的拥有状况将在很大程度上影响甚至决定我们获取外部资源的结果。"打铁还要自身硬",立志创业者首先致力于扩大、提升自有资源。自有资源的拥有状况(特别是技术和人力资源)可以帮助我们获得和运用外部资源。

3.1.2 创业资源与一般商业资源的异同

对于企业而言,商业资源就是企业作为一个经济实体,在向社会提供产品或服务的过程中,所拥有或者所能够支配的能实现公司战略目标的各种要素以及要素组合,这些要素或要素组合包括企业所拥有的资产、能力、组织结果、企业属性、信息、知识等。

因此,对于"一般商业资源",我们认为可以理解为商业事业发展所需的一切资材的来源。一般是指能潜在的或实际地影响商业所有者价值创造的所有事项,不仅包括所有者拥有或能够控制的资源,而且还包括那些不能或不易为所有者控制的资源。也就是说,一般商业资源对商业人士而言可以分为内部资源与外部资源两种类型。

我们认为,创业资源从本质上说依然是一种商业资源,但是从企业创立发展的时段上看,它是一种特殊的商业资源。它特指创新、创业型团队或企业发展初期所需的一切资材的来源。这里的"特殊",从商业主体上看,创业资源的拥有与使用者是创业者,而不是一般的企业家;从商业发展时段上看,创业资源特指创新、创业型团队或企业发展初期所需的一切资材的来源。

3.1.3 社会资本、资金、技术及专业人才在创业中的作用

在企业的初创及成长过程中,创业资源发挥着至关重要的作用。创业资源的充足与否、创业资源的整合配置优良与否将直接决定着企业创立及发展的成败。

创业资源具有稀缺性,缺少了关键的创业因素(如资金、技术等)将直接导致创业行为在初创期的失败,因此创业者仍需要积极地从外界获取创业资源。当然,资源不足,使企业创业成功的概率降低,但要想拥有完全充分的资源也是不可能的。在资源准备上,一般来说,要符合两种条件:一是要有进入一个行业的起码的资源;另一方面是具备差异性资源。如果任何条件均不具备,创业成功的可能性很小。

初创企业成立后,重点应当放在对创业资源的有效利用上。资源的有效利用对于企业意义重大,不能得到有效利用,已经获取的资源仍会逐步散失。

1. 社会资本与资金在创业中的作用

影响创业成败的关键因素是多方面的,长期研究创业问题的学者鲁西耶(Lussier)就曾经将众多的因素归纳为15个方面,包括资金取得、财务控制、创业经验、企业规模、市场机会选择、创业者知识能力、创业者个人特征、承担风险意愿、创业团队成员素质、利益分享机制、网络资源关系、产品创意、经营管理、市场营销、危机管理。

在这些因素当中,本书认为,创业遇到的首要难题应该是资金问题,没有足够的资金是很难成功启动创业的。著名经济学家熊彼特指出:只有资本得到融通与筹集,经济才有发展,企业才有利润形成,才有财富的积累与再投资。有关研究机构估计,半数以上的企业失败是由于资金不足,企业的破产实质上也就是无法按期支付债务而已。何况企业在创业初期基本上处于发展布局阶段,需要消耗大量资金,盈利周期尚未到来,无论是社会资本还是自筹资金都将是初创企业生存发展所急需的"血液"。

2. 技术及专业人才在创业中的作用

真正的创业者,一是拥有核心技术;二是拥有一流团队,也就是说拥有技术及专业人才。

(1) 技术资源

技术资源能回答这样的问题:我们能提供什么样的产品或者服务?它能满足或者实现人们什么样的需求?谁会需要我们提供的产品或者服务?在创业初期,技术资源是最关键的创业资源之一。其原因有以下3种。

① 创业技术是决定创业产品的市场竞争力和获利能力的根本因素;

② 创业技术核心与否决定了所需创业资本的大小。对于在技术上非根本创新的创业企业来说,创业资本只要保持较小的规模便可维持企业的正常运营;

③ 从创业阶段来说,由于企业规模较小,因此对管理及人才的需求度不像成长期那样高。创建企业是否掌握创业需要的"核心技术"或"根部技术",是否拥有技术的所有权,决定着创业的成本,以及新创企业能否在市场中取得成功,尤其对依托高科技创业而言更是如此。美国的微软公司和苹果公司,最初创业资本都不过几千美元,创业人员也只有几人。它们之所以走向成功,就是因为它们拥有独特的创业技术。所以,创业企业成功的关键是首先寻找成功的创业技术。

那些看起来很有市场前景的"商机",如果没有拥有或者控制核心技术就贸然进入,必然很快遭受重创。北京师范大学国际贸易专业的学生胡腾和7位同学筹资12万元,于2003年8月27日,正式注册成立了思迈人才顾问有限公司,胡腾任总经理,并建立了专业的人才网站——思迈人才网。他们公司的主旨是为企业和个人提供人才评估、咨询、培训、交流、猎头、人事代理等服务,为高校毕业生就业开通"绿色通道",提供求职培训、素质测评、推荐安置工作等服务。看起来很有市场前景,但该团队中没有一个人拥有评估、咨询、培训、猎头以及人事代理的核心技术甚至运营经验,而开业之初,由于人才网络、企业网络没有运作起来,各种服务项目没法开展。于是,胡腾决定从最基础的为大学生找家教和其他兼职做起,这也不是他们所擅长的。从公司创立到 2003 年 12 月,仅仅 3 个月的时间,净亏 7.8 万元。他以 1 元钱价格把思迈转卖给了一个博士生。

同时,要特别指出的一点是,我们关于技术的外延应该比较宽广一些,做菜、按摩、养猪等都有技术可言,小看他们的技术,将犯十分低级的错误。2006 年成都开面馆的 6 位研究生,虽然在开业前两个月曾分头到成都大街小巷的面店去"明察暗访",两个月下来,先后跑了几百家面馆,吃了一千多碗面,发现了"成都的快餐吃得最多的还是面条"这样的事实,但他们并没有拥有提供"好味道面"的技术,他们的面"量少、难吃",四个多月后,面馆怅然转手他人。

(2)专业人才

一旦创业企业成立之后,人力资源(尤其是专业人才)就成为企业持续经营中的核心资源,因为这些初创团队成员本身就是专业人才,掌握着企业的技术资源。

当然,人力资源不仅指创业者及其团队的特长和知识、激情,人力资源还包括创业者及其团队拥有的技术知识能力、经验、意识、社会关系、市场信息等。美国苹果电脑公司创立人史蒂夫·贾伯曾经说过:"刚创业时,最先录用的 10 个人将决定公司成败,而每一个人都是这家公司的十分之一。如果 10 个人中有 3 个人不是那么好,那你为什么要让你公司里 30%的人不够好呢?小公司对于优秀人才的依赖要比大公司大得多。"

3. 创业资源的整合对创业的作用

根据熊彼特(Schumpeter)的观点,"创业者的功能就是实现新组合"。因此,创业资源的优化配置是创业者实现成功创业必须仔细斟酌的问题。Jarillo 也曾经通过经验分析得出结论,"创业的精髓在于使用外部资源的能力和意愿"。现在美国用"entrepreneur"专指在没有拥有多少资源的情况下,锐意创新,发掘并实现潜在机会的价值的创业者。在这个问题上我们也许还可以从阿玛·百蒂的话中得到启示:"准创始人中绝大部分面临的最大挑战不是筹集资金,而是如何在没有资金的情况把事情办好的智慧和干劲"。可以说,创业成功并不需要 100%拥有所有资源,整合资源的能力远胜于拥有所有创业资源。

研究显示,在美国自行创业的创业企业中,有 40%的小老板,在创业的第一年就不得不面临关门大吉的命运,而存活下来的 60%中,约有八成无法欢度五周年庆,更令人惋惜的是,能够熬过 5 年的创业企业主,其中只有 20%能继续走完第二个五年。这说明实际上创业不可能一帆风顺。创业过程既是一个对市场不断探索的过程,也是一个对企业内部的各种资源调整整合的过程,同时还是一个不断学习的过程。

创业资源的利用对于企业的成长的关系在战略研究理论中通常称为资源基础论(Resource-Based Theory)。资源基础论认为,资源是企业能力的来源,企业能力是企业核心竞争力的来源,核心竞争力是竞争优势的基础。

例如,2005 年大学生创业竞赛中,上海交大七彩虹创业团队项目——分布式 ISP 接入方式,通过技术手段实现上网电话费用的降低,可以从当时的每小时 2 元降到 0.07 元。有关人士认为这一项目极具市场前景,如能推广,会给风险投资带来丰厚的回报。上海交大学子科技创业有限公司近水楼台先得月,抢先和七彩虹创业团队签订了投资协议。

同时,不是说所有的资源创业者都要100%的具备,但至少应具备其中一些重要条件。例如,"东北大学生创业第一人",在2006年第二届中国青年创业周上一举摘得"中国最具潜力创业青年奖"的董一萌,于2001年获得长春市新星创业基金10万元,并于当年9月成立"一萌电子公司",主营网站建设和软件开发。他认识到一个企业必须有自己的核心产品,其发展才有后劲。当时,全国网络使用者中近90%是通过搜索引擎搜索需要的信息,董一萌意识到,搜索引擎营销是一个黄金行当。然后,他们"集中所有精力,做好这一件有创新和实用性的小事"。几个月后,"一萌电子公司"推出了自己研发的"善财童子",客户只要使用该产品,便可使其网站排在搜索结果的前几名。至2005年年底,董一萌发展了全国多个省市的代理商,并在北京建立了分公司。

3.1.4 影响创业资源获取的因素

资源具有稀缺性,创业资源也是如此。这种稀缺性是指相对于创业者们为求成功、从而对资源的无限需求而言,为了满足这种需求就需要更多的物品和劳务,从而需要更多的资源,而在一定时间与空间范围内资源总是有限的。因此,创业资源的获取就成了摆在创业者们面前的一道难题。

我们认为,创业者获取所需的创业资源可以依赖自身的硬实力与软实力,但是,创业资源获取的关键往往取决于创业者自身的软实力。

1. 获取创业资源的硬实力

创业者及其团队获取创业资源的硬实力,是指他们已经掌握的多种创业有形资源。例如现有资金、厂房设备等。

创业者如果拥有充沛的财务资源,其他资源欠缺可以通过市场化方式来获取;或者如果拥有足够的客户资源,其他资源的欠缺也容易迅速改变。如果创业者及团队拥有优良的创业硬件设施(如厂房、门店、生产线等),相对容易吸引投资者的目光,坚定投资人的信心。

2. 获取创业资源的软实力

创业者及其团队获取创业资源的软实力,是指他们已经掌握的多种创业无形资源,包括人力资源、科技资源、市场资源、政策资源等。

① 人力资源。一个好的创业团队对新创科技型企业的成功起着举足轻重的作用。首先,创业团队的凝聚力、合作精神、立足长远目标的敬业精神会帮助新创企业吸引人才。另外,团队成员之间的互补、协调以及与创业者之间的补充和平衡,对新创科技型企业起到了降低管理风险、提高管理水平的作用,有利于增强投资者的投资信心。

② 科技资源。如上文所述,在创业初期,技术资源是最关键的创业资源之一。创建企业是否掌握创业需要的"核心技术"或"根部技术",是否拥有技术的所有权,决定着创业的成本,以及新创企业能否在市场中取得成功。

③ 市场资源。良好的营销网络与客户资源是新创企业迅速回笼资金的根本保障。

缺乏市场前景和保证的项目注定将只是"空中楼阁",无法吸引创业资源的集中。

④ 政策资源。政府良好的市场准入政策、创业鼓励政策、创业扶持政策是积聚创业资源(人才、资金、技术等)的重要保障。

例如,部委扶持包含国家发改委、科技部、财政部、商务部、信息产业部、国家自然基金委员会、电子产业发展基金、技术创新基金、国际科技自然基金委员会、电子产业发展基金、技术创新基金、国际科技合作重点项目计划、863 计划、973 计划、星火计划、火炬计划、农业科技成果转化资金、科研院所技术开发研究专项资金、中小企业国际市场开拓资金、国家科技型中小企业创新基金中小企业国际市场开拓资金、国家科技型中小企业创新基金等。

3. 创业资源的获取取决于创业者自身的软实力

创业资源的获取离不开创业者及其团队自身的软、硬实力,这些软、硬实力越强,获取创业资源的能力就越强。但是,创业资源的获取最终还是取决于创业者及其团队自身的软实力。

原因在于,首先,在企业新创时期专门的知识技能等软实力往往掌握在创业者等少数人手中,因而此时的技术资源在事实上和人力资源紧密结合,并且上述两种资源可能成为企业竞争优势的重要来源。拥有技术和人力这两样核心资源,就有办法获得财务资源。实际上,很多时候,拥有了核心技术,就拥有了获得资金支持的资本。

其次,人力资本和社会资本等非物质资源——软实力,容易产生杠杆效应。创业者的人力资本由一般人力资本与特殊人力资本构成,一般人力资本包括教育背景、以往的工作经验及个性品质特征等。特殊人力资本包括产业人力资本(与特定产业相关的知识、技能和经验)与创业人力资本(如先前的创业经验或创业背景)。调查显示,特殊人力资本会直接作用于资源获取,有产业相关经验和先前创业经验的创业者能够更快地整合资源,更快地实施市场交易行为。而一般人力资本使创业者具有知识、技能、资格认证、名誉等资源,也提供了同窗、校友、老师以及其他连带的社会资本。

4. 创业资源获取能力评估

创业资源包括的范围极其广泛,如:创业者拥有的有形资产、无形资产、性别、年龄、民族、长相、体力、智力、经验、经历、技能、知识、社会关系等,还包括对这些有形和无形资源的整合。只要唤起强烈的创业愿景,点燃头脑中的创业火炬,就会发现"商机满地跑,只要你肯找","身上一根草,创业是个宝"。因此,创业者要从创业资源角度对自身重新认识、分析和整合。表 3-3 是获取创业资源能力自我评估表。

表 3-3 获取创业资源能力自我评估表

从自主创业的角度,重新评估自己的创业资源	
我的有形资产资源(现金、房屋、设备、材料、运输工具、其他)	
我的有形资产的优势	
我的有形资产的劣势	
针对创业我拟采取的对策	

续表

我的无形资产资源(特殊技能、经营权、秘方、口碑、声誉、其他)	
我的无形资产的优势	
我的无形资产的劣势	
针对创业我拟采取的对策	
我的社会关系资源(亲属、朋友、同学、其他)	
我的社会关系的优势	
我的社会关系的劣势	
针对创业我拟采取的对策	
我的人际交往资源(人缘、交际能力、其他)	
我的人际交往的优势	
我的人际交往的劣势	
针对创业我拟采取的对策	
我的体力资源(力量、速度、耐力、灵活、其他)	
我的体力资源优势	
我的体力资源劣势	
针对创业我拟采取的对策	
我的脑力资源(算术、语言、悟性、记忆、其他)	
我的脑力资源优势	
我的脑力资源劣势	
针对创业我拟采取的对策	
我的技术资源(经营管理、销售、烹饪、修车、养鱼、品茶、其他)	
我的技术资源优势	
我的技术资源劣势	
针对创业我拟采取的对策	
我的知识资源(学历、阅历、社会知识、其他)	
我的知识资源优势	
我的知识资源劣势	
针对创业我拟采取的对策	
我的学习资源(手艺、语言、其他)	
我的学习资源优势	
我的学习资源劣势	
针对创业我拟采取的对策	
我的兴趣资源(花卉、汽车、其他)	
我的兴趣资源优势	
我的兴趣资源劣势	
针对创业我拟采取的对策	
我的经历资源(读书、务农、做工、参军、其他)	
我的经历资源优势	
我的经历资源劣势	
针对创业我拟采取的对策	

续表

我的经验资源(销售经验、经商经验、管理经验、其他)	
我的经验资源优势	
我的经验资源劣势	
针对创业我拟采取的对策	
我的年龄资源(年轻、中年、老年、其他)	
我的年龄资源优势	
我的年龄资源劣势	
针对创业我拟采取的对策	
我的民族资源(少数民族、特殊风俗、其他)	
我的民族资源优势	
我的民族资源劣势	
针对创业我拟采取的对策	
我的相貌资源(憨厚、机灵、俊美、其他)	
我的相貌资源优势	
我的相貌资源劣势	
针对创业我拟采取的对策	
我的其他资源	
我的优势	
我的劣势	
按重要性排序,我的优势资源是: ① ② ③ ④ ⑤ ⑥	
按重要性排序,我的劣势资源是: ① ② ③ ④ ⑤ ⑥	
扬长避短,整合自己的创业资源,并转化为创业核心竞争力的战略	

3.1.5 创业资源获取的途径与技能

资源与创业者的关系就如同颜料和画笔与艺术家的关系一样。如果创业者获取不到创业所需的资源,创业机会对创业者而言就毫无意义。我们认为创业所需的资源有两个来源,一是自有资源;二是外部资源。

自有资源是创业者自身所拥有的可用于创业的资源,如创业者自身拥有的可用于创业的自有资金,自己拥有的技术,自己所获得的创业机会信息,自建的营销网络,控制的物质资源,或管理才能等。外部资源可以包括例如朋友、亲戚、商务伙伴或其他投资者、投资人资金,或者包括借到的人、空间、设备或其他原材料(有时是由客户或供应商免费或廉价提供的),或通过提供未来服务、机会等换取到的。

1. 创业资源获取的途径

实际上,创业资源的获取主要指外部资源的获取。外部创业资源的获取途径包括市场途径和非市场途径两大类。

获取外部资源对创业者而言非常重要,其关键在于:具有资源的使用权并能够控制或影响资源部署。

(1) 创业资源获取的市场途径

对于外部资金获取的市场途径有:①抵押、银行贷款或企业贷款;②所有权融资,包括吸引新的拥有资金的创业同盟者加入创业团队,吸引现有企业以股东身份向新企业投资、参与创业活动,以及吸引企业孵化器或创业投资者的股权资金投入等。

获取起步项目所依赖的技术或人才的市场途径有:①购买他人的成熟技术,并进行技术市场寿命分析等;②购买他人的前景型技术,再通过后续的完善开发,使之达到商业化要求;③购买技术和雇用技术持有者。

获取技术、市场与政策信息的市场途径有:①向专业的信息机构购买;②出资获得参加交易博览会的资格;③出资成为网上贸易市场平台的会员,如阿里巴巴网。

营销网络建设的市场途径。产品要走向市场,换回用户的"货币选票",要求企业拥有可靠的营销网络。一般情况下,新创企业可通过以下途径拥有未来的营销网络:①借用他人已有的营销网络,使用公共流通渠道;②自建的营销网络与借用他人营销网络相结合,扬长避短,使营销网络更适应于新创企业的要求。

(2) 创业资源获取的非市场途径

对于外部资金获得的非市场途径有:①依靠亲朋好友筹集资金,双方形成债权债务关系;②争取政府某个计划的资金支持。

获取起步项目所依赖的技术或人才的非市场途径有:①自行研发创业技术;②吸引技术持有者加入创业团队。

获取技术、市场与政策信息的非市场途径是创业团队自行收集研究,途径包括政府机构、同行创业者或同行企业、专业信息机构、图书馆、大学、研究机构、新闻媒体、会议及互联网等。

2. 创业资源获取的技能

尽管与已存在的进入成熟发展期的大公司相比,创业型企业资源比较匮乏,但实际上创业者所拥有的创业精神、独特创意以及社会关系等资源,同样具有战略性。因此,对创业者而言,一方面要借助自身的创造性,用有限的资源创造尽可能大的价值;另一方面更要设法获取和整合各类战略资源。

我们认为创业资源的获取,除了要清晰相应的获取途径外,更重要的是创业者需要掌握相应的获取技能。获取技能主要有以下几个方面。

(1) 善用整合现有资源,实现"无中生有"

缺少资金、设备、人员等资源,几乎是每一位创业者不得不面对的巨大挑战。因此,创业者必须要问自己,怎样才能用有限的资源获得更多的价值创造呢?这看上去似乎有点

"无中生有"或是"化废为宝"的神奇,但这确实是创业资源获得的重要技能。

① 学会"拼凑"。很多创业者都是拼凑高手,通过加入一些新元素,与已有的元素重新组合,形成在资源利用方面的创新行为,进而可能带来意想不到的惊喜。创业者通常利用身边能够找到的一切资源进行创业活动,有些资源对他人来说也许是无用的、废弃的,但创业者可以通过自己的独有经验和技巧,加以整合创造。例如,很多高新技术企业的创业者并不是专业科班出身,可能是出于兴趣或其他原因,对某个领域的技术略知一二,却凭借这个略知的"一二"敏锐地发现了机会,并迅速实现了相关资源的整合。

② 整合已有的资源,快速应对新情况,是创业的利器之一。拼凑者善于用发现的眼光,洞悉身边各种资源的属性,将它们创造性地整合起来。这种整合很多时候甚至不是事前仔细计划好的,而往往是具体情况具体分析、"摸着石头过河"的产物。而这也正体现了创业的不确定性特性,并考验创业者的资源整合能力。

③ 步步为营。创业者分多个阶段投入资源并在每个阶段投入最有限的资源,这种做法被称为步步为营。步步为营的策略首先表现为节俭,设法降低资源的使用量,降低管理成本。但过分强调降低成本,会影响产品和服务质量,甚至会制约企业发展。比如,为了求生存和发展,有的创业者不注重环境保护,或者盗用别人的知识产权,甚至以次充好。这样的创业活动尽管短期可能赚取利润,但长期而言,发展潜力有限。所以,需要"有原则地保持节俭"。

步步为营策略表现为自力更生,减少对外部资源的依赖,目的是降低经营风险,加强对所创事业的控制。很多时候,步步为营不仅是一种做事最经济的方法,也是创业者在资源受限的情况下寻找实现企业理想目的和目标的途径,更是在有限资源的约束下获取满意收益的方法。习惯于步步为营的创业者会形成一种审慎控制和管理的价值理念,这对创业型企业的成长与向稳健成熟发展期的过渡,尤其重要。

(2) 发挥资源"杠杆效应"

尽管存在资源约束,但创业者并不会被当前控制或支配的资源所限制,成功的创业者善于利用关键资源的杠杆效应,利用他人或者别的企业的资源来完成自己创业的目的,即用一种资源补足另一种资源,产生更高的复合价值;或者利用一种资源撬动和获得其他资源。其实,大公司也不只是一味地积累资源,他们更擅长于资源互换,进行资源结构更新和调整,积累战略性资源,这是创业者需要学习的经验。

对创业者来说,容易产生杠杆效应的资源,主要包括人力资本和社会资本等非物质资源。创业者的人力资本由一般人力资本与特殊人力资本构成,一般人力资本包括受教育背景、以往的工作经验及个性品质特征等。特殊人力资本包括产业人力资本(与特定产业相关的知识、技能和经验)与创业人力资本(如先前的创业经验或创业背景)。调查显示,特殊人力资本会直接作用于资源获取,有产业相关经验和先前创业经验的创业者能够更快地整合资源,更快地实施市场交易行为。而一般人力资本使创业者具有知识、技能、资格认证、名誉等资源,也提供了同窗、校友、老师以及其他连带的社会资本。

相比之下,社会资本有别于物质资本、人力资本,是社会成员从各种不同的社会结构中获得的利益,是一种根植于社会关系网络的优势。在个体分析层面,社会资本是来自于并浮现在个体关系网络之中的真实或潜在资源的总和,它有助于个体开展目的性行动,并为个体带来行为优势。外部联系人之间社会交往频繁的创业者所获取的相关商业信息更加丰富,从而有助于提升创业者对特定商业活动的深入认识和理解,使创业者更容易识别出常规商业活动中难以被其他人发现的顾客需求,进而更容易获得财务和物质资源——这正是其杠杆作用所在。

(3) 设置合理利益机制

资源通常与利益相关,创业者之所以能够从家庭成员那里获得支持,就因为家庭成员之间不仅是利益相关者,更是利益整体。既然资源与利益相关,创业者在整合资源时,就一定要设计好有助于资源整合的利益机制,借助利益机制把包括潜在的和非直接的资源提供者整合起来,借力发展。因此,整合资源需要关注有利益关系的组织或个人,要尽可能多地找到利益相关者。同时,分析清楚这些组织或个体和自己以及自己想做的事情有利益关系,利益关系越强、越直接,整合到资源的可能性就越大,这是资源整合的基本前提。

利益关系者之间的利益关系有时是直接的,有时是间接的;有时是显性的,有时是隐性的;有时甚至还需要在没有的情况下创造出来。另外,有利益关系也并不意味着能够实现资源整合,还需要找到或发展共同的利益,或者说利益共同点。为此,识别到利益相关者后,逐一认真分析每一个利益相关者所关注的利益非常重要,多数情况下,将相对弱的利益关系变强,更有利于资源整合。

然而,有了共同的利益或利益共同点,并不意味着就可以顺利实现资源整合。资源整合是多方面的合作,切实的合作需要有各方面利益真正能够实现的预期加以保证,这就要求寻找和设计出多方共赢的机制。对于在长期合作中获益、彼此建立起信任关系的合作,双赢和共赢的机制已经形成,进一步的合作并不很难。但对于首次合作,建立共赢机制尤其需要智慧,要让对方看到潜在的收益,为了获取收益而愿意投入资源。因此,创业者在设计共赢机制时,既要帮助对方扩大收益,也要帮助对方降低风险,降低风险本身也是扩大收益。在此基础上,还需要考虑如何建立稳定的信任关系,并加以维护和管理。

(4) 广开融资渠道,建立人脉

广泛搜寻争取免费或廉价提供的资源。广泛撒网,接触尽可能多的顾客/客户、政策扶持、国家创新基金、天使投资等。同时,"加强人与人之间的接触除了可以建立家庭、朋友、同学和顾问的人际网络,还可以增强创业者和企业顾问之间的关系"。成功的创业者能比其他人更加系统地计划和监督人际网的活动,并采取有利于增加其网络密度和多样性的行动。

如果创业者准备进行一轮募资,那么应提前考虑希望与哪些基金和投资人合作。邀请其投资前,创业者应与相关人员和基金建立良好的关系。这样,当创业者正式开始募资时,基于之前建立的关系,创业者与投资人之间的对话就会非常融洽、简单。

我们的世界日益变得联系紧密,人们之间的联系也更加密切,创业者之间的沟通交流比以往更多了。创业者可以咨询其他人,询问他们与某些基金或合伙人合作的相关经验。例如,这些基金或合伙人在繁荣时期的投资状况如何,更重要的是在困难时期他们的投资情况。

3.2 商业模式

现代管理学之父彼得·德鲁克指出：当今企业之间的竞争，不是产品之间的竞争，而是商业模式之间的竞争。今天的创业者，希望通过投资商获得资金，而投资商希望创业或者他所投资的项目有一个较好的商业模式。实际上，很多创业者并不知道真正的商业模式是什么。正如很多企业家一样，成功之后才会总结出企业的商业模式，实际上在创业阶段是摸索阶段。通常所说的商业模式分为两类：一是狭义的商业模式；二是广义的商业模式。

3.2.1 商业模式的定义和本质

商业模式是一个非常宽泛的概念，通常所说的商业模式有很多类型，包括运营模式、盈利模式、B2B 模式、B2C 模式、"鼠标加水泥"模式、广告收益模式等，不一而足。

1. 商业模式的定义

本书认为"商业模式"是指企业赚钱的逻辑，即企业为了实现客户利益的最大化，把能使企业运行的内外各种要素整合起来形成一个完整的、高效率的、具有独特核心竞争力的运行系统，并通过最优实现形式满足客户需求、实现客户价值，同时使系统达成持续盈利目标的整体解决方案。

从狭义上讲，商业模式涉及企业的价值主张和成本结构之间的关系，说的是企业如何去赚钱；而广义的商业模式，可以概括为企业做生意的方式，就是怎样持续去赚钱的问题。国际上的一些专家认为，它包括价值主张、目标客户群、分销渠道、客户关系、价值配备、核心能力、伙伴网络、成本结构、收入模式。这些评判的指标相对复杂，创业者很多情况下并不会考虑这么多问题。大部分创业者将商业模式简单地认为就是收入模式。

2. 商业模式的本质

商业模式本质上是若干因素构成的一组盈利逻辑关系的链条，如图 3-3 所示，回答了创业的七项基本问题。

① 谁是企业的顾客？
② 企业能为顾客提供怎样的(独特)价值和服务？
③ 企业的产品与服务应该何时投入市场？
④ 企业的产品与服务应该投放在哪个市场上？
⑤ 企业的产品与服务为什么能赢得客户？
⑥ 企业如何以合理价格为顾客提供这些价值，并从中获得企业的合理利润？
⑦ 企业能多大程度为顾客提供(独特)价值和服务？

在这里，我们可以看到商业模式的本质就是"5W2H"，即一个组织在何时(When)、何地(Where)、为何(Why)、如

图 3-3 商业模式盈利逻辑关系链条

何(How)和多大程度(How much)地为谁(Who)提供什么样(What)的产品和服务,并开发资源以持续这种组合。

3. 商业模式的分类

我们可以把商业模式分为以下两大类。

(1) 运营性商业模式

重点解决企业与环境的互动关系,包括与产业价值链环节的互动关系。运营性商业模式创造企业的核心优势、能力、关系和知识,主要包含以下内容。

产业价值链定位:企业处于什么样的产业链条中,在这个链条中处于何种地位,企业结合自身的资源条件和发展战略应如何定位。

盈利模式设计(收入来源、收入分配):企业从哪里获得收入,获得收入的形式有哪几种,这些收入以何种形式和比例在产业链中分配,企业是否对这种分配有话语权。

(2) 策略性商业模式

策略性商业模式对运营性商业模式加以扩展和利用。应该说策略性商业模式涉及企业生产经营的方方面面。

业务模式:企业向客户提供什么样的价值和利益,包括品牌、产品等。

渠道模式:企业如何向客户传递业务和价值,包括渠道倍增、渠道集中/压缩等。

组织模式:企业如何建立先进的管理控制模型,比如建立面向客户的组织结构,通过企业信息系统构建数字化组织等。

3.2.2 商业模式和商业战略的关系

商业模式与商业战略是紧密联系的两个概念,商业模式是商业战略生成的基础,商业战略是在商业模式基础上的行为选择。

1. 商业模式与商业战略的内涵联系与区别

从概念内涵看,商业战略包括六大要素:正确的目标、价值主张、价值链、有所取舍、战略要素之间的匹配以及战略方向的持续性。而商业模式的三要素则是价值主张、经营系统和盈利模式。可见,两者都包括价值主张和经营系统(或价值链),都强调企业不同决策应该有所取舍并且彼此匹配,都关注企业的成功之道。

商业模式作为企业经营的基本架构,与战略一样具有稳定性和持续性的内在要求。商业模式和商业战略是构成要素非常相似的两个概念,两者的主要区别在于:①商业战略往往需要确定目标,但目标很少作为要素出现在商业模式中。②盈利模式是商业模式概念的一个要素,而在商业战略概念中只是经营系统的一部分(如价值链中的定价、成本和收入管理等职能)。

2. 商业模式是商业战略的构成基础

商业模式反映一项业务为企业获取利润的能力及相关的设计。一个成功的商业模式是成功商业战略的核心部分,而商业模式的创新也意味着整个战略的变革。实际上,商业模式是商业战略的一个横向切面和组成部分。商业模式必须相对清晰地描述整个企业的生态链是什么,企业在该生态链当中扮演什么角色等基本问题。

首先,商业模式大大拓展了商业战略的内在空间。虽然商业模式仅仅是战略里面的一个构件,但因商业模式这种网络式超边界整合思维的引入,作为一种强大的反作用力,大大地强化、深化了战略的内宇宙和内空间,使之内部出现了很多细腻的层次,甚至像千层饼一样内部空间多层次化,使得新型企业在考虑战略的时候,思考维度、空间就变得非常的广大、新鲜和高自由度。

其次,独特的商业战略定位还要企业商业模式的配合。因为,企业所有的资源配置都要贯彻企业的战略选择。与战略定位形成冲突的资源配置活动都要舍弃,即可持续的战略必须做好取舍。一个与竞争对手不同的定位还不足以确保可持续优势,因为一个成功的战略会引起竞争者的仿效,而一个高度创新的商业模式使得竞争对手不愿花很高的代价去模仿成功者的商业战略,这使得战略本身就成为最好的商业壁垒。

如美国西南航空公司把自身定位为提供低成本客运的经济性服务,为顾客提供有限的服务,整个运营活动系统都围绕着低成本设计,以确保自身的核心优势。其他的航空公司如果要仿效,就必须舍去豪华舱服务和其他为之服务的设备,巨大的战略转换成本使模仿的企业望而却步。如果企业想要在保留以前的战略同时实施新战略将是非常愚蠢的(除非两者能够相容),美国大陆航空公司不幸就这样做了,结果公司损失数亿美元。

3.2.3　商业模式因果关系链条的分解

商业模式是一种简化的商业逻辑,可以用一些要素的组合来描述这种逻辑。商业模式的价值主张、价值网络和价值实现等要素之间的不同组合方式形成了不同的商业模式。

1. 商业模式的组成要素

商业模式的组成要素如下。
- 价值主张(Value Proposition),即公司通过其产品和服务所能向消费者提供的价值。价值主张确认公司对消费者的实用意义。
- 消费者目标群体(Target Customer Segments),即公司所瞄准的消费者群体。这些群体具有某些共性,从而使公司能够(针对这些共性)创造价值。定义消费者群体的过程也被称为市场划分(Market Segmentation)。
- 分销渠道(Distribution Channels),即公司用来接触消费者的各种途径。这里阐述了公司如何开拓市场。它涉及公司的市场和分销策略。
- 客户关系(Customer Relationships),即公司同其消费者群体之间所建立的联系。通常所说的客户关系管理(Customer Relationship Management)即与此相关。
- 价值配置(Value Configurations),即资源和活动的配置。核心能力(Core Capabilities),即公司执行其商业模式所需的能力和资格。
- 合作伙伴网络(Partner Network),即公司同其他公司之间为有效地提供价值并实现其商业化而形成的合作关系网络。这也描述了公司的商业联盟(Business Alliances)范围。

- 成本结构(Cost Structure),即所使用的工具和方法的货币描述。
- 收入模型(Revenue Model),即公司通过各种收入流(Revenue Flow)来创造财富的途径。

2. 商业模式要素组成的逻辑链条

将上述商业模式的构成要素进行有机整合,我们需要"客户价值最大化"、"整合"、"高效率"、"系统"、"持续盈利"、"核心竞争力"、"整体解决"这七个关键词,这些关键词也就构成了成功商业模式组成的链条。其中"整合"、"高效率"、"系统"是基础或先决条件,"核心竞争力"是手段,"客户价值最大化"是主观追求目标,"持续盈利"是客观结果,如图3-4所示。

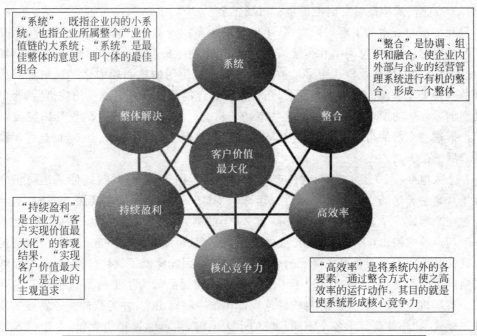

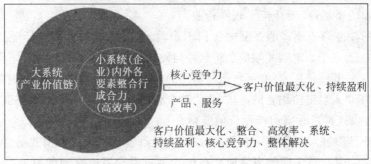

图3-4 商业模式要素组成的逻辑链条

3.2.4 设计商业模式的思路和方法

商业模式设计是分解企业价值链条和价值要素的过程,涉及要素的新组合关系或新要素的增加。同时,商业模式设计也是创业机会开发环节的一个不断试错、修正和反复的过程。

1. 设计商业模式的思路

如何学习或复制商业模式,首先需要了解商业模式设计的思想源头,只有了解最初动因,方能更为深刻地理解各种商业模式变化形式,才能在纷繁变化中准确地抓住商业模式设计的本质,从而为我们更好地学习或复制商业模式提供理论基础。从商业模式的定义来看,制定的商业模式的基础是满足或挖掘消费者的显性或隐性需求,中间过程是企业整合了各种要素和模式,目的是为给消费者提供更新、更高价值的产品或服务。结合商业模式定义和案例分析,商业模式设计思想主要分为以下三种。

(1) 商业模式塑造时突出把握全新市场机会

世界经济与技术的不断向前发展,不但会产生新的产品,也会诞生新的行业,尤其是伴随互联网的出现,信息网络和传统需求相结合,将衍生出许多全新的行业或全新市场机会,这也是我们发现商业模式更多地被互联网企业所使用的核心原因之一。当我们面对这样的一种史无前例的市场机会潮时,由于没有成熟的商业模式可以模仿或借鉴,所以需要我们创造崭新的商业模式来满足这些市场新机会。此时,商业模式的设计出发点则是为了把握这些全新的市场机会,使企业能够有效地捕捉这些市场新机会,这也是商业模式不断发展的最大动力。

在个人电脑(PC)普及之前,软件产品最初只是运用于商业领域,软件只是同相应的硬件平台紧密绑定的,如 IBM 的软件只运行于 IBM 的机器,他们主要服务于商用客户,软件业尚未形成一个单独的产业。伴随着 20 年前第一台 IBM 个人电脑的出现,这不仅是一个新产品的推出,更是一个新产业的开端,是信息革命开始的标志。微软公司敏锐地发现软件开发成本由于分摊于庞大的个人用户基础,因此降低了软件价格,使软件能够直接面向广大个人消费者,软件可以不再成为硬件的附属品。为了把握信息革命开始后的第一个市场机会,微软公司决定将软件从硬件体系中剥离出来,并为软件业务发展单独设置商业模式,让软件运行于各个不同品牌的个人电脑,而再通过销售外包、专注技术等方式带来了巨大的市场,成功开拓了软件行业。

从微软的软件商业模式的案例中我们不难看到,微软发现了软件行业及个人软件产品的新市场机会,在个人电脑领域成功将软件与硬件分离,并针对性地设计了全新的商业模式,虽然遭到了一些硬件厂家的抵制,但是由于微软用高品质的软件产品和消费者能够接受的价格,满足了个人电脑使用者的需求,并为消费者提供了更高的价值,最终获得了成功。

(2) 商业模式再造时突出产业价值链整合

商业竞争已然进入商业模式的竞争阶段,企业都非常重视商业模式的打造,行业内优秀企业所制定的商业模式理所当然地存在被竞争对手学习或复制的可能性,同时市场竞争和消费者需求变化也导致商业模式不可能永远保持高匹配度。如果行业内优秀企业想保持领先优势,避免与其他竞争对手提供相同的产品或服务,就需要阶段性地对现有商业模式进行再造,使自己的商业模式不断处于领先状态,为消费者提供更高价值的产品或服务,从而在战略高度保持模式领先和竞争壁垒。这种商业模式的再造将是基于产业链的重新整合式的再造,是从产业链的角度去整合各项要素或资源,而对产品或企业内部职能的调整均不能满足企业重获行业整体竞争优势的需要。对企业而言,产业价值链的整合调整,将为企业带来更多的行业机会。

一个成功的例子是IBM。IBM是企业管理方面的泰斗,不仅出售产品或服务,而且开始对其百年生存的技巧和方法进行输出,帮助各国企业建立国际化公司的内部管理体系。纵观IBM的发展史我们发现,IBM有两次较大的商业模式变更。

第一次是在IBM研发出个人电脑之后,为了继续获得个人电脑的先发优势,保持产品技术领先和高利润,IBM第一个实施纵向一体化为主的商业模式,开始整合上下游产业链,使IBM获得了成本优势和核心技术,继续保持了多年的领先优势。第二次是当IBM获得产业链整合和管理的能力之后,其余主要竞争对手通过复制和学习,也同样具备了这些能力,而由于技术的通用化和零部件生产的规模化优势到来,纵向一体化优势日益微弱,提供给消费者PC产品的差异化却越来越小,商业模式在竞争对手的复制下已经不再适应行业竞争的需要,到了必须要进行整改的时候。由于单独的对个人电脑产业价值链进行整合的办法已经被IBM使用过,戴尔和苹果等主要竞争对手也只能采用企业内部价值链整合的模式进行(第三种设计思想),即通过直销和体验模式不断赶超IBM,并取得了较好的成绩。此时,IBM由于不能找到更佳的商业模式,毅然出售PC业务给联想。而IBM的商业模式随即出炉,其宣称在软件、硬件和服务领域为客户提供整体解决方案,这就意味着IBM如今的商业模式将是整合软件、硬件和服务三大业务,充分发挥IBM在三大业务的综合优势,并使三大业务的产业价值链互相整合、互相支持,形成一个相关业务相互融合的全新商业模式,至今已经取得卓越的成就。

中国香港利丰公司作为世界外贸行业的标杆企业,商业模式也是伴随外贸行业的发展而经历了采购代理、采购服务、无疆界生产、虚拟生产、全供应链管理五个阶段,其每个阶段的商业模式均被中国广大外贸经营企业奉为学习的标杆。利丰目前正在采用的全供应链管理商业模式,是五大模式的最高阶段。

这种商业模式主要是优化和整合产业链条,对有潜力的原材料供应商、工厂(生产与质量控制)、零售商等环节进行整合,并优化运作。利丰公司则加强设计、业务开拓能力的建设,使其商业模式不但能够满足国外客户单纯的采购要求,还能按照客户的定制化采购需求,通过发挥自我设计能力,在全球范围内选择合适的加工厂,在原材料和生产质量可控的条件下,按照客户的交货要求准时无误的提交产品,这样的能力就和外贸代理机构、OEM(original equipment manufacturer)工厂、设计公司的商业模式进行了有效区隔,为客户提供了更差异化、更高价值的外贸服务,利丰之所以经历百年仍然行业领先,非常重要的原因就是其商业模式的不断调整和整合创新。在传统行业中,行业领先者通过产业价值链整合重获竞争优势的例子非常多,一个比较重要的原因是企业竞争从产品竞争发展到产业链竞争阶段。由于不同行业产业链条各不相同,行业所处宏观环境、竞争环境、消费者需求变化也各不相同,可供组合的方式非常多,所以再造商业模式时,基于产业链条的整合也就成为首选。

(3) 商业模式调整时突出企业价值链的整合

企业面对竞争时,商业模式再造虽然能够从战略高度使企业保持全面领先,但是并不是所有企业都具备整合创新产业价值链的能力,而一些非领导者企业有时在竞争时,他们的定位并不是为了满足大多数消费者的需求,他们的竞争定位仅仅是为了迎合某类细分市场的消费者需求,并尽可能地为其提供更大价值。针对此类企业的商业模式设计,更多的是在行业原有的商业模式中进行优化调整,这种调整只是针对企业内部现有价值链的调整,突出为某类消费者提供更有价值的产品或服务,这也将为企业创造更多的新产品和新机会,通过这些局部调整和有针对性的设计,即可为此类企业打造出新的商业模式,进而使此类企业与其他竞争对手形成差异化竞争优势。

戴尔在电脑行业商业模式进入无差异化的时候,创造了直销模式,戴尔模式的核心是变"先造后卖"为"先卖后造",其本质是基于企业内部价值链中营销渠道的调整。戴尔通过营销渠道的调整将层层代理制改为直销制,在内部则优化了供应链和物流管理模式,并精简生产、销售、物流过程使产品价格更有竞争力,通过客户自行选定电脑配置,以满足客户的个性化需求,为客户提供高价值服务和更低价格的产品。中国秀客网通过网络这个交流平台,全国的消费者可以把自己设计的作品(包括摄像、绘画或者涂鸦等)提交给网站,比如情侣照片,并同时提交定金,印染厂再把这些作品印染到消费者指定的商品上,比如印到情侣装上。其实该企业的商业模式只是将传统模式中企业内部价值链中的设计、制造、销售、回笼资金流程稍微调整了一下,将设计外包给消费者,形成了消费者设计、企业收定金、制造、100%定向售出并回笼的新商业模式。

基于企业内部价值链调整商业模式的设计思想,更能被广大中小企业所引用,因为其不具备整合产业链的能力。而且出于竞争的需要中小企业只能为某些细分市场人群提供产品,通过企业内部某些环节的调整优化,使得企业的商业模式能够为特定人群提供更高价值的产品,从而使这些企业获得竞争优势。比如在家电企业,企业之间商业模式的差异化非常小,如海尔的商业模式和其他家电企业也无特别之处,只是在企业价值链内部调整时突出了服务功能,如格力的商业模式则是专注空调市场,并自行组建销售渠道。这样的商业模式调整使他们获得行业领导者和细分市场领导者的地位。

2. 设计商业模式的方法

如何才能设计出好的商业模式呢?我们认为:第一,确定盈利点;第二,价值链整合于定位,形成核心竞争力;第三,标准化运作。

(1) 确定盈利点

商业模式实际上就是客户价值实现与创造的逻辑。好的商业模式归根到底是能够满足客户需求与实现客户价值,从而实现盈利的商业模式。因此,价值创新、满足客户未被满足的需求,是商业模式设计的灵魂。价值整合、使客户价值增值是商业模式设计的核心。

要做到这一点,就要求在商业模式设计中,将客户价值、盈利模型和战略控制三项因素综合考虑。商业模式设计中的价值创造模型如图3-5所示。

① 客户价值的三个维度:客户需求、价值主张、性价比。
- 客户需求:是否创造性地满足了目标客户群的特定消费需求。
- 价值主张:是否具有被客户接受的独特、清晰、简明的价值主张。其中包括品牌价

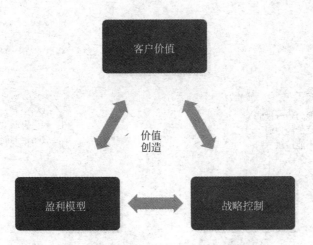

图3-5 商业模式设计中的价值创造模型

值主张与产品价值主张。如海尔公司的"真诚到永远"口号就属于品牌价值口号。
- 性价比：是否能够提供超越客户期望的性价比。

② 盈利模型的三个维度：价值获取、战略定价、目标成本规划。
- 价值获取：盈利是否来源于客户价值创造，能否通过模式实施有效改善企业显性资产及隐性资产状况。
- 战略定价：因为卖的不是产品，而是服务；不是价格，而是价值。这是之所以定价比别人贵的根源。
- 目标成本规划：能否构建起支持目标成本的运营体系和成本结构。包括流动资产和固定资产比例，流动资金里存货、在途货物、应收未收款、预付款、银行现金的比例。

③ 战略控制的三个维度：客户忠诚、战略地位、模仿障碍。
- 客户忠诚：现有模式实施能否形成客户对企业基于价值认同的长期忠诚，这是基于对公司核心价值的忠诚度。
- 战略地位：现有模式实施能否形成企业在价值链中不可替代的战略地位。防止出现上无依靠，下无控制的战略地位，防止两头受气的地位出现。
- 模仿障碍：影响模式成败的关键要素是什么，模仿的可能性和难度如何。

如果上述三项因素控制不佳，则创业企业难以给客户（顾客）创造独特价值，因此没有成长性。商业模式设计中的失败的价值创造如图3-6所示。

(2) 价值链整合与定位，形成核心竞争力

商业模式设计的核心在于构建一个利益相关者的交易结构及合理的价值分配办法。这实际上要求创业者对企业内部小系统（企业价值链）进行整合优化，并对企业在所处的产业大系统（产业价值链）中的位置进行合理定位；从而进一步确定企业的核心竞争力。商业模式设计中的价值链整合与定位如图3-7所示。

在商业模式中价值链整合与定位过程中，应该注意两个层面的问题。

① 基于价值体系的商业模式设计。实现企业内部化，同时伴随企业的虚拟化进程。

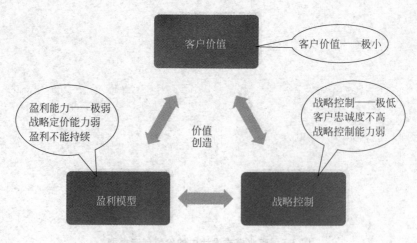

图 3-6　商业模式设计中的失败的价值创造

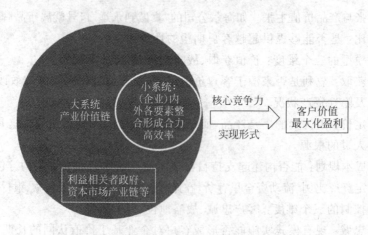

图 3-7　商业模式设计中的价值链整合与定位

　　价值体系包括企业内部的价值链和所在的价值网络。基于价值链的创新是指企业围绕顾客的要求,优化企业内部的资源配置,在最大限度满足顾客需求的前提下降低企业成本。有两种途径:一是对价值链进行定位,将附加值高的部分留在企业之中,将附加值低的部分外包,最大限度地利用企业内部资源;二是对价值链进行重组,围绕企业的价值目标,以对价值创造具有战略价值的部分为中心,其他部分对价值链进行重组。也就是说,把不属于你的企业,按内部管理进行管理。例如戴尔电脑的全部个性化产品,实现了虚拟化生产,没有库存也就提升了资金周转率。耐克作为世界上最大的运动品牌,却没有生产过一双鞋。

　　我们把这种以顾客需求为导向的,舍弃非核心业务领域,专注于企业核心产品、核心业务,以开发培育使企业可持续发展的核心能力为目标,对价值链上非核心能力环节与优势企业,甚至顾客、竞争对手等采取联营、联盟、外包等合作经营形式,以开发快速变化的市场机遇的经营手段,称为虚拟经营模式。

② 基于价值网络的商业模式设计,关注利益相关者。

基于企业所在的价值网络的商业模式设计途径有:一是创造独特的活动体系,形成以顾客价值为中心的价值网络;二是加强与价值网络中其他成员的联系,形成战略同盟,加强对环境变化的适应性与供应链的稳定性;三是做价值网络成员联系的组织者,成为交易的中介或打造交易的平台。

弗里曼对利益相关者著述道:任何一个企业都离不开利益相关者的参与,企业应追求的不是某个主体的利益,而是所有相关者的整体利益,这些利益相关者包括企业股东、债权人、雇员、消费者、供应商等交易伙伴,企业更应该关注能够为企业带来价值增值的利益相关者。

例如,波音公司通过搭建一个平台,向供应商开放所有技术、设计数据库,并让供应商可以在平台上虚拟完成装配后再实体生产、装配。波音把主要精力放在寻找合作者,让每个人都去做自己的工作。波音从集权者转向一个组织者,对应的供应商、次级供应商到再次级供应商,由约5000千个供应商组成。

其实,波音公司已通过把各级供应商虚拟化为一个大企业集团,内部化管理了,通过网络共享平台,共享网络资源,让各级供应商在平台上相互交流和协作,自己则承担起了平台维护者的角色。

(3) 标准化运作

虽然项目做了一个又一个,但每操作一个新项目时,还是会犯曾经犯过的错,一次次重复交"学费"。

出现上述问题的企业,一般都将各项目产品关键标准的把控权交给了各项目,交给了专业能人,而没有建立企业层面的标准化运营体系。当项目启动后,各项目在缺乏统一指导的情况下自出心裁。当能人离开后,组织能力一切归零。

为解决这些问题,创新企业应该建立标准化商业运营模式。通过不断发掘并整合项目实操中积累的经验和教训,实现"像麦当劳一样运作"的标准化运营。第一,让项目操作经验教训得以总结并在新项目得以推广;第二,增强企业在规模上的承载力,保证规模扩大后的风格统一。

例如,麦当劳的标准化运营和管理是全世界有名的,我们将其总结为"简单的前台+标准化的后台"。也就是说,尽量简化前台的业务,以降低对前台人员的能力要求,进而支持业务的快速复制;同时,尽量标准化后台的管理,并且利用信息技术处理管理的复杂性,以便提高效率和降低成本。员工技能与岗位需求之间的差距是永远存在的。如果提升员工技能的路线行不通,或许你可以搭建麦当劳"简单前台与标准化后台"的模式,使得B类人才也可以做出A级的业绩。

3.2.5 商业模式创新的逻辑与方法

约瑟夫·熊彼特(Joseph Alois Schumpeter)早在1939年就提出"价格和产出的竞争并不重要,重要的是来自新商业、新技术、新供应源和新的公司商业模式的竞争。"彼特·威尔斯(Peter Wells)也说过:"一种商业模式不可能永远持久"。那么今天我们为什么要强调商业模式的创新呢?到底什么是商业模式创新呢?

1. 商业模式创新的重要意义

竞争是商业活动中永恒的话题，20年前比产品力，谁有好的产品，谁就能成功；10年前比渠道力和品牌力，谁的品牌影响大，谁的渠道终端广而有力，谁就能成功；那么今天的企业比拼什么？

我们看到，这是一个营销的4P（产品、价格、渠道、沟通）已经激烈竞争、高度同质化的时代，产品同质化、广告同质化、品牌同质化、促销同质化、渠道同质化、执行同质化，企业已经很难在这4P中的某一项脱颖而出，企业的竞争已经超越了营销这一层级，蔓延至更高层面——商业活动的全系统。而商业活动的系统结构，正是商业模式！所以，今天谁的商业模式更好、更新、更符合时代的潮流，谁就能成功。商业模式创新是一种新的创新形态，其重要性不亚于技术创新。

2009年，在世界金融危机的冲击下，克莱斯勒和通用汽车公司先后宣布进入破产重组程序。美国汽车市场在这一年仅有1100万辆汽车销量。要知道，自1913年福特以流水线大规模生产制造T型车开始，由供应商提供产品给主机厂，主机厂再把产品提供给代理商，然后由代理商进行卖车、维修等服务的商业模式已经持续了近100年。不得不承认，环境的变化已经使旧有的模式不能适应现代企业发展要求。在竞争激烈的市场和风云突变的经济社会环境下，只有商业模式的创新才是企业走出困境、保持竞争优势的唯一出路。

2. 商业模式创新的定义

商业模式创新是指企业价值创造基本逻辑的变化，即把新的商业模式引入社会的生产体系，并为利益相关者创造价值。通俗地讲，商业模式创新就是指企业以新的有效方式赚钱。商业模式是动态变化的，商业模式创新属于企业最根本的创新，企业的更新换代实际上是商业模式的推陈出新。离开商业模式创新，其他的管理创新、技术创新都失去了可持续发展的可能和盈利的基础。

商业模式创新的特点在于以下几方面。

(1) 商业模式创新更注重从客户的角度思考设计企业的行为，视角更为外向和开放。商业模式创新必须立足于顾客，注重从顾客的角度从根本上去思考企业的行为。根据顾客需求考虑如何有效满足它，这点明显不同于技术创新。技术创新常从技术功能与特性出发，看技术能用来做什么以及潜在的市场用途是什么。而商业模式创新则更多的与经济价值相关，与经济可行性相关，不是纯粹的技术特性。

(2) 商业模式创新体现得更为系统与根本，通常涉及多个要素同时发生较大的变化，需要企业组织进行较大的调整。

(3) 从绩效来看，商业模式创新如果提供全新的产品或服务，那么他有可能开创一个全新的可盈利的产业领域；即使提供已有的产品和服务，通过模式的变化，也会给企业带来更持久的盈利能力与更大的竞争优势。

(4) 商业模式的创新可以开创一个全新的可盈利的市场领域；不同于传统的创新形态，商业模式创新具有短时间不易被复制的特性。

3. 商业模式创新的逻辑

商业模式创新不是交易方式中某一行为的单一变化,而是一种系统内的多元素的集成型创新。相比与传统的创新概念,商业模式创新不仅仅局限于生产体系,也不仅仅是体系中一个元素的改变,它通常是商业模式利益相关者同时发生改变。

(1) 商业模式创新的要素组合逻辑

① 点:从商业模式的某一个要素出发的创新

从定位、业务系统、盈利模式、关键资源能力、现金流结构和企业价值中的任何一个要素出发,都有可能创新商业模式。

思考案例 3-1

远大中央空调的盈利模式创新

待解决问题:非电空调相比电空调节约1/3能耗,但设备定价比后者高出一倍,如何说服用户购买?

模式简述:用户不购买空调,而由远大完成全部的铺装、改造工程并负责日常运营管理工作。由远大负责运营费用,用户只需交付之前运营费用的一部分即可。打个比方,假如一幢大楼改造前的用电费是200元/平方米,而由于远大采用的非电空调运营成本较低(省电),可以将全部费用(含空调设备、日常运营和设备折旧费用等)控制在130元/平方米,双方即达成价格协议,比如签约150元/平方米(客户因此降低了50元的电费支出,而远大则获得了20元的净利润),超支或节支都与客户没有关系。合同期满后,若客户认为确实节能,愿意购买并自行运营,远大也支持,扣除已运行年限的折旧费用然后售出。

效果:寿命20年的设备,远大只需5年就可收回成本;用户不需要购买设备,还能用比以前更低的费用享受到空调服务,很值。双方的互利使远大空调取得了巨大的成功。

② 线:思考价值链上的机会

一个完整的产业价值链包括原材料供应、研发、生产、制造、销售等环节,如果考虑到横向的合作伙伴或者相邻产业链,则企业的利益相关者就更多了。这些利益相关者之间存在利益竞争、利益共享或者风险共担等关系,充分分析这些关系,或可以为商业模式创新提供突破的机会。

思考案例 3-2

深发展的供应链金融

待解决问题:中小企业B经常遭遇强势的上游原料供应商A和同样强势的下游制造商C。A要求B先付款后提原料,C要求B先交付产品后还货款,一来一去,账期很长,中小企业陷入资金困境。与此同时,银行出于风险管理的考虑要求抵押品,资产甚少的中小企业自然融资无门,怎么办?

模式简述:深圳发展银行(下简称深发展)利用"三板斧",用供应链金融解决供应链融资难题。

"板斧"一：巧用上游企业信用。由于中游企业B和上游企业A有良好的合作关系，而企业A又有很好的信用，那么，深发展可以和企业A、企业B一起签订三方协议，预先设定企业B为商业承兑汇票贴现代理人，代理企业A背书，然后企业B凭商业承兑汇票和保贴函向银行申请贴现。深发展按照汇票贴现的金额将贴现款直接转入企业A的账户，企业A款到发货，从而解决原料供应问题。由于企业A已经成为背书人，所以债务转移到有强大实力的上游企业，假如发生贷款偿还问题，深发展有权向企业A追索债务。因此，债务的风险成功地从高风险的企业B转移到低风险的企业A。当然，这个业务系统可行的前提条件是企业A和企业B的合作关系很好，而且，企业A对企业B的债务偿还能力很有信心。

"板斧"二：盘活中游企业存货。企业A的货物发到指定地点，由深发展的物流监管方实行24小时监管，形成存货质押融资。企业B每接一笔订单，交一笔钱给深发展赎货，后者就指令仓储监管机构放一批原料给企业B，完成这一轮的生产。

"板斧"三：活用下游企业应收账款。企业B也可以把应收账款委托给深发展管理，深发展就可以根据这些应收账款的数额，给予企业B一个融资额度，企业B凭此额度可以获得连续的融资安排和应收账款管理服务，无须提供其他保证或抵押担保。由于应收账款的责任人是有较强实力的下游企业，其风险比中游企业也得到降低。

效果：实行供应链金融以来，深发展贸易融资客户和业务量均取得50%的增长，一年累计融资近3000亿元，而整体不良率仅为0.4%。榜样的力量是无穷的。不仅很多银行已经跟进，怡亚通、阿里巴巴和UPS也跟进了，这个模式在不同利益相关者手中的演化与竞争是个很大的看点。

③ 面：跳出行业的创新

由于波特五力模型的影响，企业家和企业都习惯了从行业自上而下的分析思路，然而，所谓"不识庐山真面目，只缘身在此山中"，跳出山再看山会有完全不一样的感受，这时，商业模式创新就出现了。

思考案例 3-3

花样年的物业管理奇招

待解决问题：根据中国物业管理协会2008年6月中旬发布的《全国物业管理生存状况调查报告》显示：近半数的物业公司处于亏损状态，即使盈利，企业年均利润也只有81 280元。如何走出这个迷圈？

模式简述：深圳市花样年物业管理有限公司（下简称花样年）的主要盈利来自"社区网络服务项目收费"，包括代业主购物、购买充值卡、送桶装水、订送牛奶，甚至是旅游服务、加油卡、百货公司消费储值卡、社区电信储值卡推广等诸多服务产品。据我国香港《晶报》报道，诸如此类的增值服务多达100多项。

在花样年自己管理的社区中拓展商业服务具有很多优越条件，既能保质保量，又可以节约成本，增加收入。比如桶装水服务。一个小区里往往有好几百户住户，对桶装水的需求会很多。因此，花样年和桶装水公司签订相应的合作协议，由后者将桶装水直接送到花样年物业公司，物业公司则负责接下来的配送和分销工作。这样一来，由于省去了桶装水分销点的成本,价格自然比外面便宜,物业公司也可从中取得一定收益;另一方面,由于有可以信任的小区保安送到家中,业主自然很乐意接受。对花样年来说,这种"社区网络服务项目收费"可跨越自身业务领域不断复制,增长潜力巨大,是其商业模式中最大的亮点。

在成本支出方面,花样年同样通过创新提高运营效益:成立专业维修保养公司负责小区内所有维保工作,将原先被专业公司赚走的那部分利润保留下来。公司无须专门请人做增值服务,而是通过奖励和提成的办法,让不当班的保安和管理人员来给业主送货。这样既节约了成本,又给保安和管理人员提供了增加收入的渠道,还让业主觉得安全可靠,一举三得。

效果:跟随母公司整体上市,2009年物业服务利润超过4000万元,发展前景一片看好。

(2) 商业模式创新的流程逻辑

商业模式创新在业务层面上必须满足以下四种基本主张。

① 价值主张。也就是所谓的买方效用,涉及的商品或者服务能够为顾客和买方大众提供怎样前所未有的价值。

② 价格主张。也就是战略定价。当你有了很好的买方效用,你如何抓住市场,尤其是大众的市场;你应该把你的价格定在什么样的范畴内才能真正抓住整个市场的主体。

③ 成本主张。它涉及前面所说的狭义的商业模式。当企业有了很好的买方效用,也有了能够抓住大众市场的战略定价,企业能否在一个可以持续的模式下赚钱?还是企业仅仅是服务了买方大众,自己却入不敷出?

④ 流程及人员主张。这涉及战略执行,商业模式的整体就是协调价值、价格、人员、流程的系统工程。

如果企业能完美地达成前三项主张,即价值主张、价格主张、成本主张,它就成功地设计了商业模式。但是商业模式的实施、执行,最后的落地生根都需要我们考虑到流程及人员的主张。因此,蓝海战略是设计商业模式及实施商业模式的系统性的框架和工具。刚才所说的四项主张,不仅仅是在一个企业开创一项业务整体的系统性的活动中需要具备,而且企业开创新市场、开创新的业务模式还必须遵循合理的战略顺序。也就是应该从买方效用,推出战略定价,到目标成本,最后再到促进接受,使这个战略有效执行。这个合理的顺序是非常重要的。

4. 商业模式创新的方法

如上文所述,我们认为商业模式的创新可以是局部性的,也可以是全局性的,只要符合客户的价值诉求,所需要的资源能力又能够获取到的话,这种商业模式创新就具备了成功的条件。

具体而言,商业模式创新可以有以下几种类型。

(1) 重新定义顾客需求的商业模式创新

例如,阿里巴巴被誉为全球最大的网上贸易市场,不仅推动了中国商业信用的建立,也为广大的中小企业在激烈的国际竞争中带来更多的可能性。阿里巴巴汇聚了大量的市场供求信息,同时通过增值服务为会员提供了市场服务。目前阿里巴巴主要依靠中国供应商、委托设计公司网站、网上推广项目和诚信通盈利。特别值得一提的是诚信通,由于能够协助用户了解客户的资信状况,因此对电子商务市场的诚信度的建立深有意义。

(2) 重新定义产品/服务的商业模式创新

例如,瑞士低端大众型时尚手表 Swatch,从20世纪七八十年代到现在一直占有一方蓝海。Swatch 首先是从买方效用开始的。手表过去都是以功能为主导,是功能导向的产品,它主要的作用就是计时。但是 Swatch 跨越产品的功能和情感导向寻求买方效用,把手表从一个计时的机器变成一个时尚的配件。这就是 Swatch 手表在买方价值的创新。

(3) 重新定义收入模式的商业模式创新

2008年3月6日,苹果对外发布了针对 iPhone 的应用开发包(SDK),供免费下载,以便第三方应用开发人员开发针对 iPhone 及 Touch 的应用软件。不到一周时间,3月12日,苹果宣布已获得超过100 000 次的下载,三个月后,这一数字上升至250 000 次。

App Store 即 application store,通常理解为应用商店。App Store 是一个由苹果公司为 iPhone 和 iPod Touch、iPad 以及 Mac 创建的服务,允许用户从 iTunes Store 或 mac app store 浏览和下载一些为了 iPhone SDK 或 mac 开发的应用程序。

App Store 平台上大部分应用价格低于10美元,并且有约20%的应用是供免费下载的。用户购买应用所支付的费用由苹果与应用开发商3∶7分成。

App Store 模式的意义在于为第三方软件的提供者提供了方便而又高效的软件销售平台,使第三方软件的提供者参与其中的积极性空前高涨,适应了手机用户们对个性化软件的需求,从而使得手机软件业开始进入了一个高速、良性发展的轨道,是苹果公司把 App Store 这样的一个商业行为升华到了一个让人效仿的经营模式,苹果公司的 App Store 开创了手机软件业发展的新篇章,App Store 无疑将会成为手机软件业发展史上的一个重要的里程碑,其意义已远远超越了"iPhone 的软件应用商店"本身。

(4) 重新定义生产模式的商业模式创新

20世纪中叶,日本丰田汽车创造了以适时生产(Just In Time,JIT)为核心,旨在控制成本、消除浪费的精益生产管理模式。得益于这一全新的生产管理模式,日本汽车工业迅速崛起,一举改变不敌欧美国家的状况,甚至还超越了欧美汽车工业,取得了巨大的成功。精益生产方式认为,制造业企业在生产过程中的浪费是多方面的,从种类上说有资金、人力、物资、精力和时间方面,从分布来说存在于机床、工序、生产过程及其相互之间。精益生产管理模式主要是创新了工艺流程,放弃了大批量生产,代之以小批量生产;放弃了材料的批量流动,代之以生产过程的持续使用,这样就可以最大限度地减少库存,从而缓解资金压力。

(5) 重新定义合作模式的商业模式创新

例如,美国耐克公司是服装业虚拟经营的典范。耐克公司把精力主要放在设计上,具体生产则承包给劳动力成本低廉的国家和地区的厂家,以此降低生产成本。这种虚拟制造模式使耐克得以迅速在全球拓展市场,近年来,耐克试图转变既有的产品驱动型的商业模式,进而发展成为通过全球核心业务部门的品类管理,推动利润增长的以客户为中心的商业模式。

课后案例

比尔·盖茨(Bill Gates)的商业模式

盖茨是一个天才,在1977年他21岁的时候创办了微软公司。1986年3月微软上市,他30岁时,就成了亿万富翁!

但他为什么一个人能赚这么多钱?

其实,盖茨的亿万财富并不是说他已经实现了这么多的盈利收入,而是在他公司上市后,股票市场对微软未来的收入非常看好,然后愿意给微软的股票很高的价格,也就是说,盖茨今天的财富更多的是反映微软未来的收入,反映微软未来能赚多少钱,是股市帮助盖茨把未来的收入提前变现,他今天的财富不是靠过去已赚的收入累计起来,而是未来收入的提前累计。所以,是股市帮了他的忙,是股市非常看好微软的未来。

那么,为什么微软会这么赚钱?它跟别的公司有什么差别?原因当然很多。第一个原因可能是软件商业模式的特点,因为一旦微软花成本开发出一种软件,比如Windows,那么每多卖一份Windows系统软件,其价格是260美元,其成本对微软公司来说接近零,也就是说,这260美元是纯利润,净赚。世界上今天有6亿多的电脑用户,哪怕中间只有一亿人付这个价钱,这也是260亿美元的收入!这么大数量的销售市场,同时每卖一份软件的边际成本又几乎为零,这种商业模式怎么不赚钱!

边际成本是指已经把开发成本、广告成本投入,为了再多卖一份产品,还要付出的成本。比如,你可能觉得丰田公司造一种车会卖很多钱,但是,你要知道,每辆车的制造成本会很高,而且每辆的成本基本一样。也就是说,为了多卖一辆车,丰田必须买这些汽车部件,比如发动机、车身、轮胎、方向盘等,这些部件一样也不能少,况且他们要付很多的工人工资、退休金以及其他福利,所以每辆的边际成本很高,丰田汽车公司的利润空间永远无法跟微软相比。这就是为什么大家喜欢微软的股票,喜欢盖茨创办的公司,而不会太热爱汽车公司股票。

是呀,这也是为什么人们开餐馆开了几千年,但没有人开出一个亿万富翁来。实际上,农业的利润空间更小。因为每亩地需要的资源投入和劳动投入都是一样的,边际成本是常数,没有规模效应,不要说跟微软的商业模式比要差很多很多,就是跟汽车公司比也差很多,原因是通过机械化生产,丰田公司能利用规模生产减少每辆车的制造成本。所以,农业远不如工业,而工业又不如微软这样的行业。这就是为什么西方国家通过工业革命在过去250年领先中国,而今天美国又通过像微软这样的行业领先世界所有其他国家,超过包括工业革命的发源地——英国。

当然,类似微软这样的商业模式越来越多,比如,网络游戏。中国的陈天桥先生创办盛大网游,他的特点也是"零边际成本",一旦互联网游戏软件开发好,多一个客户对盛大的成本还是零,所以来自千百万个新客户的付费都是净利润,你说那不赚吗?基金管理业也是基本如此,像我们的对冲基金公司有10个工作人员,只要所管理的资金在一亿美元至几十亿美元之间,我们不用增加太多费用开支,收入的边际成本也几乎为零。

本章小结

　　创业资源是一种特殊的商业资源,特指创新、创业型团队或企业发展初期所需的一切资材的来源。创业不是"天马行空",不是引"无源之水"栽"无本之木"的事情。任何一个人创业,都必然有其凭依的条件,也就是其拥有的资源。创业的过程就是创业者建立、整合和拓展资源的过程。获取不到创业所需的资源,再好的创业机会对于创业者而言都只是海市蜃楼。

　　我们把创业资源分为有形资源和无形资源两大类,而其中无形资源往往是撬动有形资源的重要杠杆。创业资源的获取主要指的是外部资源的获取,外部创业资源的获取途径包括市场途径和非市场途径两大类。

　　商业模式是指企业赚钱的逻辑,即企业为了实现客户利益的最大化,把能使企业运行的内外各种要素整合起来形成一个完整的、高效率的、具有独特核心竞争力的运行系统,并通过最优实现形式满足客户需求、实现客户价值,同时使系统达成持续盈利目标的整体解决方案。

　　商业模式创新不是交易方式中某一行为的单一变化,而是一种系统内的多元素的集成型创新。与传统的创新概念相比,商业模式创新不仅仅局限于生产体系,也不仅仅是体系中一个元素的改变,它通常是商业模式利益相关者同时发生改变。

复 习 题

1. 什么是创业资源?
2. 创业资源的内涵与种类有哪些?
3. 在创业中,为什么说无形资源是撬动有形资源的重要杠杆?
4. 论述设计商业模式的思路和方法。
5. 阅读课后案例《比尔·盖茨(Bill Gates)的商业模式》,谈谈你对商业模式创新的认识。

第 4 章

创业风险与可行性分析

"中国博客之父"的故事
方兴东和博客网

方兴东,这个名字在中国互联网界绝对如雷贯耳,他有着"互联网旗手"和"中国博客之父"之称,对于中国互联网 Web 2.0 的发展普及有着无法磨灭的功绩。

2002 年,方兴东创建博客网的前身(博客中国),之后 3 年内网站始终保持每月超过 30%的增长,全球排名一度飙升到 60 多位。并于 2004 年获得了盛大创始人陈天桥和软银赛富合伙人羊东的 50 万美元天使投资。2005 年 9 月,方兴东又从著名风险投资公司 Granite Global Ventures、Mobius Venture Capital、软银赛富和 Bessemer Venture Partner 那里融资 1000 万美元,并引发了中国 Web 2.0 的投资热潮。

随后,"博客中国"更名为"博客网",并宣称要做博客式门户,号称"全球最大中文博客网站",还喊出了"一年超新浪,两年上市"的目标。于是在短短半年的时间内,博客网的员工就从 40 多人扩张至 400 多人,据称 60%~70%的资金都用在人员工资上。同时还在视频、游戏、购物、社交等众多项目上大把烧钱,千万美元很快就被挥霍殆尽。博客网至此拉开了持续 3 年的人事剧烈动荡,高层几乎整体流失,而方兴东本人的 CEO 职务也被一个决策小组取代。到 2006 年年底,博客网的员工已经缩减恢复到融资之前的 40 多个人。

博客网不仅面临资金链断裂、经营难以为继,同时业务上也不断萎缩,用户大量流失。为摆脱困境,2008 年,博客网酝酿将旗下博客中国(www.blogchina.com)和 bokee(www.bokee.com)分拆为两个独立的公司,而分拆之后分别转向高端媒体和 SNS。但同年 10 月博客网又卷入裁员关闭的危机之中,宣布所有员工可以自由离职,也可以留下,但均没有工资,此举被认为与博客网直接宣布解散没有任何区别。

其实,早在博客网融资后不久,新浪就高调推出其博客公测版,到 2006 年年末,以新浪为代表的门户网站的博客力量已完全超越了博客网等新兴垂直网站。随后,博客几乎成为任何一个门户网站标配的配置,门户网站轻而易举地复制了方兴东们辛辛苦苦摸索和开辟出来的道路。再后来,Facebook、校内、51 等 SNS 社交网站开始大出风头,对博客形成了不可低估的冲击。网民的注意力和资本市场对于博客也开始冷落。

另外，无论是方兴东自己还是熟悉他的人，都一致认为他是个学者或文人，而绝非是熟悉管理和战略的商业领袖，没有掌控几百人的团队和千万美元级别资金的能力。博客作为Web2.0时代的一个产品，无疑是互联网发展过程中的一大跨越，引领互联网进入了自媒体时代，博客本身是成功的。但对于博客网，它让投资人的大把美元化为乌有，从引领Web2.0的先驱成为无人问津的弃儿，无疑是失败中的失败。

（资料来源：公司金融.VC十大悲剧案例：选对跑道还要选对运动员.凤凰网财经.http://finance.ifeng.com/）

4.1 创业风险

创业活动离不开机会，识别机会是创业者成功启动创业活动的第一步。然而，我们必须注意到，有价值的创业机会往往与风险相伴。事实上，一般而言风险与收益往往是成正比例关系，即风险愈大，获利的机会愈高。美国学者威利特（A. H. Willett）将风险定义为"关于不愿发生的事件发生的不确定性之客观体现"，可见风险实际上就是一种不确定性。具体而言，风险是由于环境的不确定性、客体的复杂性、主体的能力与实力的有限性而导致的事物或事件偏离预期目标的不确定性。创业者在开创事业之初，面对的就是不确定的未来，因此在创业过程之中，风险无可避免。

值得注意的是，风险并不等同于危险。危险也被称为纯粹风险，是指那些只可能发生损失而不可能产生收益的风险；本书中所涉及的"风险"概念，则主要是指既可能发生损失，也可能产生收益的风险。

4.1.1 机会风险的构成与分类

创业活动离不开机会，识别机会是创业者成功启动创业活动的第一步。然而，我们必须注意到，有价值的创业机会往往与风险相伴。事实上，一般而言风险与收益往往是成正比例关系，即风险愈大，获利的机会愈高。美国学者威利特（A. H. Willett）将风险定义为"关于不愿发生的事件发生的不确定性之客观体现"，可见风险实际上就是一种不确定性。具体而言，风险是由于环境的不确定性、客体的复杂性、主体的能力与实力的有限性而导致的事物或事件偏离预期目标的不确定性。创业者在开创事业之初，面对的就是不确定的未来，因此在创业过程之中，风险无可避免。

值得注意的是，风险并不等同于危险。危险也被称为纯粹风险，是指那些只可能发生损失而不可能产生收益的风险；本书中所涉及的"风险"概念，则主要是指既可能发生损失，也可能产生收益的风险。

在创业活动中，许多创业者一提到风险就唯恐避之不及，其实创业的机会风险是具有两面性的：一方面，风险的确可能会给企业带来损失，如果没有风险的存在，企业的收益将会确定，在无风险的环境中，企业将会持续扩张，因为不利于公司发展的情况将不会出现；另一方面，风险对企业收益也存在正面影响，如果能够正确认识并充分利用风险，反而能够将风险转化为新的创业机会，使企业赢得超额利润或收益。因此，创业者不应当一味害怕风险,而应该正确树立风险意识,做到及时发现风险、正确识别风险,并且在风险估计的基础上,努力防范和降低风险,从而将创业的各种风险控制在可接受的一定范围之中,在回避风险和抓住机会之间寻求某种平衡。

1. 机会风险的构成

一般认为,机会风险主要由风险因素、风险事故和损失三个要素构成。

(1) 风险因素。风险因素是指引起或增加风险发生的机会或扩大损失程度的原因和条件,它是导致风险发生的潜在原因。根据风险因素的性质不同,通常可将其分为实质风险因素、道德风险因素和心理风险因素三种。

(2) 风险事故。风险事故也称为风险事件,是指造成生命财产损害的偶发事件,它是造成损害的直接原因,是损失的媒介。风险事故的发生意味着损失的可能成为现实,即风险的发生。

(3) 损失。在风险管理中,损失是指非故意的、非预期的和非计划的经济价值的减少,即经济损失。

风险因素引发风险事故,而风险事故导致损失。也就是说,风险因素只是风险事故产生并造成损失的可能性或使这种可能性增加的条件,它并不直接导致损失,只有通过风险事故这个媒介才产生损失。

2. 机会风险的分类

想要对创业的机会风险进行有效的管理,首先需要对新创企业所面临的风险有所认识,并能够在对其识别的基础上进行分类,以便针对不同种类的风险使用不同的防范办法。按照不同的分类方法,我们可以将创业风险分为多种类型。

(1) 按风险因素划分为系统风险和非系统风险。

系统风险是指创业者和新创企业本身控制不了的风险因素,主要是创业环境中的风险因素。这种风险一般来自于企业外部,主要包括商品市场风险和资本市场风险。

非系统风险是指创业者和新创企业在一定程度上可以控制的风险因素。这种风险来自于企业本身的商业活动和财务活动,主要包括管理风险、技术风险、财务风险等。

按风险因素划分的方法是机会风险的主要分类方法,在本章的后续章节中均以系统风险和非系统风险作为机会风险的分类原则进行阐述。

(2) 按风险是否可通过保险转嫁划分为可保风险和不可保风险。

可保风险是指可以通过支付保险费向保险公司进行转嫁的风险,如建筑物的火灾保险、交通车辆的第三者责任险、职工的养老保险、工伤保险、失业保险等。这些可保风险是建立在大多数法则与统计规律的基础上的,当具有众多同类的标的处于相同的危险之中时,保险公司就通过收取保险费的方式使风险在众多标的之间进行分摊,一旦有某一个保险对象发生危险事故,就可从保险公司得到补偿,以减少风险事故的损失。

不可保风险指的是由于风险的性质不确定,即风险发生的概率不确定,或处于相同危险中的标的数量不够多,而不能使其风险在众多风险单位间进行分摊。

这种风险的分类方法为创业企业提供了一种基本的风险管理方法:对于可保风险,

创业企业应向保险公司进行转嫁；对于不可保风险，创业企业应采用避免、自留、预防、抑制等方法减轻风险事故发生的危害。本书所研究的风险主要是不可保风险。

（3）按创业过程划分为机会的识别与评估风险、准备与撰写创业计划风险、确定并获取创业资源风险和创业企业管理风险。

机会的识别与评估风险是指在机会的识别与评估过程中，由于各种主客观的因素，如信息获取量不足，把握不准确或推理偏误等都可能使创业面临一开始方向就错误的风险。另外机会风险，即由于创业而放弃了原有的职业所面临的机会成本，也是该阶段存在的风险之一。

准备与撰写创业计划风险是指创业计划的准备与撰写过程带来的风险。创业计划往往是创业投资者决定是否投资的依据，因此，创业计划是否合适将对具体的创业产生影响。创业计划制订过程中各种不确定因素与制订者自身能力的限制，也会给创业活动带来风险。

确定并获取创业资源风险是指由于存在资源缺口，无法获得所需的关键资源或即使可获得，但获得成本较高，从而给创业活动带来一定的风险。

创业企业管理风险则主要包括管理方式、企业文化的选择与创建，发展战略的制定、组织、技术、营销等各方面的管理中存在的风险。

（4）按创业与市场和技术的关系划分为改良型风险、杠杆型风险、跨越型风险和激进型风险。

改良型风险是指利用现有的市场、现有的技术进行创业所存在的风险。这种创业风险最低，经济回报有限。然而，风险虽低，要想得以生存和发展，获取较高的经济回报也比较困难。一方面会受到已有市场竞争者的排斥或面对壁垒，另一方面即便进入，想要占有一定的市场份额非常困难。

杠杆型风险是指利用新的市场、现有的技术进行创业存在的风险。该风险稍高，对一个全球性公司来说，这种风险往往是地理上的。多见于挖掘未开辟的市场，如彩电行业，利用原有技术进入农村市场。

跨越型风险是指利用现有的市场、新的技术进行创业存在的风险。该风险稍高，主要体现在创新技术的应用，这种情况往往反映了新技术的替代，是一种较常见的情况，常见于企业的二次创业，领先者可获得一定的竞争优势，但模仿者很快就会跟上。

激进型风险是指利用新的市场、新的技术进行创业存在的风险。该风险最大。如果市场很大，可能会带来巨大的机会。对第一个行动者而言，其优势在于竞争风险较低，但是知识产权保护力度很弱，市场需求很不确定，产品性能指标的确定有很大的风险。

（5）按照风险与公司财产或其环境的关系，可将创业企业面临的风险分为与财产有关的风险、与顾客有关的风险（质量和信誉风险）、人力资源风险、项目选择风险、技术风险、财务风险、外部环境风险等，这些方面的重大损失会给创业企业带来致命的灾害。

4.1.2 系统风险防范的可能途径

系统风险来自于企业外部环境，是创业者和新创企业本身无法控制的风险因素，因此也常被称为"客观风险"或"外部风险"。新创企业面临的系统风险主要包括商品市场风险、资本市场风险和外部环境风险等。

1. 商品市场风险

商品市场风险是指新创企业的产品或服务与市场需求不一致或与市场容量不匹配，而导致的企业亏损的可能性和盈利的不确定性，它包括三个方面：①市场接受能力的风险。新创企业推出一项新产品或新服务后，客户对它的态度是不确定的，因此市场的需求量是不确定的，市场能否接受该产品或服务也是不确定的。②市场接受时间的风险。新创企业推出一个新产品或一种新服务，往往不可能立刻被社会和消费者认可。客户需要一定的认知过程，而这个过程需要持续多长时间则是不能确定的。③竞争激烈程度的风险。市场经济是一种竞争型经济，每一家企业进入市场都需要面对激烈的竞争。新创企业要想保持竞争力，就必须在价格定位、客户争取、上市时间、营销策略和市场区域划分等方面制定正确的市场战略。而企业在竞争中能否成功占领市场，能够占领多大份额的市场，都存在不确定性。

2. 资本市场风险

资本市场风险是指由于资本市场的不确定性而对创业发展带来的风险。资本市场的波动对新创企业的影响是显著的。当发生通货膨胀时，政府一般会采取紧缩银根的金融政策，导致利率上升，新创企业的贷款成本随之增加，甚至难以获得贷款。与此同时，新创企业的生产材料、设备等成本也相应上升，企业还债压力过大，资金周转不灵，从而影响企业的正常经营活动，甚至发生长期亏损，因无力还债而造成信誉受损，更严重的则可能出现资不抵债而导致破产。此外，如果是从事国际商务活动的企业，汇率的变动可能给企业经营造成额外损失或额外机会。

3. 外部环境风险

外部环境风险是指新创企业由于所处的社会、政策、法律、自然环境等外部因素影响而对创业发展带来的风险。导致外部环境风险的因素有很多，主要包括以下三种：①政治法律环境风险。政治法律环境风险主要体现在项目的确立是否符合国内外政治形势以及法律、法规、方针和政策等的需要。不同的国家或地区在不同的时期会根据不同的需要制定出一系列经济政策和经济方针，某些方针政策会对创业活动产生重要影响，例如，进出口限制、税收政策、价格管制等。②自然环境风险。自然环境风险是指企业所依赖的自然资源条件导致的风险，主要涉及自然资源的种类、数量和可用性，企业的地理位置、交通等因素。③人口环境和社会文化环境风险。人口环境风险主要包括人口的规模、密度、地理位置、年龄、性别、家庭结构、流动性等因素；社会文化环境风险主要包括一个国家或地区的风俗习惯、社会风尚、宗教信仰、语言文字、文化教育、价值观、伦理道德规范、审美观念、生活习惯与方式等。这些因素都能够对创业的成功和新创企业的发展产生影响。

4. 系统风险的防范

系统风险是无法提前预测也无法加以控制的风险。因此,对于这类风险,创业者只能在创业过程中想方设法地规避。

在创业活动中,创业者可以从以下四个方面着手防范系统风险。

(1) 提高系统风险防范意识,关注国家的宏观调控政策与经济走势,并对投资环境进行认真的调查与分析,紧跟市场发展方向。

(2) 建立一套完善的市场信息反馈体系,制定合理的产品销售价格,增加企业的盈利能力;通过降低产品成本,提高产品的综合竞争能力,增加产品适应市场变化的能力;加快产品的研发速度,增加市场的应变能力,适时调整产品结构,增加适销对路产品的产量;以优质的产品稳定客户、稳定价格,以消除市场波动对本企业价格的影响。

(3) 加强预算管理,研究投入资金的回报率,包括借入资金和自有资金。在创业阶段,资金的年回报率应该掌握在15%以上,风险才会较小。

(4) 了解国家的产业政策、投资政策、融资政策、知识产权保护政策、环境保护政策、关税与外贸等政策,减小外部环境风险的发生概率。

4.1.3 非系统风险防范的可能途径

非系统风险来自于企业内部,是创业者和新创企业在一定程度上可以控制的风险因素,因此这种风险也被称为"主观风险"或"内部风险"。新创企业面临的非系统风险主要包括管理风险、技术风险和财务风险等。

1. 管理风险

长城企业战略研究所通过对中小企业失败因素的调查研究发现,98%的失败源于管理缺陷,管理风险的重要性可见一斑。创业管理风险是指在创业过程中,由于管理不善而导致创业失败所带来的风险,主要包括以下三个方面:①决策风险。这是在创业过程中由于指挥或决策失误而导致的风险。决策是管理的核心。②组织风险。这是由于企业内部的组织机构不完善、不合理而导致的风险。在新创企业中,如果企业组织的结构不合理、分工不明确,则很可能造成企业内部的管理体制不畅和机构门槛过多,从而使得企业协调困难、效率低下,这些都是致使企业遗失或延误商机的重要原因。③创业者的自身素质风险。创业者和创业团队对新创企业的成长起着至关重要的作用。创业者的自身素质在一定程度上决定了新创企业的命运。一个优秀的创业者,可以不具备精深的技术知识,但必须具备这样一些素质:拥有强烈的创新精神与创业意识,富于冒险精神、献身精神和忍耐力;具有追求成就的强烈欲望;具有敏锐的机会意识和高超的决策水平,善于发现机会,把握机会并利用机会;具有强烈的责任感和自信心,能够经受挫折的打击。

2. 技术风险

创业过程中的技术风险主要是指在创业者所依靠的技术上存在着的不可靠性、不稳定性而导致创业失败的可能性,主要包括以下三个方面:①技术商品化的风险。虽然一项高新技术的成功很可能带来高额利润,但是新技术从研发到实际投产成为实用的产品或服务,最终走向市场是需要一个过程的,而在这个过程中存在许多的不确定性,例如,该技术是否能够成功研发,每一个技术细节是否都能够顺利通过,从研发之初到最终完善的耗时长短、该产品的生产实施能力是否匹配市场机制、环境保护政策等。②技术生命周期的风险。一项新技术产生之后能够持续多久才会被另一种新技术所替代,或是该技术能够在多长的时间内保持某种程度的技术优势,存在着不确定性,这就是技术生命周期的风险。③技术保护的风险,是指企业对其独有技术的占有性能保持多长时间,存在一定的不确定性。例如,研发生产出世界第一台家庭 VCD 的"万燕"集团,将 MPEG(图像解压缩)技术应用到音像视听产品上,开创了世界 VCD 先河。但是,由于没有及时申请专利,"万燕"VCD 上市后被国内外的多家公司仿制,仅仅两年,拥有这项领先技术的万燕却最终淹没于同行业的激烈竞争中。"万燕"集团花费了巨大心血,耗费大量研发资金,但是由于新技术能够快速普及,被他人复制,导致最终"竹篮打水一场空",为他人做了嫁衣。

3. 财务风险

对于创业者而言,财务风险是指公司财务结构不合理、融资不当使公司可能丧失偿债能力而导致投资者预期收益下降或创业失败的风险,主要包括两个方面:①投资风险。投资风险是指由于投资项目不能达到预期收益,从而影响企业盈利水平和资金回收的风险。例如,巨人集团曾一度涉足电脑业、保健业和房地产业等,行业跨度太大,而在新进入的领域中短时间内又未能形成核心竞争力,结果导致有限的资金被牢牢套死,几乎拖垮了整个公司。②流动性风险。流动性风险是指企业资产不能正常和确定性地转移现金或企业债务和付现责任不能正常履行所造成的风险。对于新创企业来说,创业资金的需求很难确定,创业过程前期的资金周转较慢,因此新创企业格外需要持续的投资能力,这关系到创业活动的成败。

4. 非系统风险的防范

一般而言,非系统风险是可以预测并加以控制的风险。因此,对于这类风险,创业者应当尽量设法控制。

在创业活动中,创业者可以从以下五个方面着手防范非系统风险。

(1) 减少新创企业对个别主要领导的过分依赖,加强对管理者的培训,强调采用科学分析进行管理决策。避免根据个人偏好武断专行、感情用事,避免依赖经验盲目自信,甚至一切靠运气听天由命。

(2) 加强组织机构的建设,建立适应性强的组织机构和有效的激励机制,积极营造良好的工作环境和科研环境,吸引更多的高素质人才。

(3) 尽可能地在高新技术的生命周期内快速实现产业化,并且采取各种手段对新创企业自身所取得的技术成果加以保护,以避免出现利润受损,甚至无法收回投资成本的情况发生。

(4) 适当约束投资冲动,慎重对待扩张、多种经营以及类似的投资决策。在项目启动前,注意项目的利润率是否高于企业目前的资金利润率,以及企业是否存在剩余现金,过度的多元化可能削弱企业的经营业务能力和竞争优势,加大经营风险。

(5) 进行财务预算,经常进行本企业发展的可行性评估,以防止各种现金风险的产生。

4.1.4 创业者风险承担能力的估计

现代企业管理理论认为,对风险的评估和控制是企业管理者应该具备的素质。对于创业者而言,创业所涉及的领域往往是新兴的、正在发展中的市场,这类市场的不确定性往往比成熟市场更高,因此要对其做出卓有成效的风险评估和控制的难度也更高。事实上,一个好的创业者并不一定必须是风险评估的专家,比规范、有效的风险评估更重要的,是创业者在创业之初就应当具有充分的风险意识,能够分析并认清创业决策的潜在风险,并且具备足够的风险承担能力。

在特定的创业机会面前,即使风险收益很高,创业者也不应该立即开展创业行动,而是应当首先估计自己的风险承担能力。一般而言,创业者的风险承担能力需要从系统风险和非系统风险两个方面,或是从具体的技术风险、市场风险、财务风险和政策风险等方面,在对本企业各种风险的识别基础上,判断创业者对各类风险因素的承担能力,特别是对那些发生概率较大、可能导致较大风险损失的风险因素的承担能力。

表 4-1 展示的是一份创业者风险承担能力的评估问卷。通过这份问卷,创业者能够更加深入地了解自己是否具备充分的风险承担能力。

表 4-1 创业风险承担能力评估问卷[①]

在下列问题中,请选出你认为最符合自身实际情况的选项。

1. 在一个聚会中,你的朋友告诉你,那个衣着奢华的人最近投资了另一个朋友的企业。你会怎么做?
   A. 快速走向他,向他介绍你自己,告诉他关于你商业构想的所有细节,同时询问他是否对你的这个构想感兴趣并准备投资。
   B. 请你的朋友把你介绍给他。经过介绍,你给潜在的投资者递上你的名片并且礼貌地询问你能否在某个时间给他打电话并向他展示你的创业计划。
   C. 你认为在聚会上打扰这个人可能不是一个好方法。毕竟,他来这里是休闲的。你可能在其他的地方还会遇到他。

2. 你的老板决定由你负责寻找办公用品供应商,并选择一家你认为最好的企业作为公司供应商。你有什么反应?
   A. 是的!你终于有机会向老板展示你的能力,此外,你还可以偷偷地让少数供应商为自己的公司服务。
   B. 你感到恐惧,这对你而言责任太重。如果你犯了错误,让公司受到损失怎么办?你不希望表现得不好。
   C. 你很兴奋。这是让老板留下印象的一个好机会,而且你可以学会怎么比较供应商以及与供应商谈判(这些都是你自己做企业时所需要的)。

3. 当你得到一份兼职工作时,你已经开始在学校上全日制学习班,这个兼职工作与你明年毕业后准备创立的企业正好在一个行业里。
   A. 在你与学习导师讨论好如何最好地平衡学习和工作计划后,选择工作。因为你相信你即将获得的经验和关系在你创业时是无价的。

[①] 总结自 Entrepreneurship: Starting and Operating a Small Business, Second Edition, Steve Mariotti 和 Caroline Glackin 著。

续表

B. 选择工作。实际上,这样只会占用你额外的时间而你却最终可以赚取一些外快,即使少睡点觉又有什么关系呢?

C. 放弃工作。你不希望你的成绩太糟糕,工作和学习往往很难兼顾。

4. 你获得了一个市场营销公司调查员的工作,这份工作的薪水很好,但是需要你与很多人谈话。

A. 选择工作。你喜欢与人交往,而且这份工作是训练你了解消费者需求的一个很好的方法。

B. 放弃工作。只要一想到要与陌生人接触你就觉得不自在。

C. 选择工作。这样你可以进行一些你自己的市场调查,向被调查者询问一些有关你创业计划的想法。

5. 你的工作的薪水很好也很有趣,但是需要你投入更长的工作时间,有时周末也不能休息。你有什么反应?

A. 你毫无怨言地投入额外的时间,但是你这样做主要是因为你觉得获得的奖励值得这样做。

B. 你近乎狂热地工作并让自己精疲力竭,因为慢节奏并不适合你。

C. 你辞职了。你是一个严格遵守朝九晚五工作的人,工作不是你生活的全部!

6. 你是一个出色的吉他弹奏者,你的朋友总是要求付费请你上课。你有什么反应?

A. 你花了一些钱在本地报纸上刊登了6周的广告,宣布:你现在可以授课了,费用与本地授课教师的价格一样。

B. 你开始教少数朋友看反响如何。你询问他们准备怎么付费?他们希望学些什么?

C. 你教了少数朋友一些课程,但是拒绝收费。

7. 你最好的朋友创建了一家网站设计公司。他需要帮助,因为公司在不断成长。他承诺你可以成为公司的合作伙伴,尽管你对电脑一窍不通。你有什么反应?

A. 你立刻加入了公司。你认为你可以很快学会相应的知识。

B. 你让朋友为你保留合作伙伴的位置,但是要求首先为你推荐一个可以让你提高自身技能以符合公司发展要求的课程。

C. 你同意了。由于你对公司一无所知,你并不知道如何开展工作。

分数计算方法如下。

1. A=2;B=1;C=0 2. A=2;B=0;C=1 3. A=1;B=2;C=0 4. A=1;B=0;C=2
5. A=1;B=2;C=0 6. A=2;B=1;C=0 7. A=2;B=1;C=0

问卷的结果分析。

12分或12以上:你是一位天生的风险承担者并且可以承受巨大的压力。这些都是一位成功创业者所应具备的重要特征。你愿意努力工作,但是存在着将警告当耳边风的倾向。你应当在做任何决策之前都不要忘记考虑机会成本,并通过风险分析仔细评价你的企业(以及个人)决策来避免这种倾向。

6~12分:你在风险承担与仔细评价决策之间取得了出色的平衡。创业者对这两方面的素质都需要。你也没有过于受到赚钱欲望的驱动。你知道成功的企业在收获回报之前需要艰苦的工作和牺牲。你应当确保将自己的本能和品质用于最可能的商业机会,使用风险分析评价你有意创建的不同企业。

6分或6分以下:你对成为一名创业者过于谨慎,但是在你了解更多的企业经营知识后可能会有所改变。你关心财务安全,而且可能不会热衷于投入更多的时间以启动你的事业。这并不意味着你不会成为一名成功的创业者。只要确信你决定创建的企业正是你梦想的企业,你就会受到激励并取得成功。你应当使用风险分析评价你的商业机会,选择一个财务安全和有效激励两方面结合最好的企业。

4.1.5 基于风险估计的创业收益预测

在识别机会风险的基础上,创业者可以对各种创业风险进行评估,预测特定创业机会可能遇到的风险因素。具体而言,创业者需要对各类风险因素发生的概率进行估计,再根据风险因素的发生概率进行创业活动的管理。通过估计,创业者可以发现那些发生概率大的风险因素,它们是风险管理的重点,同时排除那些发生概率小的风险因素。但是,需要注意的是,有些风险因素关系重大,那么对这些重要风险因素而言,即使他们可能发生的概率很小,也需要对其进行详细的考量并做好应对措施。因为这些风险一旦变成现实,就可能使企业遭受致命的打击。

在实际中,创业者可以使用风险识别图对风险进行量化,如图 4-1 所示,该图的纵坐标表示风险导致损失的严重程度,横坐标表示风险的发生频率。

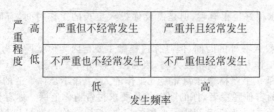

图 4-1 风险识别图

根据风险识别图,创业者可以从发生概率大的风险和关系重大的风险出发,测算新创企业未来可能遭受的损失。风险的概率及其可能造成的损失都是进行创业风险收益预测的重要指标。创业的机会风险收益一般采用如下公式进行计算:

$$FR = \frac{(M_t + M_b) \cdot B \cdot P_s \cdot P_m}{C_d + J_d} \cdot S$$

式中,FR 表示某一创业机会的风险收益指数;M_t 表示该创业机会的技术及市场优势指数;M_b 表示创业者的策略优势指数;B 表示特定机会持续期内的预期收益;P_s 表示技术成功概率;P_m 表示市场成功概率;S 代表创业团队优势指数;C_d 表示利用这一机会创业的有形资产投资总额;J_d 表示利用特定机会创业的无形资产总额。

基于风险估计的创业收益预测是判断创业者是否值得冒险创业的重要参考。当且仅当 $FR > R$(R 代表创业者的期望值)时,创业者才值得冒险去把握这一创业机会进行创业。

4.2 可行性分析

所谓可行性分析(Feasibility Analysis),是指确定商业创意是否切实可行的过程。可行性分析经常被用于商业创意的初步评估,位于机会识别阶段之后,制订商业计划之前,主要用来对创意进行检测,以确定商业创意是否值得追求。

对于一家新创企业而言,可行性分析是创业计划中必不可少的组成部分,是商业创业成功与否的有效判定工具。具体而言,可行性分析包括产品(服务)的可行性分析、行业与目标市场的可行性分析、组织的可行性分析以及财务的可行性分析四个部分。

4.2.1 产品(服务)的可行性分析

产品(服务)的可行性分析主要是用以判断和评估企业拟生产产品或服务的吸引程度。这是新创企业需要首先考虑的要素,是投资者和消费者最关注的问题,对商业创意的成败起着至关重要的作用。

产品(服务)的可行性分析可以从产品(服务)的合理性与产品(服务)的需求程度两个方面来展开分析。

1. 产品(服务)的合理性

对产品(服务)的可行性进行分析,首先要分析该产品(服务)的存在是否合理。实际上,就是要思考该产品(服务)是否具有存在的意义、该产品(服务)是否能够引起消费者的兴趣和购买欲、该产品(服务)是否存在设计或概念缺陷等问题。

为了回答这些问题,美国学者 B. R. 巴林杰在其《创业计划》一书中提出了理念测试(Concept Test)的方法,该方法通过制订一份理念陈述书,向产业专家和预期用户展示产品或服务的理念,从而获得他们的反馈意见,以了解消费者的兴趣和购买意向。一般而言,理念陈述书的篇幅为一页纸,其内容包括以下六个部分:①产品(服务)的描述;②预期目标市场的描述;③产品(服务)利益的描述;④产品(服务)竞争定位的描述;⑤如何销售产品(服务)的描述;⑥企业管理团队简介等。陈述书上往往会附上一份简短的调查表,以获得被调查者的反馈信息。例如,请被调查者说出他们对产品(服务)可行性的判断,并提出对产品(服务)最不满意的几个方面,或是产品(服务)的几点改进建议等。陈述书应当条理清晰、准确详细,并且在时间允许的条件下多次反复使用和修订。被邀请的调查者应当是能够直言不讳,并且能够给出有建设性意见和建议。

理念测试的方法不仅能够证实创业者所推崇的产品(服务)是否具有潜在商业价值,还能够推动产品(服务)创意的进一步发展和完善,并为估计产品(服务)的可能市场占有份额提供依据。

2. 产品(服务)的需求程度

在对产品(服务)的合理性进行分析后,还需要了解市场对该产品(服务)的需求程度,这是产品(服务)的可行性分析的第二步。

消费者对某种产品(服务)的购买意愿和需求程度往往受到多方面因素的影响,不仅包括消费者个人的兴趣、生活习惯、收入水平等制约因素,还包括产品的价格和特征、企业的信誉和服务水平、社会文化环境和经济环境等因素。对产品(服务)的需求程度进行分析,可以采用购买意愿调查(Buying Intentions Survey)的方法。购买意愿调查一般由产品(服务)的理念陈述书和简短的调查表组成。被调查者应当是未参与理念测试的人士,陈述书为被调查者描述新创企业的产品(服务),被调查者通过回答调查问题来反馈其消费意愿和需求程度。

调查表的问题设计应当简短易懂,便于被调查者回答。例如,如果市场上有企业生产这种产品(或提供这种服务),您是否愿意购买?

A. 一定会买　　　　B. 可能会买　　　　C. 可能买也可能不买
D. 不太可能买　　　E. 一定不会买

如果被调查者选择"一定会买"或"可能会买",则这些调查者购买的可能性较大;如果选择"不太可能买"或"一定不会买",则这些调查者购买的可能性不大。但是,需要注意的是,一方面由于样本的数量和构成限制,抽样结果可能与真实情况之间存在明显偏差;另一方面在选择"一定会买"或"可能会买"选项的被调查者中,很可能存在不少在实际中并不会真的去购买该产品(服务)的人。因此,购买意愿调查并不能精准地反映产品(服务)的需求程度,但是它仍然能够为创业者提供消费者对该产品(服务)创意兴趣程度的大致情况。

此外,在购买意愿调查中也可以对产品(服务)销售的相关问题进行提问,例如,"您愿意花费多少钱来购买该产品(服务)"、"您理想的支付方式是什么"、"您希望该产品(服务)在哪里销售"等。

4.2.2 行业与目标市场的可行性分析

行业与目标市场的可行性分析是为了了解和评估企业准备进入的整个行业与拟生产产品(服务)目标市场的吸引力。具体而言,行业与目标市场的可行性分析可以从行业分析、目标市场分析和市场机会分析三个方面考虑。

1. 行业分析

企业所处的行业是指生产相似产品(服务)的企业总体,如服装行业、饮食行业、计算机行业等。在可行性分析中,需要对新创企业准备进入的行业进行分析,通过了解该行业的基本特点、竞争状况、所处阶段以及未来发展趋势等信息,评估行业的总体吸引力。

一般而言,行业可以按照两种方式进行划分:一种是按行业生命周期划分;一种是按行业对经济周期的反映划分。

(1) 按行业生命周期划分。

按行业生命周期划分是最常用的行业类型的划分方法,这种方法能够很好地反映一个行业的活力和发展趋势。根据生命周期理论,所有行业都具有生命周期。一个行业从开始到消亡可以被分为四个阶段:投入期、成长期、成熟期和衰退期。具体而言,在最初的投入期中,行业的经营策略和产品能否被市场接受都存在较大的不确定性,此时行业中存在较大风险,创业失败的可能性较大;在第二阶段的成长期中,行业快速成长,产品被市场迅速接受,销售收入和利润均快速增长;在第三阶段的成熟期中,产品已被大多数潜在购买者接受,行业的增长趋于平缓;在最后的衰退期中,市场及技术的变化使行业的产品逐渐被替代,市场对产品的需求逐渐减少。行业生命周期曲线如图4-2所示。

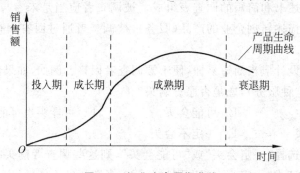

图 4-2 行业生命周期曲线

(2) 按行业对经济周期的反映划分。

经济的增长不是直线式,而是循序渐进的,经济周期一般经历繁荣或持续增长时期,然后进入经济增长放缓或停止的衰退期,再进入恢复期,为下一个经济繁荣期做准备。在经济周期的每个阶段,不同的行业反应不同,根据各行业对经济周期的不同反应,可将其划分为增长型、防守型和周期型三种,如图4-3所示。增长型的行业一般能独立于经济周期性的变化,并以高出经济增长较大幅度的比率成长。防守型行业在经济周期的变化过程中始终处于相对稳定的发展状态,在经济衰退时期也能保持一定的利润。周期型行业的运动状态与经济周期直接相关,其收益的变化趋势遵循经济周期的变化方向。依据这种分类方法,管理者就可以根据经济周期的变化来判断行业的变化和发展趋势,从而判断行业内企业现在和未来的收益。

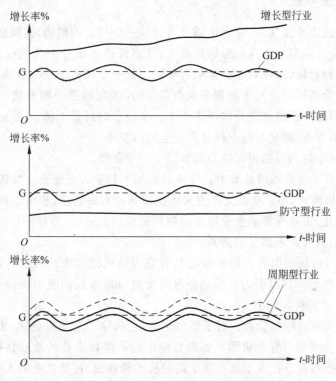

图 4-3　增长型、防守型和周期型行业类型

在行业分析中,除了需要评估企业拟进入行业的类型外,还需要对行业的竞争结构有所认识。有关行业竞争结构的研究方法有多种,其中最常用的是哈佛商学院的迈克尔·波特教授提出的"五力模型",该模型能够系统地分析市场上的主要竞争压力,判断每一种竞争压力的强大程度。

"五力模型"将行业中的竞争力量划分为五种:①行业内现有竞争厂商之间的竞争;②潜在进入者的威胁;③来自替代品的竞争压力;④供应商的议价实力;⑤购买者的议价实力。这五种力量相互作用,共同决定了行业的竞争强度和获利能力。当一个行业中存在较高的进入壁垒时,新创企业想要进入该行业往往需要付出较大的代价。此外,如果该行业内存在少数主导企业，那么新创企业很可能将受到这些企业的打压，难以在该行业中生存下去。

总的来说，对于初创企业而言，显然最具吸引力的行业应当是处于生命周期早期的朝阳行业，是发展空间广阔、处于增长中的行业，是没有过多竞争对手但具有较高利润的行业。为了正确评价某一行业的总体吸引力，创业者一般需要对以下十个指标进行具体评价：①竞争者数量；②行业历史；③行业增长率；④行业内企业平均净收益；⑤行业集中化程度；⑥行业生命周期所处阶段；⑦本行业产品或服务对消费者的重要性；⑧经济与环境趋势对产业发展有利的程度；⑨行业内出现让消费者感兴趣的新产品/服务的数量；⑩行业的长期发展前景。

2. 目标市场分析

市场营销学家麦卡锡认为，应当把消费者看作一个特定的群体，这就是目标市场。在创业活动中，创业者应当在市场细分的基础上，认真评估各细分市场的特征和属性，然后根据自己的资源和目标，选择对本企业最有吸引力的一个或多个细分市场作为目标市场，有针对性地开展营销活动。对于新创企业而言，一开始就期望于服务整个大市场显然是不现实的，因此更加可行的方法是选择集中于一个较小的目标市场，有针对性地设计营销策略，提供专门的服务，避免与行业内已有企业直接竞争。

一般而言，一个好的目标市场应当具备以下三个条件。

（1）适当的市场规模和增长潜力。较小的市场不利于大企业充分发挥企业的生产能力；对于较大市场而言，小企业缺乏能力来满足市场的有效需求，也难以抵御较大市场上的激烈竞争。因此，市场规模和企业规模应当相适应。此外，一个好的目标市场应当具有发展和增长潜力，具有尚未满足的需要。

（2）有足够的市场吸引力。即使市场具有适当的规模和增长的潜力，但是从利润的角度来看也可能并不具有吸引力。新创企业需要对目标市场的吸引力进行具体评估，预测各细分市场的预期利润大小。

（3）符合企业的目标和资源。对于新创企业而言，除了上述两点外，还必须考虑拟进入市场是否符合企业的目标和资源。如果目标市场不符合企业的长远目标，就应当放弃该市场；如果企业不具备在该市场获胜所需的技术和资源，包括企业的人力、物力和财力等要素，那么也应当放弃。

为了正确地评价新创企业拟进入的目标市场，创业者需要选取一系列有效的评价指标进行评估。一些常用的评价指标包括：①目标市场内竞争者数量；②目标市场内企业增长率；③目标市场内企业平均净收益；④产业内企业的盈利方法；⑤构建进入壁垒从而阻止潜在进入者的能力；⑥消费者对当前目标市场提供产品的满意度；⑦利用低成本游击营销或口碑营销的潜能；⑧目标市场消费者对新产品（服务）的兴趣等。

思考案例 4-1

日本泡泡糖市场多年来一直被劳特公司垄断，其他企业要想打入泡泡糖市场似乎已毫无可能。而在1991年，小小的江崎糖业公司一下子就夺走了劳特公司三分之一的市场,成为日本该年经济生活中一条轰动性的新闻。江崎公司是怎样获得成功的呢?首先,公司组织人员专门研究劳特公司生产、销售的泡泡糖的优点与缺点。经过一段时间认真细致的调查分析,他们找出了劳特公司生产的泡泡糖有以下缺点:

① 口味单一。只有果味型,其实消费者需要的口味是多样的。

② 销售对象太单一。以儿童为主,对成年人重视不够,其实成年人喜欢泡泡糖的也不少,而且越来越多。

③ 价格为每块110日元。顾客购买时要找零钱,颇为不便。

④ 形状基本上都是单调的条状。其实消费者对形状的审美情趣也是多样的。

发现以上这些可钻的空子以后,江崎公司对症下药,迅速推出了一系列泡泡糖新产品:交际用的泡泡糖,可以清洁口腔,消除口臭;提神用的泡泡糖,可以增强体力;轻松用的泡泡糖可以改变抑郁情绪。在泡泡糖的形状上,发明了卡片形,圆球形,动物形等各种形状。为了方便使用,又采用一种一只手就可以打开的新包装。在价格上,为了避免找零钱的麻烦,一律定价为每块50日元和100日元两种。江崎公司通过这一系列措施,加上强大的广告宣传,1991年江崎糖业公司在泡泡糖市场上的占有率一下子就达到了25%,创造了销售额达150亿日元的高纪录。

(资料来源:差异化经营赢得市场[J].农村养殖技术,2008(3))

3. 市场机会分析

对于新创企业而言,评估推出产品(服务)的正确时机也是行业与目标市场可行性分析中不可缺少的一环。一个好的商业创意仅仅是创业开始的一小步,创业者想要实现成功创业,还必须判断和选择这一商业创意进入市场的正确时机。

对市场时机的评估应当主要从两个方面考量:一是评估新创企业拟推出的产品(服务)是否能够被市场所接纳;二是新创企业拟进入市场的经济状况是否适合。对于新创企业而言,一个好的市场进入时机往往是购买需求正要大幅成长的、处于成长期的繁荣市场。一些常用于明确新创企业市场时机的评估指标包括:①消费者的购买欲望;②市场冲力;③市场或地区对拟创建企业的需求;④经济与环境趋势对目标市场发展有利的程度;⑤大企业对该市场的关注程度等。

4.2.3 组织的可行性分析

可行性分析的第三个部分是组织可行性分析。组织可行性分析主要是用来评估新创企业的管理能力、组织能力和资源是否足以支持企业的创立。对于新创企业而言,组织的可行性分析应当从企业的管理能力与资源状况两个方面入手。

1. 管理能力分析

新创企业的组织可行性分析首先需要考虑其管理能力。管理能力对新创企业而言至关重要,无论是个人创业者,还是创业团队,都应当具备一定的组织管理能力,这是创业活动成败的关键要素之一。一个成功的创业者,首先需要从心理上做好准备,具有较强的责任感和自信心,对商业创意抱有强烈的激情,并且善于观察和忍耐。对于创业团队而言,需要激发创业团队的创业热情,实现团队成员之间的技术和能力互补,构建和谐互信的团队氛围。

一般而言,新创企业的管理者应当具备的管理能力主要包括六个方面:①沟通协调能力;②计划管理能力;③压力管理能力;④问题解决能力;⑤辨析识别能力;⑥领导能力。这些都是对创业者和创业团队而言十分重要的管理能力素养,是企业的核心竞争力所在。

此外,创业者和创业团队应当具备的管理能力还有很多,例如,创业者和创业团队对新创企业将要进入的市场的了解程度,对自身竞争实力的认知程度等,都是重要的管理能力要素。我们同样可以根据一系列的评价指标对创业者和创业团队的管理能力进行评估,一些主要的评估指标包括:①对商业创意的热情;②先前的创业经历;③相关行业的经验;④创业者的社会关系网络;⑤创业团队的受教育水平;⑥创业者和创业团队的创新能力;⑦创业者和创业团队的抗风险能力等。需要注意的是,通常情况下大多数的创业者和创业团队很难在创业之初就具备上述全部要素,因此对于创业者和创业团队而言,应当充分认识自身管理能力的不足,不能过分重视创业团队的力量。为了解决这一问题,许多新创企业会有意识地寻找行业资深人士或有创业经验者加入创业团队或顾问委员会。

2. 资源状况分析

新创企业组织可行性分析的第二部分是对资源状况的评估。所谓资源状况的评估,主要是确定新创企业是否具备,或是否能够获得充足资源来成功推进产品(服务)创意的开发。新创企业的资源状况直接关系到企业的发展空间,因此需要引起创业者足够的重视。值得注意的是,这里的资源主要是指企业的非财务性资源,因为财务可行性分析是单独进行的。

企业的非财务性资源涵盖面很广,例如,新创企业所需的办公场所、产品的生产车间、实验场地、企业运营所需的机器设备、关键管理人员与员工的储备、政府政策的支持、对企业关键技术或发明成果的知识产权保护、与其他企业或科研机构的合作关系、与供应商和消费者的关系、是否存在邻近同类企业、企业的集群程度等,均属于非财务性资源的范畴。

由于企业的非财务性资源数量较多,且重要程度不一,在实际的组织可行性分析中,往往不需要将所有的非财务性资源一一列出,而只需要辨识出 8~12 个最重要的、可能导致问题或风险的非财务性资源进行分析评估。

4.2.4 财务的可行性分析

财务可行性分析虽然是可行性分析的最后一个组成部分,但却是非常重要的一个部分。在这一部分中,一般不需要提供大量、详细的财务报表,而只需提供有关商业创意的初步财务分析,因为在随后的融资计划中会对企业的财务状况进行更加详细的分析。

在财务的可行性分析中,主要涉及新创企业的资本需求分析、财务业绩分析和财务总体吸引力分析三个方面。下面我们将分别进行介绍。

1. 资本需求分析

在新创企业的资本需求分析中,首先要回答企业创立需要多少启动资金的问题。资金在创业中的地位十分重要,它是企业进行生产经营活动最基本的条件。新创企业通常在很多方面都需要资金,包括雇用员工、办公场地、生产场地、设备、培训、研发、市场营销和产品展示等方面。对于创业者和创业团队而言,在创业之初就应当根据新创企业的性质、商业机会和未来发展计划对企业开张需要的所有运营费用和资本购买费用做出评估。在预算中,新创企业应视其自身情况确定投资水平,实力雄厚者可以从创业之初就投入大量资金,但更多的新创企业会选择从小做起,然后逐渐增长。如前所述,对新创企业的资本需求分析不需要非常细化,也不一定非常精确,只需要使创业者了解企业在建立之初所需的创建成本即可。但是一般而言,宁可高估启动资金,也不要低估,以免出现由于资金不足而无法启动的状况。新创企业资本需求评估表如表 4-2 所示。

表 4-2 新创企业资本需求评估表

资本投资	数 额
房地产	
家具和设施	
电脑设备	
其他设备	
交通工具	
法律、会计和职业服务	
广告与促销	
水、电、煤气和垃圾处理等费用	
执照与许可证	
预付保险费用	
租赁费用	
工资	
工资税	
差旅	
签约	
工具与物资	
初始库存	
现金	
其他费用 1	
其他费用 2	
总初创资本需求 =	

(资料来源:[美]布鲁斯 R. 巴林杰. 创业计划:从创意到执行方案[M]. 陈忠卫译. 北京:机械工业出版社,2009)

在估算出资本需求总数后,新创企业的资本需求分析还应该考虑资本的具体来源。一些常见的资本来源包括商业银行的贷款、政府的贷款、机构投资者和个人(如创业者自身或亲朋好友)等。创业者应当选择最适合自身企业发展的资本来源,并考虑如何与投资者接触、如何获得投资者的信任和资本注入等问题。在获得投资后,创业者应当对投资后的资本结构、风险分担方式、如何还款等问题进行评估。

2. 财务业绩分析

对新创企业可能获得的财务业绩分析主要通过分析和比较同行业企业的财务业绩来实现。获取这类信息最方便、快捷的方法是利用互联网搜索同行业企业公开披露的财务数据。但是需要注意的是,一般会在网络上公开财务数据的公司往往是较大规模的企业,因此可能与新创企业并不具可比性。

此外,财务可行性分析的第二个方面是通过比较已立足的同类企业,估算新创企业的可能财务业绩。当然,估算出的只能是大致数目。搜集、获取这方面数据有几种方式。

网络上有大量企业的详细财务报表。通过 Hoovers 和类似网站最容易得到此类数据。但这些企业一般都比较大,与创业者拟创建的企业几乎没有可比性。

因此,如果想要获得中小企业的财务业绩数据,就需要采取其他一些方法,例如,搜寻一些行业联盟公布的本行业企业销售和盈利数据,或是进行小范围的市场调查,甚至是直接到实地进行观察来获取类似企业的销售数据(如平均每天有多少顾客光顾、平均每位顾客的购买数量等)。在获得所需数据后,创业者可以通过比较新创企业与同行业企业第一年和第二年的年销售额与利润率来评估新创企业的财务业绩。应当注意到的是,此种方法获得的数据只是一种估计数据,因此只能为创业者提供参考。

3. 财务总体吸引力分析

财务可行性分析的最后一个部分是对新创企业的财务总体吸引力进行分析。可以用来分析新创企业财务总体吸引力的指标有很多种,主要包括:①企业前几年的预期销售增长额度;②顾客的预期重复购买率;③企业前几年的自负盈亏能力;④新创企业精准预测收支的能力;⑤投资者的退出机会等。

4.2.5 综合可行性分析

总的来说,一份完整、全面的新创企业可行性分析应当涵盖新创企业的大多数要素,通过对这些要素的可行性做出分析,创业者和投资者能够更好地确定拟投入产品(服务)的商业创意可行性,更加明确新创企业的企业类型和属性,同时也有助于对商业创意进行改进和塑造。

一般而言,新创企业的综合可行性分析包括简介、产品(服务)可行性分析、行业与目标市场可行性分析、组织可行性分析、财务可行性分析以及小结与结论六个部分。表 4-3 给出了综合可行性分析的常用模板。

表 4-3　综合可行性分析模板

简介			
1. 新创企业的名称和概况			
2. 创业者姓名			
3. 行业概况			
第一部分：产品（服务）可行性分析			
1. 产品（服务）的合理性			
2. 产品（服务）的需求程度			
第二部分：行业与目标市场可行性分析			
1. 行业分析			
2. 目标市场分析			
3. 市场时机			
第三部分：组织可行性分析			
1. 管理能力分析			
2. 资源状况分析			
第四部分：财务可行性分析			
1. 资本需求分析			
2. 财务业绩分析			
3. 财务总体吸引力分析			
小结与结论			
1. 产品（服务）可行性	不可行	不确定	可行
2. 行业与目标市场可行性	不可行	不确定	可行
3. 组织可行性	不可行	不确定	可行
4. 财务可行性	不可行	不确定	可行
5. 总体评价	不可行	不确定	可行
6. 改进建议			

综合可行性分析是创业活动先期工作中最关键的步骤之一，是创业计划必不可少的组成部分，需要花费大量的时间和人力。创业者应当对其给予足够的重视，采用多方位的调查方法搜集数据，并在调查和分析过程中调整、改进创意。常用的可行性分析调查方法包括原始调查和间接调查两种。原始调查是指由分析者亲自搜集第一手数据的调查方法，一般包括访谈同行专家、预期消费者问卷调查等方式；间接调查是指通过调查各种文献档案中已搜集的数据间接进行调查的方法，一般包括产业调研报告、人口普查局数据、公司报表以及其他通过图书馆和网络获取的相关数据。

本章小结

在本章中，我们分别讨论了新创企业在创业过程中可能遇到的创业风险和创业可行性分析的内涵。

创业风险是指创业活动有可能出现偏离预期目标的不确定性。创业风险主要来自于创业过程中存在的融资缺口、研究缺口、资源缺口、管理缺口以及信息和信任缺口。具体而言,我们可以将创业风险划分为财产风险、市场风险、财务风险、人力资源风险、技术风险、外部环境风险和管理风险七大类型。创业风险是新创企业在创业过程中不可避免的重要问题,作为一名成功的创业者,必须具备正确的风险意识,能够有效地识别和处理风险。

可行性分析是指确定商业创意是否切实可行的过程。一个完整的可行性分析报告包括简介、产品(服务)的可行性分析、行业与目标市场的可行性分析、组织的可行性分析、财务的可行性分析以及小结和结论六个部分。简介部分一般包括对新创企业、创业者以及拟进入行业的简单描述;产品(服务)可行性分析部分是对拟生产产品(服务)的总体吸引力的评估,包括产品合理性与产品需求程度两个方面;行业与目标市场可行性分析的目的是对整个行业与拟生产产品(服务)目标市场的吸引力进行评估,组织可行性分析评估的是新创企业的管理能力、组织能力和资源充裕程度的分析。

复 习 题

一、思考题

1. 许多人认为风险是企业发展过程中的"敌人",你如何认为?你认为应对风险的原则是什么?
2. 什么是系统风险?简述系统风险的主要类型。
3. 什么是非系统风险?简述非系统风险的主要类型。
4. 如何进行风险收益的测算?
5. 什么是可行性分析?综合可行性分析的六个组成部分是什么?
6. 产品(服务)可行性分析的目的是什么?简述其分析方法。
7. 行业与目标市场可行性分析的目的是什么?简述其三个组成部分。
8. 组织可行性分析的目的是什么?简述其分析方法。
9. 财务可行性分析的目的是什么?简述财务可行性分析的注意事项。

二、应用题

1. 王先生的企业投入大量的研发资金,耗时两年,最终研制出了号称当代最先进的车载式停车计费器,但是该企业却因为没有订单而长期亏损,最终倒闭。请说说王先生的企业面临哪些风险?该企业的创业失败原因是什么?
2. 李先生研发出了某种使用方便、价格便宜的小家电产品,但是李先生缺乏市场营销方面的经营和资金,对消费者的需求变化漠不关心,结果始终无法打开市场,在两年后不得不宣布倒闭。请分析李先生所面临的创业风险,并提出有效的规避办法。
3. 某创业团队研发出了一种环保型节能装置,但该团队不确定是否应该立刻投产该产品,请思考该团队在做决策时需考虑哪些因素?
4. 试针对某一产品或服务进行综合可行性分析。

第 5 章

创业计划

武汉科技大学城市 KIWI 创业团队"科技功能鞋"项目创业计划书"执行摘要"部分

1. 项目背景

随着中国消费市场的发展和完善,鞋业市场容量不断增大,鞋类款式层出不穷、种类不断增多,鞋类消费趋势日益精品化、个性化。消费者需求也发生了很大的变化,开始寻求新样式、多功能、高科技的创意鞋品。为了填补这一市场空白,我们研发并推出了"电子科技空调鞋",倡导"健康生活,走出来"的新型生活理念,开创了国内"电子科技鞋业"的先河。因此"电子科技空调鞋"具有极大的市场开发潜力和竞争优势。

2. 产品构成及原理

KIWI 团队研发的空调鞋的主要特点是将装有风扇和新型聚合物电池的"核心舱"植入了鞋子的根部,并通过科学设计出符合人体脚步曲线的通风管道和导热隔层,来实现通电状态下的鞋子制热与通风的工作状态。除了一般的普通版空调鞋外,团队同学还研发了可以红外线遥控、蓝牙遥控的空调鞋,这主要是为了方便使用者对鞋实行开关及温度设定等功能的智能遥控。目前该项目申请了 3 项技术专利。

(1) 专利名称:空调鞋,专利号:20110098255.8;

(2) 专利名称:蓝牙控制空调鞋,专利号:201220155208.7;

(3) 专利名称:红外遥控空调鞋,专利号:201220155253.2。

蓝牙控制与红外遥控实现了对本产品的无线控制。不仅实现了 10 米内的无线遥控,同时避免了因开关设在鞋跟处需弯腰控制带来的不便。"燃气式发热鞋"作为产品的后续研发专利,为我创业团队的二期核心项目,该产品可解决极寒条件下,如南北极科考人员、高原极限运动者的脚部保暖问题。KIWI 团队研发的空调鞋的工作情况演示如图 5-1 所示。

3. 市场策略

我们主要采用媒体推广、平面广告、网上宣传及实体店宣传销售四种宣传策略,以公共关系辅助。根据调研结果中关于消费者对于产品购买渠道的倾向,销售前期我们采取网络直销和线下直销的方式,以网络销售为主,线下直销为辅。中期开始将产品大批量外包加工,进而转为分销为主、直销为辅的销售模式。希望通过 10 年的

图 5-1 KIWI 团队研发的空调鞋的工作情况演示

努力,我们可以将本产品打造成为中国保健用品的知名品牌。

4. 投资与财务

(1) 融资及股份

公司现已成立,注册资本为 10 万元人民币。公司第一年的资金整体需求量为 300 万元,希望通过追加投资,调增注册资本为 200 万元。届时公司资本结构调整为:负债 100 万元,所有者权益 200 万元。其中,专业技术入股 20%,团队自筹 10%,风险投资 70%。预计投资方可在第四年考虑退出事宜。公司股份比例如表 5-1 所示。

表 5-1 公司股份比例表

股本规模	股本来源	武汉吉维鸟科贸有限公司		风险投资
		技术入股	团队自筹资金入股	
金额/万元		40	20	140
比例/%		20	10	70

(2) 盈利能力

在参考市场调研结果以及联系本公司前五年预计销售情况后,分析得出前 1~5 年的资产负债表和利润表(详见第 7 章)。估算本项目的净资产报酬率(股东收益率)在 30% 左右,随着项目后期越来越成熟,公司盈利会进入一个高成长期。

(3) 发展前景

根据调研结果分析显示,新产品投放市场初期消费者对其接受程度较低,故在 1~3 年投放中低档产品较能为消费者所接受,我们将以中低档产品打开市场。第 4 年起开始投放高端产品,在建立消费群体、稳定销售额的基础上提高产品档次,增加产品种类扩大市场份额。后期随着人们对健康的重视程度越来越高,本产品的市场需求会越来越大。

5. 团队组成及管理

(1) 团队组成及分工

公司定义为股份有限公司。内部设立董事会、监事会、财务部、技术部、销售部、人力资源部和市场部。公司核心成员分管各部门,他们相互独立、相互协调,依照公司相关制度行使各自职权,保证公司各项活动正常运行。

创业团队职能分配：首席执行官(CEO)，首席营运官(COO)，首席财务官(CFO)，首席技术官(CTO)，首席市场官(CMO)，首席品牌官(CBO)，首席销售官(CSO)，人事总监(CHO)。

(2) 公司员工管理

公司重视员工培训与激励机制。员工培训是对员工的投资增值最大的一部分。员工上岗前对员工和岗位进行分析，合理匹配，确保人适其岗。在员工工作表现的基础上体现工资差异，建立高激励机制。根据员工的表现提供不同补助金、住房、公司股票等福利。充分尊重员工并确保员工与领导的良好沟通。

思考题：

(1) 创业计划的执行摘要作用是什么？
(2) 创业团队的结构对于创业计划书有什么影响？
(3) 创业计划中对于公司未来治理结构的设想要注意哪些因素？

5.1 创业计划

机会总是垂青有准备的人、不打无准备之仗……这些话都说明了计划的重要性。而创业计划对于创业者而言同样具有非凡的意义。创业计划是创业者计划创立业务的书面摘要。它描述拟创办企业相关的内外部环境条件和要素，为业务的发展提供指示图和衡量业务进展情况的标准。

从对创业的作用角度看，创业计划是创业的行动导向和路线图，既为创业者行动提供指导和规划，也为创业者与外界沟通提供基本依据。一方面，创业计划需要阐明新企业在未来要达成的目标，以及如何达成这些目标；另一方面，创业计划要随着执行的情况而进行调整。

从创业的内容角度来看，通常创业计划是市场营销、财务、生产、人力资源等职能计划的综合。

从创业计划的基本组成结构来看，一份优秀的创业计划要思考并回答以下问题：①关注产品；②核心竞争；③了解市场；④表明行动的方针；⑤展示你的管理队伍；⑥勾画出清晰的商业模式；⑦出色的计划摘要。

5.1.1 创业计划的作用

为何要拟订创业计划？因为，创业计划是创业的行动导向和路线图，既为创业者行动提供指导和规划，也为创业者与外界沟通提供基本依据。所以，创业计划是创业者叩响投资者大门的"敲门砖"，一份优秀的创业计划书往往会使创业者达到事半功倍的效果。创业计划的作用可以体现在以下几个方面。

1. 帮助创业者理清创业思路

有些创意可能听起来很棒，但是当把所有的细节和数据都写下来，认真分析的时候就会发现这一项目必定失败。因为写作创业计划书的过程，就是创业者对创业项目进行深刻剖析的过程。

撰写创业计划将促使企业创建者系统地思考新创企业的每一个方面。这通常至少需要花费几天或几周的时间才能完成一份像样的创业计划。在此期间,创业团队经常要集合在一起来共同完成创业计划。

2. 将企业的发展前景推销给投资者

创业计划书是一份全方位的商业计划,其主要用途是递交给投资商,以便于他们能对企业或项目做出评判,从而使企业获得融资。创业计划书应该包括和反映几乎所有投资商感兴趣的内容。

(1) 创业计划书的好坏,往往决定了投资交易的成败。对初创的风险企业来说,创业计划书的作用尤为重要。当你选定了创业目标与确定创业的动机后,在资金、人脉、市场等各方面的条件都已准备妥当或已经累积了相当实力,这时候,就必须提供一份完整的创业计划书,创业计划书是整个创业过程的灵魂。

(2) 从企业成长经历、产品服务、市场、营销、管理团队、股权结构、组织人事、财务、运营到融资方案。只有内容翔实、数据丰富、体系完整、装订精致的商业计划书才能吸引投资商,让他们看懂项目商业运作计划,才能使融资需求成为现实,商业计划书的质量对创业者的项目融资至关重要。

(3) 融资项目要获得投资商的青睐,良好的融资策划和财务包装,是融资过程中必不可少的环节,其中最重要的是应做好符合国际惯例的高质量的商业计划书。目前中国企业在国际上融资成功率不高,不是项目本身不好,也不是项目投资回报不高,而是项目方创业计划书编写的草率与策划能力让投资商感到失望。

3. 降低犯错误的成本

实际上,创业计划是一件至关重要的工作。美国每年有300多万家新企业出现,但是这些新的冒险事业的失败率高得惊人,有30%的独立小公司在经营的头两年倒闭。而导致如此高的失败率的一个重要原因就是"未能做好计划",很多创业者实际上并没有做好充分的准备工作就仓促开始一项新的冒险事业了。他们没有分析自己的实力和弱点。没能回答"我是谁"、"我想要什么"、"我的目标是什么"等一系列问题。

总之,创业计划书的起草与创业本身一样是一个复杂的系统工程,不但要对行业、市场进行充分的研究,而且还要有很好的文字功底。对于一个发展中的企业,专业的创业计划书既是寻找投资的必备材料,也是企业对自身的现状及未来发展战略全面思索和重新定位的过程。

5.1.2 创业计划的内容

创业计划包括产品(服务)创意、创意价值合理性、顾客与市场、创意开发方案、竞争者分析、资金和资源需求、融资方式和规划,以及如何收获回报等内容。

1. 产品(服务)创意

产品或服务创意,是指企业从自己角度考虑能够向市场提供的可能产品或服务的构想。这种构想的可能产品或服务既迎合了市场本身的需求,也体现了企业或研发者自身的创造研发能力。一个好的产品或服务创意是创业计划的灵魂,因此一项好的创业计划首先就应该仔细说明该项目的产品或服务创意是什么。

思考案例 5-1

台湾商神"塑胶大王"王永庆产品创意发家史

王永庆出身贫寒,起家于米铺。当时嘉义米铺经营市道艰难,王永庆200台币起家的米铺,不仅开得晚,无名无声,规模也是全嘉义最小的。因为资金困难,店面不得不选择在一个偏僻的深巷子里。然而他的米铺生意却越来越红火。

王永庆(1917年1月18日至2008年10月15日),中国台湾地区台北人,祖籍福建安溪。生于台北县新店市,逝世于美国新泽西州。为台湾著名的企业家、台塑集团创办人,被誉为台湾的"经营之神"。

图 5-2 王永庆

卖米看似平常无他,然而初当掌柜的王永庆却有其独特的卖法。当时市面米质差,王永庆便雇人把夹杂在米中的糠砂统统挑拣干净,同样的价格,王永庆卖的米的质量先是高人一等。为了扩大米铺的客户覆盖范围,王永庆率先推出送米上门服务,他帮助买家把米倒入米缸中,同时记下米缸的容量,在问清楚买家的日消耗量后,便可以在买家快用完时自动送货上门。每次送米,王永庆还要帮助买家先淘出旧米,清洗米缸后,把新米放在下层,旧米放在上层。仅是送米,王永庆就玩出不同新花样。

如何收取米款?王永庆也与人不同,碰到顾客手头紧时,王永庆并不马上收钱,以免尴尬。而是记着顾客的发薪日,在那一日向顾客收米款。王永庆每发展一个顾客,便成为他永远的客户。与其他米铺不一样的质量,不一样的服务,不一样的信用,一传十,十传百,王永庆的米铺生意自然越来越旺。

同样是卖米,每一个平常普通的环节,聪明的王永庆都赋予它不同的内容、新的内涵。一方面他不断地满足客户需求,推出优质的产品和周到的服务;另一方面他还能深化需求,推出让顾客感受到他体贴入微的创意服务。创新服务奠定了王永庆生存的基础,创意服务提升了米铺的生命力。

2. 创意价值合理性

许多企业创业失败并不是因为创业者没有努力,而是为没有真正的机会去开始。因此,在因商业创意而激动兴奋之前,创业者必须了解该创意是否能够填补市场的某种需要,以及是否满足了机会的标准。对于创业者来说,理解机会和创意之间的区别非常重要。

机会(opportunity)是营造出对新产品、新服务或新业务需求的一组有利环境。它有四个本质特征:有吸引力、持久性、及时性,并依附于为买者或终端用户创造或增加价值的产品、服务或业务。

本质上,成功创业者就是识别机会,并将其转化为成功企业的人。机会识别一半是艺术,一半是科学。创业者必须依靠直觉,使之成为一门艺术;也必须依靠有目的的行动和分析技能,使之成为一门科学。

当创业者利用机会时,"机会窗口"必须是敞开的。"机会窗口"是一种隐喻,以描述企业实际进入新市场的时间期限。一旦新产品市场建立起来,机会窗口就打开了。随着市场成长,企业进入市场并设法建立有利可图的定位;在某个时点,市场成熟,机会窗口就被关闭。

我们来看互联网搜索引擎市场的现实情况。第1个搜索引擎雅虎在1995年进入市场。然后,市场迅速增长,雷克斯网站Lycos、Excite、奥塔维AltaVista及其他搜索引擎加入进来。Google在1998年利用公平的高级搜索技术进入这个市场。此后,搜索引擎市场已经成熟,机会窗口实质上已关闭了。现在,新创建的搜索引擎企业获得成功非常困难,除非它有异常丰富的资本支持,并能提供超越已有竞争对手的明显优势。

3. 顾客与市场

顾客是指使用进入消费领域的最终产品或劳务的消费者和生产者,也是企业营销活动的最终目标市场。顾客对企业营销的影响程度远远超过一般的环境因素。创业计划中顾客分析的必要性在于:顾客是市场的主体,任何企业的产品和服务,只有得到了顾客的认可,才能赢得这个市场,现代营销强调把满足顾客需要作为企业营销管理的核心。

创业计划中顾客分析的市场类型如下。

(1)消费者市场。指为满足个人或家庭消费需求购买产品或服务的个人和家庭。

例如,抓住了战后日本市场对交通工具的巨大需要的本田宗一郎。

1946年10月,宗一郎在滨松设立了"本田技术研究所",主要生产纺织机械,这是他人生旅途中的一个重大转折点。当时,战争刚刚结束,各种物品十分匮乏,城镇居民只能依靠明显不够的定量粮食生活,许多家庭不得不到黑市甚至农村支购高价粮食。由于交通不够发达,频繁流动的人口使汽车、火车等各种交通工具均超员运行,而日本崎岖不平的山路又使骑自行车收粮十分费力。

本田宗一郎看到这一点后,马上想到了陆军在战争期间留下的许多无线电通信机,它们不正是可以安装到自行车上去的动力机吗?于是,他以低价购到一批通信机,拆下其上的小汽油机,并用水壶作油箱,改制成一架小汽油机后安装到自行车上,做成一种新型的"机器脚踏车"。由于产品适销对路,马上成为抢手货。1947年,当旧通信机用尽以后,本田宗一郎又亲自动手研制了50毫升双缸"A型自行车马达",这就是最早的"本田摩托发动机",也是本田A型摩托批量生产的开始。他的成功引起了人们的注意,许多人都在仿制本田式的"机器脚踏车"。为在摩托车领域站稳脚跟,本田宗一郎于1948年9月,他正式组建了"本田技术研究工业总公司"并自任社长,从此揭开了本田大发展的序幕。

(2)生产者市场。指为生产其他产品或服务,以赚取利润而购买产品或服务的组织。

(3)中间商市场。指购买产品或服务以转售,从中营利的组织。

(4)政府市场。指购买产品或服务,以提供公共服务或把这些产品及服务转让给其他需要的人的政府机构。

(5) 国际市场。指国外购买产品或服务的个人及组织,包括外国消费者、生产商、中间商及政府。

我们仍然以本田公司的发展为例。为了打开欧美市场,本田宗一郎充分利用有效机会宣传企业和产品,积极参加各种类型的车辆竞赛活动。HONDA 向赛车运动展开挑战的历史是从宣布参加 1954 年英国马恩岛 TT 车赛时开始的。诞生仅 6 年的小小的摩托车厂家决定向世界挑战,这在当时是超乎寻常的。自从参加 TT 车赛以来,HONDA 相继参加了 F2、F1 等世界最高水平的汽车大赛。1961 年,他凭在英国举行的比赛中击败长期居于垄断地位的英国摩托以及在以后的比赛中经常获胜而确定了在国际摩托车市场的地位。后来,他又通过在标志着世界汽车最高水平的一级方程式汽车大赛中获胜的方式,奠定了自己在这一领域的地位。作为时刻保持挑战精神的制造厂家,HONDA 在极限状况下不断磨炼自己的技术,精益求精。

4. 创意开发方案

人类的创意是最根本的经济资源。工业社会之后,创意经济时代的到来正在改变整个世界的社会和文化价值观。但是,再好的创意都必须具有可行性,创业者应该在创业计划中详细地向外界说明其创业的开发与实施方案。

例如,Wolff Olins 公司 CEO 卡尔-海塞尔曼(Karl Heiselman)做出了一个有意思的阐述:"我们的客户很愿意看到我们的设计蓝图。我们会通过沟通来描绘出我们未来的设计蓝图。"他说,"没有设计蓝图,你就无法建造高楼大厦。同样的,没有设计蓝图,你就无法仅利用 PowerPoint 软件打造公司的发展战略。"

Wolff Olins 公司在全公司上下推行这种设计蓝图。为了更有效地推广,该公司不是通过一个部门,而是通过多个部门的团队来共同推广。正是通过这种设计蓝图,该公司描述了自己的发展前景,回答了像"三五年后我们将会发展到哪个地步"这样的问题。通过设计蓝图,客户们也能够描述他们希望成为的样子。

5. 竞争者分析

在波特的"五力模型"中,企业最主要、最激烈的竞争来自于企业的同行。他们与企业提供相同或相似的产品或服务,在同一个市场中争夺顾客,在技术开发和应用上进行最直接的竞争,企业与竞争对手的相对实力,决定了企业的盈利水平与发展空间。因此,外部环境分析的一项重要任务是,在充分收集信息和竞争情报的基础上,重点界定、跟踪、监视竞争对手的动态,对其进行全面且有针对性的评估,有的放矢地制定企业自身的竞争策略。

从所处竞争地位的角度看,竞争者可分为以下四类。

(1) 引领者(leader)。引领者指在某一行业的产品或服务市场上占有最大市场份额的某一家和为数不多的前几家(通常前五位)企业。这些企业在标准制定、产品开发、价格设定、营销渠道、供应链整合、品牌号召力等方面处于主导甚至主宰地位。

如花旗银行、汇丰银行、JP 摩根大通、苏格兰皇家银行、法国巴黎银行是全世界银行业的引领者,它们处于该行业第一集团的第一方阵;同样,埃克森美孚、皇家荷兰壳牌集团、英国石油是石油和天然气产业的引领者;沃尔玛是零售业的引领者;丰田、大众、戴姆勒是汽车市场的引领者；宝洁是家用及个人护理产品市场的引领者；辉瑞、强生、诺华是医药和生物技术领域的领导者；雀巢、联合利华是食品、酒类及烟草业的引领者；微软、IBM是软件与信息服务业的领导者；三星电子、英特尔是半导体市场的领导者；惠普、诺基亚、思科是技术硬件与设备领域的引领者；时代华纳是媒体业的引领者；巴斯夫是化工领域的引领者；波音是航空领域的引领者，如此等等。

（2）挑战者(challenger)。挑战者指在行业中处于次要地位（仅次于行业引领者）的若干企业。如空客是航空业的挑战者；谷歌(google)是软件与信息服务业市场的挑战者；家乐福是零售市场的挑战者；华为是通信设备领域的挑战者等。作为挑战者，通用为了在外接充电式混合动力汽车领域战胜老对手丰田，在新型锂离子电池的开发上可谓倾其全力；同样，百事可乐勇于挑战，永不言败，向市场领导者可口可乐，这个早在1939年就已独霸整个软性饮料市场的霸主，发起攻击以力争夺取更多的市场份额。一般的，市场挑战者往往试图采用颠覆性的新技术，或创造新的商业范式和盈利模式，或通过并购、战略联盟等手段，或仅仅通过市场渗透等方式，不断蚕食引领者的市场份额，甚或创造全新的市场需求，由此脱颖而出，取而代之，成为新的引领者。

（3）追随者(follower)。追随者指在行业中居于并安于中间地位，在战略上采用追随策略的那些企业。这类企业数量众多，它们的自身定位很明确：不去做风光无限、实大声宏的引领者，也不去做耻为人后、舍我其谁的挑战者，也不愿做开拓者或冒险者，担心勇士不成反成烈士，而是甘于做追随者、跟进者；他们不会为争取超额利润而拼搏，而是致力于获取行业的平均利润。在技术方面，它们不会在投入高、风险大、周期长的原创性技术上花工夫，也不会将新产品率先推向市场；在营销方面，它们不会充当铺路石去做早期的市场培育和布道工作，而是从众、搭便车。追随者通过观察、模仿、学习、借鉴和改进，一方面追随市场和行业的节拍和律动，避免落伍、掉队；另一方面在学习和借鉴中提升，使自身的实力不断发展壮大。

（4）补缺者(nicher)。补缺者多是行业中相对较弱小的一些中、小企业，他们专注于市场上被大企业忽略的某些细分市场，成为拾遗补缺者，在大企业的夹缝中求生存和发展。细分市场又称利基市场(nichemarket)，利基 Niche 一词源自法语，因法国人信奉天主教，在建造房屋时，常常在外墙上凿出一个不大的神龛，以供放圣母玛丽亚。神龛很小，但边界清晰，洞满乾坤，因而后来被引来形容大市场中的微小市场并旨在传递这样的意味：市场虽小，几成缝隙，但同样可以淘金，值得深耕细作。实际上，在这些微小的市场上，补缺者通过生产和提供某种具有特色的产品和服务，通过聚焦战略和专业化经营来获取最大限度的收益，以此赢得利润空间和发展空间。

6. 资金和资源需求

在创业计划中，对于资金和资源的需求的体现是必备的环节。比如对于资金的需求，在创业启动之前，你需要对你的创业资金进行一次准确的预测，这样才能对你以后的发展提供坚实的基础。无论你的启动费用为5000美元或是50万美元，你都需要一个确切的数字。

下面以武汉科技大学城市学院 KIWI 团队的"科技功能鞋"为例，说明创业计划中创新企业对于资金的需求情况。

思考案例 5-2

KIWI团队"科技功能鞋"项目计划的资金预算①

公司日常经营活动和日常维护活动会发生销售费用、管理费用、财务费用,也包括广告费、差旅费、业务宣传费、技术开发费、贷款利息、折旧等。简便起见,该企业除所得税以外的经营税金也估算在这部分费用中。因此,这部分的经营成本将会与公司的销售收入呈一定的比例关系,并且在进入市场初期宣传费用占到经营费用的70%。公司厂房采用经营租赁的模式,公司现已在浙江温州找到合适的厂址,每年租金25万元。此外,结合本项目的特点,将人工成本和设备折旧考虑在内。

公司设有财务部、技术部、销售部、人力资源部、生产部和市场部。生产工人预计第一年30人,第二年40人,第三年45人,第四年65人,第五年80人,其他各部门总人数控制在20人左右。人力资本预算情况如表5-2所示。

表5-2 人力资本预算情况表　　　　　　　　　　　单位:万元

项目	第一年	第二年	第三年	第四年	第五年
员工人数	50	60	70	80	100
年薪总额	150	180	245	320	500

预计第一年要投入50万购置固定资产,用于生产线购置、实验室建设和办公设施,固定资产采用直线折旧,净残值率5%,使用年限10年。其中生产线购置第一年30万元(二手生产线半条),日产量500双,年产量15万双,实验室建设10万元,办公设施以及其他10万元。第二~三年保持每年10万元用于固定资产购买和设备改良支出。第四年扩大生产增加半条生产线,投入30万元,第五年保持10万元的支出。固定资产预算情况如表5-3所示。

表5-3 固定资产预算情况表　　　　　　　　　　　单位:万元

项目	第一年	第二年	第三年	第四年	第五年
固定资产合计	50	60	70	100	110
当年计提折旧	4.8	5.7	6.7	9.5	10.5

结合上表结果,汇总企业的经营成本如表5-4所示。

表5-4 经营成本预算表　　　　　　　　　　　　　单位:万元

项目	第一年	第二年	第三年	第四年	第五年
生产成本	1312.5	1575.0	1890.0	3288.6	3946.3
人工成本	150	180	245	320	500
折旧	4.8	5.7	6.7	9.5	10.5
经营费用	1396.8	1707.2	2017.6	3454.4	5080.0
合计	2864.1	3467.9	4159.3	7072.5	9536.8

---

① 根据本书编写版式要求,对内容作了一定的修改。

经测算，第一年仅靠自身经营会有约 300 万元的现金缺口，而以后年份都有正的现金净流量，故以后几年没有额外的融资需求，且可以逐步偿还银行借款。我们认为，如果股东在公司成立之初投入 200 万元，而再利用现有的政策对大学生创业的倾斜——政府能提供无偿贷款担保、部分税费减免以及低息贷款，企业因此可以较容易从银行等金融机构中贷款 100 万元，这样既可减轻股东投入负担，又可适当利用财务杠杆，保证公司运作初期的现金需求。具体现金预算如表 5-5 所示。

表 5-5 现金预算表　　　　　　　　　　　　　　　　单位：万元

项目	第一年	第二年	第三年	第四年	第五年
销售现金收入	3259.20	4725.84	5671.01	10390.46	13364.87
生产成本	1312.50	1575.00	1890.00	3288.60	3946.32
人工成本	150.00	180.00	245.00	320.00	500.00
设备购置	50.0	10.0	10.0	30.0	10.0
经营费用	1396.8	1707.2	2017.6	3454.4	5080.0
税费支出	157.0	200.0	221.2	390.9	790.8
现金结余	−272.7	440.6	505.0	433.7	1560.1
资金筹集方案					
对外借款	100.00	−50.00	−50.00	—	—
股东投入	200.00	—	—	—	—
期末现金余额	27.3	417.9	872.9	1306.6	2866.7

7. 融资方式和规划

融资是指企业根据自己的财务状况、经营状况，以及未来发展目标的需要，向投资者或者债权人募集资金，以保证公司正常生产需要，经营管理活动需要的行为与过程。在我国市场经济条件下，创业企业的融资方式按照融资来源可分为内源融资和外源融资。其中外源融资又可分为直接融资和间接融资。

（1）内源融资

内源融资是指企业将折旧和余存盈利转化为投资的过程。融资来源可以是企业税后利润（积累资金）或者处于生产过程之外的闲置资金（沉淀资金）。由于处于初创期的企业经营时间较短，积累资金相对缺乏，因此，大多数初创业的企业选择沉淀资金作为其内源融资的来源。内源融资由于其资本来源具有原始性、自主性、低成本性和抗风险性等特点。

最适合大学生创业融资的方式莫过于亲情融资，这是典型的内源融资方式。成本最低的创业贷款创业初期最需要的是低成本资金支持，如果比较亲近的亲朋好友在银行存有定期存款或国债，这时，你可以和他们协商借款，按照存款利率支付利息，并可以适当上浮，让你非常方便快捷地筹集到创业资金。亲朋好友也可以得到比银行略高的利息，可以说两全其美。不过，这需要借款人有良好的信誉，必要时可以找担保人或用房产证、股票、金银饰品等做抵押，以解除亲朋好友的后顾之忧。

再者就是合伙创业。合伙创业不但可以有效筹集到资金,还可以充分发挥人才的作用,并且有利于对各种资源的利用与整合。合伙投资要特别注意以下问题:一是要明晰投资份额,个人在确定投资合伙经营时应确定好每个人的投资份额,也并不一定平分股权就好,平分投资份额往往为以后的矛盾埋下祸根。因为没有合适的股份额度,将导致权利和义务的相等,结果使所有的事情大家都有同样多的权利,都有同样多的义务,经营意图难以实现。二是要加强信息沟通。很多人合作总是因为感情好,你办事我放心,所以就相互信任。长此以往,容易产生误解和分歧,不利于合伙基础的稳定。三是要事先确立章程。合伙企业不能因为大家感情好,或者有血缘关系,就没有企业的章程,没有章程是合作的大忌。

(2) 外源融资

外源融资是指企业募集其他经济个体的资金,使之转化为自己的生产经营投资的过程。外源融资又可分为直接融资和间接融资。

① 直接融资。直接融资是指资金供需双方直接磋商确立信贷关系或由供给方直接购入需求方发行的股票或债券。从资金来源划分,直接融资可分为股权融资和企业债券融资。股权融资是股份公司发行股票实现的。这些特点决定其适合发展潜力较大,具有较大升值空间的创业企业。债券融资是企业为了筹集资金,作为债务人向债权人承诺在未来一定时期返还本息而发行有价证券的融资方式。企业发行债券需要各级主管部门配额审核和资格审核两个环节。债券评级是指根据发债企业的获利能力、经营状况、信用状况,按照一定的标准,对债券信用等级做出的评定。由于创业企业的经营状况和信用状况尚未充分形成,加之债券融资在审批程序上的耗时性,债券融资一般不适合作为创业企业的融资方式。

② 间接融资。间接融资是指资金供需双方通过金融媒介确立债权债务关系的融资方式。这些金融媒介通过出售间接证券(如银行存款单、人寿保险单等)筹得资金,以放款和投资的形式购入资金需求者发行的股票或债券。间接融资的主要优点是风险由金融结构的多样化资产和负债承担,这也有利于向社会各界广泛筹集资金。其中银行在企业间接融资中主要充当信用媒介的作用。由于国家对金融机构的管理,间接融资的信誉程度要高于直接融资。这同时有利于银行从社会各界广泛筹集资金。

8. 如何收获回报

创业计划还应该具体地向创业团队及外界(主要是投资者)说明该项创业计划的预计投资回报过程。

下面以武汉科技大学城市学院 KIWI 团队的"科技功能鞋"为例,说明创业计划中创新企业对于预计投资回报情况的演示。

思考案例 5-3

KIWI 团队"科技功能鞋"项目计划的投资回报计划

预测企业连续五年的利润如表 5-6 所示。

表 5-6　预计资产负债简表　　　　　　　　　　　　　　　　　　　单位：万元

项目	第一年	第二年	第三年	第四年	第五年
货币资金	27.3	417.9	872.9	1306.6	2866.7
应收账款	698.4	853.6	1008.8	1727.2	2540.0
固定资产	50.0	60.0	70.0	100.0	110.0
累计折旧	4.8	10.5	17.1	26.6	37.1
固定资产净值	45.3	49.6	52.9	73.4	73.0
资产合计	771.0	1321.0	1934.6	3107.2	5479.6
短期借款	100.0	50.0			
实收资本	200.0	200.0	200.0	200.0	200.0
留存收益	471.0	1071.0	1734.6	2907.2	5279.6
负债与权益合计	771.0	1321.0	1934.6	3107.2	5479.6

需要说明的是，应收账款是按表5-5中每年赊销收入来确认的。整个发展初期公司除第一年对银行借款，项目产生现金流后，出于谨慎性考虑分两年偿还外债，以后年份无须向银行借款，采用的是一种比较谨慎的资本结构。从第四年开始有资本扩张的趋势，则可以再考虑适当负债以促进业务增长，发挥财务杠杆的作用。

投资回收期测算如表5-7所示。

表 5-7　投资回收期测算　　　　　　　　　　　　　　　　　　　单位：万元

项　目	单年现金流	累计现金流
第一年经营活动现金净流量	-272.7	-272.7
第二年经营活动现金净流量	440.6	167.9
第三年经营活动现金净流量	505.0	672.9
第四年经营活动现金净流量	433.7	1106.6
第五年经营活动现金净流量	1560.1	2666.7
投资回收期		
原始投资额		200
投资回收期(年)		2.5

5.1.3　创业计划的基本要素

要在制订创业计划过程中，详略得当、逻辑通畅地将创业计划所包括的诸多内容(产品或服务创意、创意价值合理性、顾客与市场、创意开发方案、竞争者分析、资金和资源需求、融资方式和规划以及如何收获回报等)清晰阐述与表达，我们就应该科学合理地对创业计划的基本结构进行安排。

整体上看，一份完备的创业计划应该以概念(CONCEPT)、顾客(CUSTOMERS)、竞争者(COMPETITORS)、能力(CAPABILITIES)、资本(CAPITAL)和永续经营(CONTINUATION)六大部分为线索展开，对这六大部分的依次阐述构成了创业计划的基本结构。

(1) C是CONCEPT概念。概念指的就是：在计划书里边，要写得让别人可以尽快地知道要卖的是什么。

（2）有了卖的东西以后，接下来是要卖给谁，谁是顾客 CUSTOMERS。顾客的范围在哪里要很明确，比如说认为所有的女人都是顾客，那五十岁以上的女人也能用吗？五岁以下的也是客户吗？适合的年龄层在哪里要界定清楚。

（3）COMPETITORS 竞争者。东西有没有人卖过？如果有人卖过是在哪里？有没有其他的东西可以取代？这些竞争者的关系是直接还是间接？

（4）CAPABILITIES 能力。要卖的东西自己会不会、懂不懂？譬如说开餐馆，如果师傅不做了找不到人，自己会不会炒菜？如果没有这个能力，至少合伙人要会做，再不然也要有鉴赏的能力，不然最好是不要做。

（5）CAPITAL 资本。资本可能是现金也可以是资产，是可以换成现金的东西。那么资本在哪里、有多少，自有的部分有多少，可以借贷的有多少，要很清楚。

（6）CONTINUATION 永续经营。当事业做得不错时，将来的计划是什么？任何时候只要掌握这六个 C，就可以随时检查、随时做更正，不怕遗漏什么。

5.1.4 创业计划中的信息搜集

准备创业计划的过程实质上就是信息的搜集过程，是分析并预测环境进而化解未来不确定性的过程。创业者必须在创业前或在创业过程中对企业所处的环境进行仔细的分析，准确地预测市场行情，而在分析和预测市场行情前，创业者必须收集一些必要的市场信息。

市场信息是指在一定的时间和条件下，与生产与服务经营活动相关的各种信息、情报、数据、政策法规、资料等的总称。创业时应该了解是与创业有关的或与今后创立的企业相关的市场信息，主要包括以下几个方面。

1. 政治政策状况

政治环境包括一个国家的社会制度，执政党的性质，政府的方针、政策、法令等。不同的国家有着不同的社会性质，不同的社会制度对组织活动有着不同的限制和要求。即使社会制度不变的同一国家，在不同时期，由于执政党的不同，其政府的方针特点、政策倾向对组织活动的态度和影响也是不断变化的。

主要的政治法律信息包括：执政党性质；政治体制；经济体制；政府的管制；税法的改变；各种政治行动委员会；专利数量；专利法的修改；环境保护法；产业政策；投资政策；国防开支水平；政府补贴水平；反垄断法规；与重要大国关系、地区关系；对政府进行抗议活动的数量、严重性及地点，民众参与政治行为。

例如，湖北的大学生，就可以重点关注下 2012 年 10 月湖北团省委联合华中师范大学与湖北美术学院建立的两大湖北青年文化创意产业孵化器。自成立之日，两大孵化器就发布招商公告，为孵化器招募"金蛋"。

湖北青年文化创意产业孵化器可以为入驻的创业青年免费提供 15～120 平方米面积的孵化场地，并为创业青年提供创业培训、政策引导、资金扶持、融资对接等全方位创业帮扶措施，帮助初创型企业稳定发展、快速成长。

该孵化器目前招商主要面向在湖北创业的青年、创业大学生个人及团队三类对象。凡拥有文化创意产业类项目的创业团队，均可登陆湖北青年创业网查询并下载申报表格。具体申报条件如下：

① 企业法人代表原则上应取得大专以上学历，年龄在35周岁以下，且企业从业人员中35周岁以下青年不少于50%；

② 已启动实施文化创意类创业项目，有明确的经营、研发或生产计划，具有较好的商品化、产业化前景，市场潜力较大；

③ 具备项目生产经营所需的必要资金和一定的科技和销售人员；

④ 企业项目要符合国家产业政策和环境保护政策，拥有自主知识产权的技术项目优先；

⑤ 无不良信用记录，能够严格遵守孵化器的各项管理制度；

⑥ 鼓励处在初创阶段，具有良好发展前景的大学生创业团队入驻孵化。

2. 经济发展状况

经济发展状况主要包括宏观和微观两个方面的内容。宏观经济环境主要指一个国家的人口数量及其增长趋势，国民收入、国民生产总值及其变化情况以及通过这些指标能够反映的国民经济发展水平和发展速度。微观经济环境主要指企业所在地区或所服务地区的消费者的收入水平、消费偏好、储蓄情况、就业程度等因素。这些因素直接决定着企业目前及未来的市场大小。主要的经济发展状况信息包括：国民生产总值（GDP）及其增长率、中国向工业经济转变、贷款的可得性、可支配收入水平、居民消费（储蓄）倾向、利率、通货膨胀率、规模经济、政府预算赤字、消费模式、失业趋势、劳动生产率水平、汇率、证券市场状况、外国经济状况、进出口因素、不同地区和消费群体间的收入差别、价格波动、货币与财政政策。

思考案例 5-4

丰田汽车公司利用20世纪70年代的石油危机成功打开了北美市场

1973年，伴随着第4次中东战争的爆发，世界经济遇到了第一次石油危机。对于石油资源几乎百分之百依赖进口的日本来说，整个经济活动全都受到巨大影响，陷入了极大的混乱之中。"二战"后初期那种恶性通货膨胀再度席卷日本，对汽车的需求一落千丈。在这种形势下，丰田将新的起点瞄准在资源的有限性上，有力地开展了节省资源、节省能源、降低成本的运动。丰田喜一郎堂兄丰田英二始终坚信汽车绝不是什么"奢侈品"，对于社会而言汽车绝对是真正的必需品。面对笼罩日本社会的一片悲观情绪，丰田恪守一个"忍"字，蓄势以待，准备迎接重振雄风之日的到来。

1973年和1979年的两度石油危机在极大程度上改变了美国的汽车需求结构，人们的选择热点开始由大型车转向了节省燃油的小型车，缺少小型车生产技术的美国汽车厂家逐渐地失去了往日的竞争优势。为了摆脱困境，美国的汽车厂家再三敦促政府和议会尽快对进口日本汽车实施限制。同时他们也一再要求日本汽车厂家到美国投资建厂，以便和美国汽车厂家在同一起点上开展竞争。随着日美贸易摩擦的加剧,美国汽车厂家的这些主张在美国议会以及部分社会舆论中间煽动起了一股对日本车的抵触情绪,以丰田为首的日本汽车厂家也十分担心任凭这种情况发展下去会损害良好的日美关系。1981年对美出口轿车自主限制协议生效。为了不失去美国汽车市场,同时也出于担心那些对燃耗性能优越的小型车有着特别钟爱的美国消费者会因此而受到选择上的局限,日本各汽车厂家开始把在美国设立生产据点的问题作为了自己新的经营课题。在这种情况下,丰田决定与美国通用汽车公司进行合作生产,这样不仅可以为当地创造出一些就业机会,同时还可以向美国汽车厂家转让小型轿车的生产技术。

3. 人口统计、社会文化与风土人情

社会文化环境包括一个国家或地区的居民教育程度和文化水平、宗教信仰、风俗习惯、审美观点、价值观念等。文化水平会影响居民的需求层次;宗教信仰和风俗习惯会禁止或抵制某些活动的进行;价值观念会影响居民对组织目标、组织活动以及组织存在本身的认可与否;审美观点则会影响人们对组织活动内容、活动方式以及活动成果的态度。主要的人口统计、社会文化与风土人情的信息包括:人口总数、性别、年龄构成、职业分布、家庭人口、户数、婚姻状况、结婚数、离婚数、人口出生、死亡率、人口移进移出率、社会保障计划、人口预期寿命、人均收入、生活方式、平均可支配收入、对政府的信任度、对政府的态度、对工作的态度、购买习惯、对道德的关切、储蓄倾向、性别角色、投资倾向、种族平等状况、节育措施状况、平均教育状况、对退休的态度、对质量的态度、对闲暇的态度、对服务的态度、污染控制、对能源的节约、社会活动项目、社会责任、对职业的态度、对权威的态度、城市与城镇和农村的人口变化、宗教信仰状况等。

4. 技术发展趋势

技术发展趋势除了要考察与企业所处领域的活动直接相关的技术手段的发展变化外,还应及时了解:国家对科技开发的投资和支持重点;该领域技术发展动态和研究开发费用总额;技术转移和技术商品化速度;专利及其保护情况等。

例如,本田公司在汽车发动机环保技术就一直处于世界领先。

1972年,HONDA的低公害发动机CVCC在世界上率先通过了当时被称为世界上最严格的美国尾气排放法规——"马斯基法"。其后,HONDA的低公害发动机技术一直处于世界领先地位。1995年,HONDA的汽油车在世界上率先达到了零污染,在那之后的ZLEV发动机技术的开发,显示了HONDA高度的技术力量。在低油耗技术方面,在CIVIC轿车上安装了"三级VTEC发动机"和无级变速装置"HONDA式无级变速装置",高水平地同时实现了高功率和低油耗。

排气对策和制造装有低公害发动机的汽车是HONDA的工程师们"向极限发起的挑战"。HONDA彻底追求汽油发动机的尾气净化。同时,还通过各种方法积极地研究开发瞄准下一时代的电动汽车、天然气汽车等可以发挥各自特长的代用能源汽车,并将研究成果积存下来。这些"优先考虑地球环境、尾气清洁的汽车"就是"HONDA环保汽车"。

5.1.5　市场调查的内容和方法

市场调查(Marketing Research)就是指运用科学的方法,有目的地、有系统地搜集、记录、整理有关市场营销信息和资料,分析市场情况,了解市场的现状及其发展趋势,为市场预测和营销决策提供客观的、正确的资料。包括市场环境调查、市场状况调查、销售可能性调查,还可对消费者及消费需求、企业产品、产品价格、影响销售的社会和自然因素、销售渠道等开展调查。

1. 市场调研流程的步骤

市场调研流程的 11 个步骤：①确定市场调研的必要性；②定义问题；③确立调研目标；④确定调研设计方案；⑤确定信息的类型和来源；⑥确定收集资料；⑦问卷设计；⑧确定抽样方案及样本容量；⑨收集资料；⑩分析资料；⑪撰写调研报告。

调研流程：调研计划撰写——调研问卷设计——调研问卷实施——调研问卷收集、整理——数据分析——调研报告撰写。

2. 市场调研的内容

(1) 经营环境调查

首先,政策、法律环境调查。调查你所经营的业务、开展的服务项目有关政策法律信息。了解国家是鼓励还是限制你所开展的业务,有什么管理措施和手段。当地政府是如何执行有关国家法律、法规和政策,对你的业务有何有利和不利的影响。

其次,行业环境调查。调查你所经营的业务、开展的服务项目所属行业的发展状况、发展趋势、行业规则及行业管理措施。比如,从事美容美发行业,应该了解该行业国内及本地区的发展状况、国际国内流行趋势和先进美容技术,该行业的行业规范和管理制度有哪些。从事服装业的,应该了解服装行业的发展趋势、流行色和流行款式、服装技术发展潮流等。国有国法,行有行规。进入一个新行当,应充分了解和掌握该行业信息。这样才能有助于你尽快实现从门外汉到内行的转变。

最后,宏观经济状况调查。宏观经济状况是否景气,直接影响老百姓的购买力。如果企业效益普遍不好、经济不景气,你的生意就难做；反之,你的生意就好做。这就叫作大气候影响小气候。因此,掌握大气候的信息是做好小生意的重要参数。经济景气宜采取积极进取型经营方针,经济不景气也有挣钱的行业,也孕育着潜在的市场机遇,关键在你如何把握和判断。比如,1989 年夏天,中国香港部分有钱人纷纷移居外国,市场低迷、地价楼价大跌。在这种状况下,少数精明的、有政治眼光的商人看准时机,在楼价下跌时大量买进楼花。不出半年中国政府政局稳定、改革开放的政策不变、一国两制方针不变、保持中国香港繁荣稳定的前景不变。形势明朗楼价攀升,精明的、有政治眼光的商人着实大赚一把。因此,了解客观经济形势,掌握经济状况信息是经营环境调查的一项重要内容。

(2) 市场需求调查

如果你要生产或经销某一种或某一系列产品,应对这一产品的市场需求量进行调查。也就是说,通过市场调查对产品进行市场定位。比如你经销某种家用电器,你应调查一下市场对这种家用电器的需求量、有无相同或相类似的产品、市场占有率是多少。比如你提供一项专业的家庭服务项目,你应调查一下居民对这种项目的了解和需求程度、需求量有多大、有无其他人或公司提供相同的服务项目、市场占有率是多少。市场需求调查的另一重要内容是市场需求趋势调查。了解市场对某种产品或服务项目的长期需求态势,了解该产品和服务项目是逐渐被人们认同和接受,需求前景广阔,还是逐渐被人们淘汰、需求萎缩。了解该种产品和服务项目从技术和经营两方面的发展趋势如何等。

(3) 顾客情况调查

这些顾客可以是你原有的客户,也可能是你潜在的顾客。顾客情况调查包括两个方面的内容。一是顾客需求调查。例如,购买某种产品或服务项目的顾客大都是什么人或社会团体、企业,他们希望从中得到那方面的满足和需求,如效用、心理满足、技术、价格、交货期、安全感等。现时好些产品或服务项目能够或者为什么能够较好地满足他们某些方面的需要等。二是顾客的分类调查。重点了解顾客的数量、特点及分布,明确你的目标顾客,掌握他们的详细资料。如果是某类企业和单位的话,应了解这些单位的基本状况。如进货渠道、采购管理模式、联系电话、办公地址、某项业务负责人具体情况和授权范围。对某种产品和服务项目的需求程度、购买习惯和特征。如果顾客是消费者个人,应了解消费群体种类,即目标顾客的大致年龄范围、性别、消费特点、用钱标准、对某种产品和服务项目的需求程度、购买动机、购买心理、使用习惯。掌握这些信息,将为你有针对性开展业务做准备。

(4) 竞争对手调查

在开放的市场经济条件下,做独家买卖太难了。在你开业前,也许已有人做相同或似的业务,这些就是你现实的竞争对手。也许你开展的业务是全新的,有独到之处,在你刚开始经营的时候没有现实的对手。一旦你的生意兴旺,马上就会有许多人学习你的业务,竞相加入你的竞争行列,这些就是你潜在对手。知己知彼,方能百战不殆。了解竞争对手的情况,包括竞争对手的数量与规模、分布与构成、竞争对手的优缺点及营销策略,做到心中有数才能在激烈的市场竞争中占据有利位置,并有的放矢地采取一些竞争策略。做到人无我有、人有我优、人优我更优或者我转。

思考案例 5-5

佳能战胜施乐

施乐在复印机行业拥有 500 多项专利,假如一个企业要花钱买它的 500 多项专利,制造出来的复印机会比施乐贵几倍,根本没有市场。施乐用专利技术的办法来保护自己。

但是,佳能开始对施乐进行研究:从施乐产品有哪些不能满足人们需要的地方入手,需要没有得到满足,就意味着机会。

佳能走访施乐的用户,了解他们对现有产品不满意的地方;同时走访没有买过施乐复印机的企业,寻找没有买的原因。

佳能发现施乐复印机有以下几个致命的缺点:

① 施乐复印机是大型的,当时叫集中复印,高达几十万元、上百万元一台,大企业也最多只能买得起一台。虽然速度和性能都非常好,但价格太高,不是每个企业或企业的部门

都能消费得起的。这是第一个不满意。

② 一个公司假如说有十层楼,一台复印机放在任何一个地方,所有人哪怕复印一张纸也要跑到那里去,不方便。这是第二个不满意。

③ 如果老板要复印一些保密的东西,如人员晋升、涨工资等材料,他不愿意把文件交给专门的文印中心,复印、登记完了再送回,这样一来就产生了第三个不满意:保密性不好。

这就是佳能当初发现的几个问题,根据这几个问题,佳能提出了解决问题的方案:设计一个小型复印机,把造价降低十倍、二十倍;将复印机做成像傻瓜相机一样,简单易用,不用专人使用;简单、便宜,每个办公室都可以拥有一台,老板房间可以自己用一台,解决保密问题。

佳能设计出这个产品后,就去跟其他的日本厂家东芝、美能达、理光沟通:大家一起联合起来做这个产品,这个产品的市场前景是什么样的,有一套非常好的可行性报告给人家。如果你们从我佳能这买,第一,投产时间要快一年多。第二,只花你开发费用的十分之一。

佳能把自己的发明设计以非常低的价格转让给其他日本同行,包括自己的潜在竞争对手,如美能达、理光、东芝等多家公司,从而实现联手做市场,共同宣传推广小型复印机"分散复印"的优点,刺激市场需求、尽快催熟市场。

这时的力量对比就不一样了,佳能很快超越了施乐成为了复印机行业的新老大,至今,佳能在复印机市场上占据了领导地位。

(5) 市场销售策略调查

重点调查了解目前市场上经营某种产品或开展某种服务项目的促销手段、营销策略和销售方式主要有哪些。如销售渠道、销售环节、最短进货距离和最小批发环节、广告宣传方式和重点、价格策略。有哪些促销手段,有奖销售还是折扣销售。销售方式有哪些,批发还是零售、代销还是传销,专卖还是特许经营等。调查一下这些经营策略是否有效、有哪些缺点和不足,从而为你决策采取什么经营策略、经营手段提供依据。

(6) 货源情况的调研

创业者搞商业型的企业要清楚货源情况,货源对企业经营有重大影响。货源充足、价格便宜,意味着未来有利润可赚。货源短缺、价格昂贵,意味着以后经营艰难或者会赔本。

3. 市场调研的方法

对于创业计划而言,市场调研主要有文案调研和实地调研两种方式。

(1) 文案调研。主要是二手资料的收集、整理和分析。主要的渠道来自网上资料搜索和图书馆等书籍信息搜索。

(2) 实地调研。实地调研又可以分为询问法、观察法和实验法三种。

① 询问法。

询问法就是调查人员通过各种方式向被调查者发问或征求意见来搜集市场信息的一种方法。它可分为深度访谈、GI座谈会、问卷调查等方法。其中问卷调查又可分为电话访问、邮寄调查、留置问卷调查、入户访问、街头拦访等调查形式。采用此方法时应该注意:所提问题确属必要、被访问者有能力回答所提问题、访问的时间不能过长。同时,询问的语气、措词、态度、气氛必须合适。

思考案例 5-6

KIWI 团队挑战杯创业计划大赛——电子科技功能鞋调研问卷

您好！我们是参加"挑战杯"创业计划大赛的在校大学生，需要做有关您的生活理念和新产品"电子科技功能鞋"的问卷调研。我们将保证您这次的问卷资料仅作学术研究和统计之用，绝不外传。最后衷心的感谢您在百忙之中抽出宝贵的时间参与我们的调研！

个人信息：
1. 您的性别：_____
   A. 男　　B. 女
2. 您的年龄：_____
   A. 18 岁以下　　B. 18～24 岁　　C. 25～35 岁　　D. 36～45 岁
   E. 46～55 岁　　F. 56 岁以上
3. 您的职业：_____
   A. 国家公务员　　　　　　　　　　B. 国家企事业单位员工
   C. 外企、私企员工　　D. 学生　　E. 个体经营户　　F. 自由职业
   G. 其他，请注明：_____
4. 您的家庭月收入：_____
   A. 小于 2000 元　　B. 2001～3500 元　　C. 3501～5000 元　　D. 5001～10000 元
   E. 10000 元以上
5. 您的常住地是：_____
   A. 直辖市　　B. 省会城市　　C. 地级城市　　D. 县级城市
   E. 乡镇　　F. 其他

问卷内容：
1. 您觉得下列哪个选项最为重要：_____
   A. 财富　　B. 事业　　C. 感情　　D. 健康
   E. 自由　　F. 其他
2. 在繁忙的现代生活中，您用于保健和养生所花费的时间：_____
   A. 非常多　　B. 比较多　　C. 一般　　D. 比较少
   E. 非常少
3. 您用于保健和养生所花费的金钱：_____
   A. 非常多　　B. 比较多　　C. 一般　　D. 比较少
   E. 非常少
4. "千里之行，始于足下。"您平均每天用于步行的时间大概是：_____
   A. 0.5 小时以内　　B. 0.5～1 小时　　C. 1～1.5 小时　　D. 1.5～2 小时
   E. 2 小时以上

5. 如果现在有一种鞋类产品可以让您在步行的同时达到保健和养生的效果,您愿意去尝试吗?_____
  A. 非常愿意   B. 可以考虑
  C. 进一步了解后再确定   D. 不予考虑

6. 对于即将上市的新产品"电子科技功能鞋",请按您的关注程度对产品功能进行排序_____
  A. 保暖功能   B. 烘干除湿   C. 热疗养生   D. 磁疗保健
  E. 通风除臭

7. 如果您愿意尝试此类功能鞋,您希望它被设计成什么样式:_____(最多选3项)
  A. 运动鞋   B. 帆布鞋、板鞋   C. 皮鞋、高跟鞋   D. 男/女靴
  E. 功能鞋   F. 其他,请注明:_____

8. 如果您的朋友购买了一双中档价位的电子科技功能鞋,您觉得以下哪个价格区间比较合适:_____
  A. 200~399元   B. 400~599元   C. 600~799元   D. 800~999元
  E. 1000~1499元   F. 太贵了,不想购买

9. 如果您愿意购买,您会通过下列哪些方式购买:_____(最多选3项)
  A. 品牌专卖店   B. 百货商场   C. 大型超市   D. 电话订购
  E. 网上购买   F. 电视购物   G. 其他,请注明:_____

10. 如果您购买了电子科技功能鞋,您会:_____
  A. 自用   B. 孝敬父母   C. 赠予亲朋   D. 不确定

最后,再次感谢您参与KIWI团队的问卷调研,我们全体成员祝您身体健康、工作顺利!

询问法又可以分为投影技法、小组(焦点)座谈、传统的电话访问、拦截访问、入户访问、深度访谈法等。

  投影技法。投影技法是一种无结构的非直接的询问形式。可以鼓励被调查者将他们对所关心问题的潜在动机、信仰、态度或感情投射出来。在投影技法中,并不要求被调查者描述自己的行为,而是要他们解释其他人的行为。在解释他人的行为时,被调查者就间接地将他们自己的动机、信仰、态度或感情投影到了有关的情景之中。因此,通过分析被调查者对那些没有结构的、不明确而且模棱两可的"剧本"的反应,他们的态度也就被揭示出来了。剧情越模糊,被调查者就更多地投影他们的感情、需要、动机、态度和价值观。就像在心理咨询诊所中利用投影技法来分析患者的心理那样。和心理学中的分类一样,投影技法可分成联想技法、完成技法、结构技法和表现技法。

  小组(焦点)座谈。小组(焦点)座谈(Focus Group)是由一个经过训练的主持人以一种无结构的自然的形式与一个小组的被调查者交谈。主持人负责组织讨论。小组座谈法的主要目的是通过倾听一组从调研者所要研究的目标市场中选择来的被调查者,从而获取对一些有关问题的深入了解。这种方法的价值在于常常可以从自由进行的小组讨论中得到一些意想不到的发现。

  传统的电话访问。传统的电话访问就是按照样本名单选择一个调查者,拨通电话询问一系列的问题。访问员或调查员按照问卷在答案纸记录被访者的回答。调查员集中在某个场所或专门的电话访问间,在固定的时间内开始面访工作,现场有督导人员进行管

理。调查员都是经过专门训练的,一般以兼职的大学生为主,还有其他一些人员。

拦截访问。拦截访问是指在某个场所,一般是较繁华的商业区,拦截在场的一些人进行面访调查。这种方法常用于商业性的消费者意向调查中。拦截面访的好处在于效率高。但是,无论如何控制样本及调查的质量,收集的数据都无法证明对总体有很好的代表性。这是拦截访问的最大问题。

入户访问。入户访问指调查员到被调查者的家中或工作单位进行访问。直接与被调查者接触。然后或是利用访问式问卷逐个问题进行询问,并记录下对方的回答;或是将自填式问卷交给被调查者,讲明方法后,等待对方填写完毕或稍后再回来收取问卷的调查方式。这是目前国内最为常用的一种调查方法。调查对象都是按照一定的随机抽样准则抽取的。

深度访谈法。深度访谈法是一种无结构的、直接的、个人的访问。在访问过程中,一个掌握高级技巧的调查员深入地访谈一个被调查者,以揭示对某一问题的潜在动机、信念、态度和感情。比较常用的深度访谈技术主要有三种:阶梯前进、隐蔽问题寻探以及象征性分析。深度访谈主要也是用于获取对问题的理解和深层了解的探索性研究。确定的访问对象也有一定的法则。

② 观察法。

它是调查人员在调研现场,直接或通过仪器观察、记录被调查者行为和表情,以获取信息的一种调研方法。

③ 实验法。

它是通过实际的、小规模的营销活动来调查关于某一产品或某项营销措施执行效果等市场信息的方法。实验的主要内容有产品的质量、品种、商标、外观、价格、促销方式及销售渠道等。它常用于新产品的试销和展销。

5.2 创业计划书的撰写与展示

创业计划书是一份全方位的商业计划,其主要用途是递交给投资商,以便于他们能对企业或项目做出评判,从而使企业获得融资。它是用以描述与拟创办企业相关的内外部环境条件和要素特点,为业务的发展提供指示图和衡量业务进展情况的标准。通常创业计划是结合了市场营销、财务、生产、人力资源等职能计划的综合。

创业计划书的写作就是一个把创业构想变成文字方案的过程。创业计划书就是将有关创业的想法,借由白纸黑字最后落实的载体。如同找工作时的个人简历对求职的影响一样,创业计划书的质量,往往会直接影响创业发起人能否找到合作伙伴、获得资金及其他政策的支持。兵马未动,粮草先行,创业计划书能够解决的关键问题就是让合作伙伴知道一起合作的生意是什么,准备要怎么做,发展前景如何。拿上一份好的计划书去找投资人,融资希望自然也会大很多。

但是,如何写一份成功的创业计划书呢?并将其成功地向外界展示呢?这就要求我们必须对创业计划书的一般文本格式、撰写及展示技巧有所了解。显然,苹果公司创始人乔布斯是一个极佳的榜样。

5.2.1　创业计划书的一般文本格式及撰写技巧

不少人通常都有这样的想法,几万元的生意而已,为什么还要长篇大论地去写计划书?实际上,有些创意可能听起来很棒,但是当你把所有的细节和数据写下来仔细一琢磨,就会发现其实失败无疑。创业计划书是一个框架,当你在考虑创业时会面临哪些问题,写一份计划书能让你在考虑这些问题时不至于丢三落四。同时,撰写商业计划是创业者(团队)反复思考、推理并讨论的一个过程。

1. 创业计划书的一般文本格式

一般来说,一份合理完备的创业计划书的文本格式,应该包括以下 11 个方面,如表 5-8 所示(无序号表示非必有部分)。

表 5-8　创业计划的基本结构

① 封面	⑦ 管理团队及组织结构
目录	
② 执行摘要	⑧ 运营计划
③ 企业介绍	⑨ 产品(服务)设计、生产与研发
④ 行业分析	⑩ 财务规划
⑤ 市场预测	⑪ 风险与风险管理
⑥ 营销策略	附录

(1) 封面

封面的设计要有艺术性,一个好的封面会使阅读者产生最初的好感,形成良好的第一印象。

同时,封面还应该包括公司名称、地址、联系电话、公司网址、日期以及核心创业者的联系方式等内容。如果公司已经有独特的商标,应该把它放在靠近封面中心的位置。目录页紧接着封面,它列出了创业计划和附录的组成部分及对应页码。

(2) 执行摘要

执行摘要是整个创业计划的快照,是创业计划的精华。

执行摘要涵盖了计划的要点,以求一目了然,以便读者能在最短的时间内评审计划并作出判断。因此,执行摘要是创业计划中最重要的部分,它绝不是整个计划的引言或前言,而是整个创业计划高度精练的概述。阅读完这一部分后,投资者应该能比较明确地感到整个计划的大致内容。

执行摘要一般包括以下内容:①公司介绍;②管理者及其组织;③主要产品和业务范围;④市场概貌;⑤营销策略;⑥销售计划;⑦生产管理计划;⑧财务计划;⑨资金需求状况等。

总之,执行摘要应该尽量简明、生动。特别要说明自身企业的不同之处以及企业获取成功的市场因素。

(3) 企业介绍

企业介绍这部分的目的不是描述整个计划,也不是提供另外一个概要,而是对你的公司作出介绍。这一部分包含:①企业简史;②使命陈述;③产品与服务;④当前状况;⑤关键合作关系等。其中的重点是使命陈述,即你的公司理念和如何制定公司的战略目标。这一部分的重要性就在于你在向创业计划的审阅者展示你们是如何将创意变成一家企业的。

(4) 行业分析

在行业分析中,应该正确评价所选行业的基本特点、竞争状况以及未来的发展趋势等内容。

关于行业分析的典型问题。

① 该行业发展程度如何?现在的发展动态如何?
② 创新和技术进步在该行业扮演着一个怎样的角色?
③ 该行业的总销售额有多少?总收入为多少?发展趋势怎样?
④ 价格趋向如何?
⑤ 经济发展对该行业的影响程度如何?政府是如何影响该行业的?
⑥ 是什么因素决定着它的发展?
⑦ 竞争的本质是什么?你将采取什么样的战略?
⑧ 进入该行业的障碍是什么?你将如何克服?该行业典型的回报率有多少?

(5) 市场预测

市场预测部分应包括以下内容:①需求进行预测;②市场预测市场现状综述;③竞争厂商概览;④目标顾客和目标市场;⑤本企业产品的市场地位等。

(6) 营销策略

对市场错误的认识是企业经营失败的最主要原因之一。

在创业计划中,营销策略应包括以下内容:①市场机构和营销渠道的选择;②营销队伍的管理;③促销计划和广告策略;④价格决策。

(7) 管理团队及组织结构

在企业的生产活动中,存在着人力资源管理、技术管理、财务管理、作业管理、产品管理等。而人力资源管理是其中很重要的一个环节。

因为社会发展到今天,人已经成为最宝贵的资源,这是由人的主动性和创造性决定的。企业要管理好这种资源,更是要遵循科学的原则和方法。

在创业计划中,必须要对主要管理人员加以阐明,介绍他们所具有的能力,他们在本企业中的职务和责任,他们过去的详细经历及背景。此外,在这部分创业计划中,还应对公司结构做一简要介绍,包括:公司的组织机构图;各部门的功能与责任;各部门的负责人及主要成员;公司的报酬体系;公司的股东名单,包括认股权、比例和特权;公司的董事会成员;各位董事的背景资料。

经验和过去的成功比学位更有说服力。如果你准备把一个特别重要的位置留给一个没有经验的人,你一定要给出充分的理由。

(8) 运营计划

创业计划中的企业运营计划应包括以下内容:①运营的总方案;②企业选址;③设

施与装备。

(9) 产品(服务)设计、生产与研发

产品介绍应包括以下内容：产品的概念、性能及特性；主要产品介绍；产品的市场竞争力；产品的研究和开发过程；发展新产品的计划和成本分析；产品的市场前景预测；产品的品牌和专利等。

在产品(服务)介绍部分，企业家要对产品(服务)做出详细的说明，说明要准确，也要通俗易懂，使不是专业人员的投资者也能明白。一般的，产品介绍都要附上产品原型、照片或其他介绍。这部分包括：①产品制造和技术设备现状；②新产品投产计划；③技术提升和设备更新的要求；④质量控制和质量改进计划。

(10) 财务规划

财务规划的重点是现金流量表、资产负债表以及损益表的制备。

流动资金是企业的生命线，因此企业在初创或扩张时，对流动资金需要预先有周详的计划和进行过程中的严格控制；损益表反映的是企业的盈利状况，它是企业在一段时间运作后的经营结果；资产负债表则反映在某一时刻的企业状况，投资者可以用资产负债表中的数据得到的比率指标来衡量企业的经营状况以及可能的投资回报率。

(11) 风险与风险管理

创业的风险与风险管理也是不可忽视的环节，具体包含以下问题需要创业者思考：①你的公司在市场、竞争和技术方面都有哪些基本的风险？②你准备怎样应付这些风险？③就你看来，你的公司还有一些什么样的附加机会？④在你的资本基础上如何进行扩展？⑤在最好和最坏情形下，你的五年计划表现如何？

如果你的估计不那么准确，应该估计出你的误差范围到底有多大。如果可能的话，对你的关键性参数做最好和最坏的设定。

2. 创业计划书的撰写技巧

那些既不能给投资者以充分的信息，也不能使投资者激动起来的创业计划书，其最终结果只能是被扔进垃圾箱里。为了确保创业计划书能"击中目标"，创业者应做到以下几方面。

(1) 以创新产品或服务为核心

在创业计划书中，应提供所有与企业的产品或服务有关的细节，包括企业所实施的所有调查。这些问题包括：产品正处于什么样的发展阶段？它的独特性怎样？企业分销产品的方法是什么？谁会使用企业的产品，为什么？产品的生产成本是多少，售价是多少？企业发展新的现代化产品的计划是什么？把出资者拉到企业的产品或服务中来，这样出资者就会和创业者一样对产品有兴趣。在创业计划书中，企业家应尽量用简单的词语来描述每件事——商品及其属性的定义对企业家来说是非常明确的，但其他人却不一定清楚它们的含义。制订创业计划书的目的不仅是要出资者相信企业的产品会在世界上产生革命性的影响，同时也要使他们相信企业有证明它的论据。创业计划书对产品的阐述，要让出资者感到："噢，这种产品是多么美妙、多么令人鼓舞啊！"

(2) 突出市场竞争的优势

在创业计划书中，创业者应细致分析竞争对手的情况。竞争对手都是谁？他们的产品是如何工作的？竞争对手的产品与本企业的产品相比，有哪些相同点和不同点？竞争对手所采用的营销策略是什么？要明确每个竞争者的销售额、毛利润、收入以及市场份额，然后再讨论本企业相对于每个竞争者所具有的竞争优势，要向投资者展示，顾客偏爱本企业的原因是：本企业的产品质量好、送货迅速、定位适中、价格合适等，创业计划书要使它的读者相信，本企业不仅是行业中的有力竞争者，而且将来还会是确定行业标准的领先者。在创业计划书中，企业家还应阐明竞争者给本企业带来的风险以及本企业所采取的对策。

（3）强调市场销售的潜力

创业计划书要给投资者提供企业对目标市场的深入分析和理解。要细致分析经济、地理、职业以及心理等因素对消费者选择购买本企业产品这一行为的影响，以及各个因素所起的作用。创业计划书中还应包括一个主要的营销计划，计划中应列出本企业打算开展广告、促销以及公共关系活动的地区，明确每一项活动的预算和收益。创业计划书中还应简述一下企业的销售战略：企业是使用外面的销售代表还是使用内部职员？企业是使用转卖商、分销商还是特许商？企业将提供何种类型的销售培训？此外，创业计划书还应特别关注一下销售中的细节问题。

（4）表明行动的方针

企业的行动计划应该是无懈可击的。创业计划书中应该明确下列问题：企业如何把产品推向市场？如何设计生产线？如何组装产品？企业生产需要哪些原料？企业拥有哪些生产资源？还需要什么生产资源？生产和设备的成本是多少？企业是买设备还是租设备？解释与产品组装、储存以及发送有关的固定成本和变动成本的情况。

（5）展示管理队伍

把一个思想转化为一个成功的风险企业，其关键的因素就是要有一支强有力的管理队伍。这支队伍的成员必须有较高的专业技术知识、管理才能和多年工作经验。管理者的职能就是计划、组织、控制和指导公司实现目标的行动。在创业计划书中，应首先描述一下整个管理队伍及其职责，然而再分别介绍每位管理人员的特殊才能、特点和造诣，细致描述每个管理者将对公司所作的贡献。创业计划书中还应明确管理目标以及组织机构图。

（6）出色的计划摘要

创业计划书中的计划摘要也十分重要。它必须能让读者有兴趣并渴望得到更多的信息，它将给读者留下长久的印象。计划摘要将是创业者所写的最后一部分内容，但却是出资者首先要看的内容，它将从计划中摘录出与筹集资金最相关的细节：包括对公司内部的基本情况、公司的能力以及局限性、公司的竞争对手、营销和财务战略、公司的管理队伍等情况的简明而生动的概括。如果公司是一本书，它就像是这本书的封面，做得好就可以把投资者吸引住。

5.2.2　展示创业计划的基本方法

一般的，创业计划最终必然由创业者向其潜在投资人与潜在客户进行演示，好的创业计划演示，是获得投资者青睐与市场认可的重要保障。创业计划的展示有多种基本方法，如创业计划书、创业计划PPT、创业计划宣传片等，其中创业计划书的展示是居于核心位置的,创业计划 PPT 以及创业计划宣传片通常是作为创业计划书展示的辅助工具出现,但是它们也具有不可替代的作用。

1. 创业计划书的展示技巧

创业计划书的展示是整个创业计划展示的核心,其展示包含书面写作、PPT 制作与演示。

(1) 创业计划书的撰写本身就要注意做到"引人入胜"。

创业计划书的撰写应该注意以下三点。

① 结构合理:投资者应当能够在计划中找到他们所关注问题的答案,很容易找到他们特别感兴趣的话题。这就要求商业计划必须有一个清楚的结构,使读者能够灵活地选择他们想要阅读的部分。

② 以客观性说服投资者:尽量使自己的语气比较客观,使投资者有机会仔细地权衡你的论据是否有说服力,而不是无边际吹牛。

③ 让大众也能读懂:一些创业者相信,他们可以用丰富的技术细节、精心制作的蓝图,以及详细的分析给投资者留下深刻的印象。他们错了,只有极少数情况下,会有技术专家详细地评估这些数据。大多数情况下,简单的说明、草图和照片就足够了。如果计划中必须包括产品的技术细节和生产流程,你应当把他们放在附录中去。

(2) 创业计划书的展示必须有创业计划 PPT、创业计划宣传片的配合。

在正式进入创业计划介绍之前,先演示一段激动人心的创业计划宣传片是非常必要的,这往往能提前调动起现场所有人员的注意力与好奇心。

创业计划 PPT 的制作必须精美,但不能烦琐。例如,每次苹果设计者大会上,乔布斯所演示的幻灯片总令人赏心悦目。但是,大多数时候,幻灯片上只有寥寥数语,只有照片。即便有文字,字数也不多,有时一张幻灯片上只有一个词。如此图像风格的幻灯片使得演讲者必须向听众解释图片的内容,从而和听众保持了很好的目光交流。

(3) 创业计划书的展示人(通常为创业团队核心成员)是计划展示的关键。

乔布斯总是将其在 Macworld 大会的主题演讲演变为轰动一时的重大新闻事件,它们就像是营销剧场,发布着世界性的新闻。

——利安德·卡尼,美国《连线》杂志总编辑

没有任何一个商业领袖能够像史蒂夫·乔布斯那样令听众如此迷恋。

——罗布·恩德勒,著名 IT 分析师

苹果公司创始人史蒂夫·乔布斯(Steve Jobs)是世界舞台上最具沟通魅力的大师级人物,也是全世界最擅长掳获人心的演讲者,任何人与他相比都是望尘莫及。乔布斯的魔力演讲从另一方面揭示了"苹果"神秘莫测的原因:一场策划完美的展示舞台对于品牌建立是何等重要!或许他很难被模仿,但是试试看,这会让你的聆听者保持高度的热情和关注,每次开口,让它注定成就一场激动人心的体验之旅。

乔布斯登台演讲时,总是热情洋溢,看起来似乎有无穷无尽的精力。当他的状态处于最佳时,有四件事贯穿乔布斯演讲的始终:注重目光交流,保持开放式姿势,并频繁运用手势,制造生动性语言。

(1) 注重目光交流。

眼睛是传递非言语信息的最有效的渠道。乔布斯比一般的演讲者更注重保持目光的接触,他很少在演讲时读幻灯片或注释。乔布斯并没有完全淘汰注释。进行示范展示时,他常常会参照事先准备好的注释提示。苹果公司的 Keynote 演示软件,使得演讲者可以很容易地参考准备好的注释,而观众只能看到显示在投影仪上的幻灯片。如果乔布斯逐字逐句地阅读注释,台下没有人知道,但是,事实上他一直和听众保持着目光交流。他会偶尔扫视一张幻灯片,然后迅速将注意力转移到听众身上。

(2) 开放式姿势。

乔布斯很少双臂抱肘,双手在胸前交叉,或是站在讲台后面,他的姿势是"开放的"。开放的姿势意味着他没有在自己和听众之间设置任何障碍。进行示范演示时,乔布斯坐的位置和电脑平行,因此他和听众之间的目光交流保持通畅。他演示完产品的一项功能后,就立即转向听众,向大家解释他所作的演示。他很少长时间中断和听众之间的目光交流。

(3) 频繁运用手势。

几乎每一句话,乔布斯都会运用手势进行强调。一些守旧的演讲教练依然误导客户,要求他们双手自然下垂,放在身体的两侧。但是这样做对于任何一位演讲者而言可谓"死亡之吻"(表面上看上去有益但是实际上是毁灭性的行为)。手放在身体两侧,会使你看起来身体僵硬,过于呆板,而且坦率地说,看上去还有点奇怪。诸如乔布斯之类的杰出的演讲大师,则比一般的演讲者更频繁地使用手势。

芝加哥大学的戴维·麦克尼尔博士(Dr. David McNeill)因其在手势领域所作的详尽研究而闻名。自1980年以来,他一直积极地从事这项研究。他的研究显示,姿态和语言是密切相关的;事实上,手势的运用可以帮助演讲者更好地理顺自己的思路。他认为,其实不运用手势难度更大,需要演讲者加倍集中精力。麦克尼尔博士发现,受过训练、作风严谨、满怀信心的思想家善于运用手势来清晰地表达思想,手势就好像是一扇观察思考过程的窗子。

运用手势来强调你的观点。要小心,别让你的手势过于机械化,使你看上去像个机器人,或者显得表情僵硬,不够自然。换句话说,不要完全模仿乔布斯和他的举止。要做真实可信的自己。

(4) 制造生动性语言。

再出色的幻灯片如果不能有效地予以表达,效果也不会理想,再伟大的故事如果表述不当也会沦为平庸。乔布斯尽可能有效地控制他的语音,就像恰当运用手势一样。他的演讲内容、幻灯片和示范演示都能使观众兴奋起来,但将所有这些融合在一起的是他的表述方式。2007年1月,当他发布 iPhone 手机时,他向听众讲述了一个情节动人的故事,他的音量、语调、节奏和故事的内容刚好契合。

2. 激情在创业计划展示中发挥重要作用

激情是人的主观能动性的一种表现形式,是做好工作不可缺少的精神力量,是攻坚克难、开拓奋进的强大动力。创业需要激情。事业要获得成功,愿望要得以实现,需要有激情。因为,创业激情是我们战胜挑战、克服困难、化危为机的重要条件,能催促我们在干事创业中奋勇拼搏、不断进取、创造新业绩。实践证明,始终保持良好的精神状态,就能不断激发自身的智慧和潜能,产生巨大的内在动力。

同样的道理,在创业计划的展示中,我们也应该将自己的创业激情融入展示的过程中去。缺乏激情的创业计划,连创业者自己的热情都无法调动,就更别提激发和调动他人对创业项目的认同了。

美国著名沟通问题专家卡尔米·加洛(Carmine Gallo)在总结的乔布斯产品演示的十五项秘诀中就指出了有关"激情"的两项秘诀。

(1)销售梦想而非产品

乔布斯不卖电脑,他销售世界更美好的前景。真正的福音是以救世主般的热忱去创造新体验。他总是在改变世界,他改变了音乐,改变了手机,改变了全世界使用电子产品的习惯。

2001年,乔布斯推出iPod时说:"用我们自己微小的方式,让世界变得更美好"大部分人把iPod看成一个音乐播放器的时候,他看成是丰富人们生活的工具。当然有伟大的产品很重要。但是激情、热情、目标感比实际的产品更能让你和你的公司脱颖而出。

2010年,乔布斯发布了全新的iPhone第四代手机——iPhone 4。广告语是"再一次,改变一切"。

iPhone从2007年6月发布第一代至今,确实改变了世界。

首先iPhone的推出快速提高了智能手机业的发展。iPhone广受市场欢迎,也让被冷落已久的手机软件重新受到重视。iPhone推出后一个月,Google就着力研发新手机平台Android。微软则重新设计了手机用平台Windows Mobile。

同时,iPhone的App Store平台上现在已有超过140万种的应用程序,为很多小软件开发公司提供了机会。

而且,由于iPhone具备优异的多媒体功能,已经对音乐、游戏和其他娱乐产业的营运模式产生庞大冲击,现在影响力也可能扩及电子书市场。移动应用研究机构Flurry发布报告指出,从2008年8月至2009年8月,绝大部分的应用程序都是游戏类别,而现在电子书首度超越了游戏的发行数量。

更为深层次并且潜移默化的影响在全球电信业。乔布斯在首次展示iPhone手机时说:"我们今天将创造历史,1984年MACintosh改变了计算机,2001年iPod改变音乐产业,2007年iPhone要改变通信产业。"iPhone基于收入分成、长期市场排他性以及与iTunes网上商店的整合,正在改变移动市场的游戏规则。在其他运营商发展新用户困难重重之际,iPhone成为推动AT&T Mobility用户增长的关键动力。

而新一代iPhone 4的推出,如何"再一次,改变一切"?乔布斯在苹果全球开发者大会上通过一款虚拟游戏展示了iPhone 4内置的陀螺仪。乔布斯手持iPhone 4在讲台上转圈,手机内置的陀螺仪随即感受到了方位的变化,游戏的部分图像也随之转动。研究公司iSuppli据此预测,鉴于苹果公司在科技界潮流定位者的角色,预计将会有很多手机制造商推出内置陀螺仪的智能手机。到2014年,应用于移动终端设备的陀螺仪的全球出货量将激增至2.859亿件,较2009年的空白和2010年的2600万件实现大幅增长。

(2) 树立反派

经典故事中，英雄都会激战反派。乔布斯就善于这么做，1984年苹果眼中的反派就是"蓝色巨人"IBM。在他向销售团队介绍1984年那则著名的电视广告前，他说IBM决意统治整个行业，苹果就是唯一的拦路虎，这让团队群情激昂。品牌专家马丁·林德斯特姆说，伟大的品牌和宗教有共通之处：征服共同敌人的梦想。树立一个反派吧，好让消费者聚集在英雄——你的产品周围！

在2011年10月4日的苹果发布会上，Tim Cook就攻击了行业中的各路竞争对手，他首先说道的第一个领域是音乐。"iPod在十年前发布，它不仅改变了我们听音乐的方式，也将革命带到整个行业"，Tim Cook指出"iPod已经售出3亿部，而索尼花了三十年才卖掉22万部Walkman磁带机"。

随后，Tim Cook谈到操作系统，他说道：Windows 7花了20周才更新10%的安装基数，而苹果的Lion达到同样的比例只花了两周。

Tim Cook谈到的最后一个领域是iPad，他指出：目前iPad的客户满意度是95%，帮助学校里的孩子们用上新的学习方式，每季度销量过两千万，而与此对比，三星旗舰Galaxy SII用了5个月时间才突破千万。

课后案例

百度李彦宏也写创业计划书

找钱不容易，尤其是第一笔钱，那可是"天使资金"。李彦宏曾与一个学MBA的朋友有过创业筹划。李彦宏做好创业计划书，这位朋友也找到一位投资商。投资商是个中国台湾商人，他在经历若干次错误后，终于发了一笔财，于是开始做专业投资人。他是做半导体起家的，尽管他对互联网也有信心，但更愿意把互联网与半导体行业嫁接到一起。这位朋友建议李彦宏先答应下来，拿到钱，可以通过市场教育投资者，引导投资者。但李彦宏坚决不同意，他明确表示，如果我们从头就不做自己想做的东西，不做自己擅长的东西，那做下去必定会陷入内耗之中，既然产生信任危机，失败，是必然的。

面对一大笔钱，这位朋友觉得弃之可惜。李彦宏不想让实情僵在那，选择了退出。百度专注于自己擅长的搜索，从不为大资金的投入而转向。

在硅谷，李彦宏和好友徐勇一拍即合，成为合伙人。

徐勇在拍摄《走进硅谷》时认识了许多VC(风险投资商)。尽管硅谷VC成堆，不巧的是，他们的兴趣转向了电子商务，不过，徐勇把创业的想法一抛出，还是引来了好几家要追着投钱。在送上门的美元面前，李彦宏希望投资者对搜索引擎的前景要乐观，更重要的，是对创业者要充分信任，毕竟，在技术层面，李彦宏最懂，如果投资者不信任他们，随便派个财务或什么别的什么高管去中国，会形成外行干涉内行的局面，这会影响做事的效率与热情。这不是杞人忧天，多年来，水土不服的洋管理横插一杠子的荒诞剧，一直在中国上演着。

硅谷是创业者的天堂，也是VC(风险投资者)的天堂。在硅谷，只要你说：嘿，我有一个很好的"idea"，就会有几个风险投资商过来耐心地听你说。但是，1999年李彦宏的这次创业,赶的确实不是时候,在某些人眼里,简直有点慷慨赴死的味道——赶上了互联网的泡沫破灭,很多人都对他摇头,风险投资商的眼光开始变得挑剔,要说服他们不是一件容易的事。从互联网创业方向来看,在当时的硅谷,VC们最钟情的是电子商务,尤其是B2B商业模式最受青睐。

此时互联网泡沫正盛,为了凭借自身团队的价值成为公司绝对控股的大股东,以便为将来的阶段性融资奠定基础,李彦宏和徐勇只制订了100万美元的融资计划。本来不爱开车的李彦宏,整天开着车在风险投资集中的旧金山沙山路(Sandhill)走门串户。

幸运的是,很快就有三家VC愿意为他们投资,他们看重的是三个因素:中国、技术、团队。李彦宏和徐勇选择了Peninsula Capital(半岛基金)。Peninsula Capital是李彦宏要和另一家投资商签署协议时才开始接触的。"当时急着回国,所以我们只给了他们一天的时间。"

巧的是,Peninsula Capital的一个合伙人Greg是徐勇拍摄《走进硅谷》时采访过的。Greg对徐勇说:"从你拍的片子,我就知道你能成事。但我不认识李彦宏。你说他的技术如何了得,有什么办法让我们相信?"

投资商在考察李彦宏和徐勇,而李彦宏和徐勇也在挑选投资商。李彦宏倾向于选择有美国背景的投资者,原因在于"他们开的价码、条件比较好"。徐勇经过考察,找理由婉言拒绝了其中一家不太理想的风险投资商,另外两家——半岛基金(Peninsula Capital)和integrity partners,热情得让人无法拒绝,其中一家甚至想单独投资,但是李彦宏和徐勇觉得还是两家一起投资比较好。

不过这些VC也不是钱多得没处花,谈判的过程很艰难。让李彦宏记忆犹新的是签字那天,两位风险投资商在旁敲侧击问了很多诸如女朋友是怎么认识的、和谁有过合作等与商业计划无关的问题以后,其中一位离开了谈判间。这个VC偷偷到房间外打电话问李彦宏曾工作过的Infoseek公司的CTO威廉·张,"这个Robin(李彦宏)真的很厉害吗?"而威廉·张告诉他:Robin在搜索引擎技术方面,在全世界可以排第三。当这位投资商再次回到谈判间,他很坦诚地告诉李彦宏:第一,他刚才出去打了个电话,确认了李彦宏在搜索引擎领域的地位排在前三名,比李彦宏的自我评价要高得多;第二,他决定支持李彦宏的商业计划,投资120万美元,而不是李彦宏所要求的100万美元。

对于李彦宏这个创业者,打动两位投资商的是:这位30岁的年轻人,一直在滔滔不绝地讲的不是自己怎么厉害,而是怎么去找比自己强的技术人员和管理人员,怎么组建最好的团队。李彦宏给他们的第一感觉是:这个年轻人沉稳、可靠。他们问李彦宏这个中文搜索引擎多长时间能做出来,李彦宏说要六个月。"时间太长了吧,我多给你钱,你能不能早点儿做出来?""不可以,这不是钱多钱少的事情。"后来李彦宏只用了四个半月的时间,就将中文搜索引擎做出来了。

最后的结果是两家联手共投120万美元,各占一半。签订投资协议后,徐勇先行回国,李彦宏在硅谷又待了一段时间,毕竟在硅谷待了那么久,有很多难以割舍的东西,去看看老朋友,陪陪妻子,那个时候,他的太太已经怀孕了。

1999年圣诞节,李彦宏登上了飞往北京的飞机,不知是巧合还是刻意的选择,8年前的这一天,正是李彦宏离开北大去美国的日子。

本 章 小 结

从对创业的作用角度看,创业计划是创业的行动导向和路线图,既为创业者行动提供指导和规划,也为创业者与外界沟通提供基本依据。一方面,创业计划需要阐明新企业在未来要达成的目标,以及如何达成这些目标;另一方面,创业计划要随着执行的情况而进行调整。

从创业的内容角度来看,通常创业计划是市场营销、财务、生产、人力资源等职能计划的综合。

从创业计划的基本组成结构来看,一份优秀的创业计划要思考并回答以下的一些问题:①关注产品;②核心竞争;③了解市场;④表明行动的方针;⑤展示你的管理队伍;⑥勾画出清晰的商业模式;⑦出色的计划摘要。

创业计划书的写作就是一个把创业构想变成文字方案的过程。创业计划书就是将有关创业的想法,借由白纸黑字最后落实的载体。如同找工作时的个人简历对求职的影响一样,创业计划书的质量,往往会直接影响创业发起人能否找到合作伙伴、获得资金及其他政策的支持。兵马未动,粮草先行,创业计划书能够解决的关键问题就是让合作伙伴知道一起合作的生意是什么,准备要怎么做,发展前景如何。拿上一份好的计划书去找投资人,融资希望自然也会大很多。

复 习 题

1. 创业计划的作用有哪些?
2. 你认为创业计划书有何重要意义?(有人会问:创业计划书果真那么重要吗?在实际生活中,许多创业者没有计划,不也同样获得了成功吗?你认为是这样吗?)
3. 创业计划书的一般文本格式由哪些部分组成?
4. 你们准备如何做创业前的调研工作?
5. 成立模拟创业小组进行创业计划书撰写前的调研工作。
6. 分别寻找一个创业成功和创业失败的案例,分析失败或成功的原因,其中创业计划发挥了怎样的作用。

第 6 章

新创企业的开办

ABB 公司组织结构图

ABB 公司是一家国际化的大型设备制造商,产品涉及从运输机械、自动化工程设备到发电、输电、配电的多个领域,年销售额达到 290 亿美元,其经营规模比著名的西屋公司(Westinghouse)还大。ABB 公司是瑞典工程集团 ASEA 与其瑞士的竞争者布朗—博韦里公司(BrownBoveri)于 1988 年合并后成立的,后来又增加了 70 多家公司,形成现在的 ABB 巨人,在高速火车、机器人和环境控制方面,这家公司都是世界的领先者。

作为国际化的大公司,ABB 公司的管理当局面临着一个新的挑战:对一家遍布世界各地、拥有 21 万名员工的公司,如何加以组织?这家公司需要经常性地将经营业务从一个国家转换到另一国家,而它又试图使其各项经营都能共享技术和产品。ABB 公司的董事长珀西·巴内韦克(PercyBarnevic)认为他已经找到了答案。他在公司内大幅度地精简了公司总部的职员,同时大力推行一种两条指挥链的结构,使所有的员工同时接受所在国经理和所属业务经理的双重领导。

ABB 公司大约有 100 个不同国家的经理,在其董事会的领导下,经营着原来的国内公司,这些经理大部分是其所工作国度的公民。

另外,公司配备了 65 名全球经理人员,将他们组织到 8 个集团中:运输集团、过程自动化与工程集团、环境装置集团、金融服务集团、电子设备集团,以及三个电力事业集团,即发电、输电和配电集团。

巴内韦克认为,这种结构有利于高级经理利用其他国家的技术。比如,格哈特·舒尔迈耶,一个领导 ABB 美国业务和自动化集团事业的德国人,使用 ABB 瑞士公司开发的技术服务于美国公司的汽轮机制造,或者使用 ABB 欧洲地区的技术将美国密歇根州的核反应堆转换为沼气发电厂。

"结构追随战略",企业的组织结构设计与选择必须适应企业的战略调整和业务发展,有助于调动多方面的积极性和发挥各自的优势,ABB 公司面临的问题就是如何通过组织结构的调整更好地配置内部资源以提高整体绩效。但是在实践中任何结构都不是完美的,都有其局限,充分认识所选结构可能存在的问题与风险,在关键问题上建立合理有效的机制才能取得预期效果。ABB 公司的组织结构图如图 6-1 所示。

图 6-1　ABB 公司的组织结构图

(1) ABB 公司采用的是典型的矩阵式结构,其突出特点是具有专业技术的全球业务经理和各所在国经理的双重指挥链,其有效运行的必要条件是两条指挥链上的经理之间有良好的协调与合作,从而保证命令的统一。

(2) ABB 公司采用这种结构形式主要是出于对遍布全球的业务单元既能够进行统一管理,又能够保持调整业务项目的灵活性,同时又能够让各地的公司都共享其他公司技术成果的考虑,建立不同国家公司之间的学习机制,发挥提高整体效益的作用。

(3) 这种结构的优点是既保持了全球业务经理的专业化分工带来的优势,使各专业集团在各自的业务领域充分保持专长做好做强,又保证了各个国家的业务能更符合当地情况,有较高的灵活性与适应性,还能便利地调整其全球业务。

(4) 可能存在的问题是如果全球的专业技术经理与各国公司经理之间缺乏良好的沟通与协调则有可能造成实际运作的混乱,接受双重指挥的工作人员无所适从。

(5) 对于跨区域、多业务领域的大型公司来说,矩阵式结构是常用的组织形式,在内部具有良好协调机制的情况下,往往能取得较好效果。

(资料来源:百度文库.http://wenku.baidu.com/view/7030461e650e52ea55189874.html)

思考题:
(1) ABB 公司采用矩阵式组织结构的原因是什么?
(2) 矩阵式组织结构的优点和缺点是什么?
(3) 矩阵式组织结构运行中会出现哪些问题?应怎样克服?

6.1　企业组织形式选择

企业组织形式是企业的产权构成形式,也称为企业的法律形态。随着市场经济的长期发展,按照成员构成、责任形式与法律人格的不同,我国的企业组织形式基本上可以划分为个人独资企业、合伙企业、公司制企业(又分为有限责任公司和股份有限公司)这三种法律形态。新企业创立之初,创业者都要面临企业的组织形式选择问题,而不同法律形态的企业,需要遵守不同的法律、法规与政策条例,以及采取不同的经营管理模式。没有一种组织形式可以普遍适用于所有企业，因此，创业者必须了解各种企业组织形式的特点，并根据自身经济实力与其他各项条件，选择合适的企业形态。

6.1.1 各种企业组织形式介绍

1. 个人独资企业

(1) 概念

个人独资企业是指由一个自然人依法出资设立、财产为投资人个人所有并全面控制，投资人以其个人财产对企业债务承担无限责任的经营实体。个人独资企业是一种简单传统的企业形态，由于是投资者个人出资兴办的，因此企业收入即是他的个人收入，企业的负债即是他个人的负债。

(2) 设立条件

① 投资人为一个自然人，而且只能是中国公民。法律、法规禁止从事营利性活动的人，不得作为投资人申请设立个人独资企业。

② 有合法的企业名称。个人独资企业的名称应当与其责任形式及从事的行业相符合，可以是厂、店、部、中心和工作室等，但不得使用"有限"或"公司"字样。

③ 有投资人申报的出资。设立个人独资企业的投资人可以用货币出资，也可以用实物、土地所有权、知识产权或者其他财产权利出资。投资人可以个人财产出资，也可以家庭共同财产作为个人出资。以家庭共同财产作为个人出资的，投资人应当在设立登记申请书上予以说明。

④ 有固定的生产经营场所和必要的生产经营条件。

⑤ 有必要的从业人员。

(3) 特点

个人独资企业相对别的企业组织形式，具有其独特的优势。企业设立、转让、解散等程序十分简便，仅需向登记机关办理登记手续即可，法律限制少。法律对个人独资企业的最低注册资本没有限制，不需雄厚的资金即可创办经营。另外，个人独资企业的所有权与经营权合二为一，因而经营方式比较灵活，能够迅速地对市场变化作出反应。出资人对企业经营决策拥有完全的自主权，可以随时对企业经营管理情况进行调整，而不必获得他人的许可，并且独享企业利润。个人独资企业在技术和经营方面易于保护商业秘密，从而维持其在市场中的竞争地位。

它的劣势则在于个人独资企业是由出资人对企业债务承担无限责任，如果企业经营不善面临破产，债权人有权要求企业主拍卖个人财产，即存在倾家荡产的可能，因而存在较大风险。由于个人投资者本身财力有限，偿债能力较弱，因而取得贷款的能力较差，难以从事需要雄厚资金支撑的大规模工商业活动，一般规模较小，以中小型企业为主。而企业的重大经营管理事务全由企业主决定，受到其个人素质的制约，素质低的业主，也难以由其他人员替换，因而企业的长期发展受到限制，经营状况不够稳定。此外，企业的生命力较弱，一旦企业主发生死亡、犯罪等重大意外事件，个人独资企业也将随之消亡。

2. 合伙制企业

(1) 概念

合伙企业是指自然人、法人和其他组织依照法律在中国境内设立的普通合伙企业和有限合伙企业。普通合伙企业由普通合伙人组成，合伙人对合伙企业债务承担无限连带责任。有限合伙企业由普通合伙人和有限合伙人组成，普通合伙人对合伙企业债务承担无限连带责任，有限合伙人以其认缴的出资额为限对合伙企业债务承担责任。[1]

(2) 设立条件

① 有两个以上的合伙人。合伙人既可以是自然人也可以是法人，其中，合伙人为自然人的，应当具有完全民事行为能力。法律、法规禁止从事营利性活动的人，不得成为合伙企业的合伙人，如国家公务员、学校、医院、部队等机构工作人员。

② 有书面合伙协议。《合伙协议》明确了合伙人的权利和义务，它的各项内容构成了合伙企业的内部法律结构，必须依法在所有合伙人协商一致的基础上，以书面形式订立。其内容一般包括：合伙企业的名称和主要经营场所的地点；合伙目的和合伙经营范围；合伙人的姓名及住所；合伙人的出资方式、数额和缴付期限；利润分配、亏损分担方式；合伙事务的执行；入伙与退伙；争议解决办法；合伙企业的解散与清算；违约责任。[2] 此外，协议中还可标明合伙企业的成立日期、存在期限及合伙人内部产生争议的解决办法，合伙协议的补充与修改需全体合伙人协商一致。

③ 有合伙人认缴或者实际缴付的出资。合伙人可以用货币、实物、知识产权、土地使用权或者其他财产权利出资，也可以用劳务出资。合伙人以实物、知识产权、土地使用权或者其他财产权利出资，需要评估作价的，可以由全体合伙人协商确定，也可以由全体合伙人委托法定评估机构评估。合伙人以劳务出资的，其评估办法由全体合伙人协商确定，并在合伙协议中载明。[3]

④ 有合伙企业的名称和生产经营场所。

⑤ 法律、行政法规规定的其他条件。

(3) 特点

与个人独资企业类似，合伙企业的成立较为简便。通常合伙人之间只要达成一致，即可创立合伙企业。在筹集资金方面，合伙企业出资人相对较多，其筹集资金与获得商业贷款的能力相对较强，又由于合伙企业在法律上并不具备法人资格，普通合伙人对企业债务负无限连带责任，因此只要其中一个合伙人具有比较高的经济信用，对合伙企业整体信用的提升就能起到较大的帮助。另一方面，合伙企业的债务由合伙人分摊，减少了创业者个人的风险。另外，相对于个人独资企业的一人独断，合伙企业各出资人在经营管理上能够集思广益，发挥团队合作的力量，提高合伙企业的经营管理水平和市场竞争力。而有限合伙企业的最主要特征是，合伙人只对企业的债务负有限责任，该清偿责任以投资额为限。

---

[1] 引自《中华人民共和国合伙企业法》第一章第二条。
[2] 引自《中华人民共和国合伙企业法》第二章第十八条。
[3] 引自《中华人民共和国合伙企业法》第二章第十六条。

此外,合伙企业总税负负担较轻,其他法律约束也较少。

合伙企业也有着明显的缺点,在普通合伙企业中,无论是因哪个合伙人的过失造成了企业的损失,每位合伙人都必须对债务承担无限清偿责任,因此投资者承担的风险较大。合伙企业是由多位投资者共同创立,合伙人之间有着契约关系,当其中任何一位离开或者新加入一位投资人,都必须重新确立新的合伙关系,从而造成法律上的复杂性,同时这种入伙和退伙的严格规定限制了合伙企业规模的扩大。在合伙企业中,涉及企业经营管理的重大决策必须获得全体合伙人的一致同意,而各位合伙人权力均等,容易出现意见不一致,可能造成决策上的延误和企业经营效率低下等问题,而合伙人之间的个性冲突、经营理念的不同以及某个合伙人去世等原因,都是合伙企业趋向解体的因素,使得企业的永续性不强。另外,合伙企业的筹资能力虽然好于个人独资企业,但是也仅局限于合伙人的财产总和,不能通过发行股票或债券来募集资金,资金来源有限。

3. 公司制企业

(1) 概念

公司制企业是指拥有独立资产,能够独立承担民事责任,以其全部资产对公司债务承担责任,具有法人资格的企业。目前我国公司制企业有两种基本的法律形式:有限责任公司和股份有限公司。其中,有限责任公司的股东以其认缴的出资额为限对公司承担责任,股份有限公司是以其全部资产为等额股份,股东以其认购的股份为限对公司承担责任。

(2) 设立条件

按照2006年新《公司法》规定,设立有限责任公司,应当具备以下条件:

① 股东符合法定人数,由五十个以下股东出资设立。

② 股东出资达到法定资本最低限额。有限责任公司注册资本的最低限额为人民币三万元,股东既可以用货币出资,也可以用实物、知识产权、土地使用权等可以用货币估价并能依法转让的非货币财产作价出资,但是全体股东的货币出资金额不得低于有限责任公司注册资本的百分之三十。公司全体股东的首次出资额不得低于注册资本的百分之二十,也不得低于法定的注册资本最低限额,其余部分由股东自公司成立之日起两年内缴足。其中,投资公司可以在五年内缴足。

③ 股东共同制定公司章程。公司经营范围由公司章程规定,并依法登记,修改公司章程或改变经营范围需办理变更登记。

④ 有公司名称,建立符合有限责任公司要求的组织机构。依照公司法设立的有限责任公司,公司名称中须标明有限责任公司或者有限公司的字样,其组织结构由股东会、董事会(执行董事)、监事会(监事)组成。

⑤ 有公司地址。公司以其主要办事机构所在地为住所,公司住所是法律管辖、送达相关文件的重要依据,在公司设立之初向工商行政机关登记后,不得随意变更,如必须变更,则应办理变更登记。

而设立股份有限公司,则应具备以下条件:

① 发起人符合法定人数。应当有二人以上二百人以下为发起人,其中须有半数以上

的发起人在中国境内有住所。

② 发起人认购和募集的股本达到法定资本最低限额。股份有限公司注册资本的最低限额为人民币五百万元,其中采取发起设立方式设立的,注册资本为在公司登记机关登记的全体发起人认购的股本总额。公司全体发起人的首次出资额不得低于注册资本的百分之二十,其余部分由发起人自公司成立之日起两年内缴足(投资公司可以在五年内缴足),并且在注册资本缴足前,不得向他人募集股份。采取募集方式设立的,注册资本为在公司登记机关登记的实收股本总额,发起人认购的股份不得少于公司股份总数的百分之三十五。

③ 股份发行、筹办事项符合法律规定。

④ 发起人制定公司章程,采用募集方式设立的经创立大会通过。

⑤ 有公司名称,建立符合股份有限公司要求的组织机构。依照公司法设立的股份有限公司,公司名称中须标明股份有限公司或者股份公司的字样

⑥ 有公司住所。

(3) 特点

公司有其独立的法人身份,它能以自身的名义控告他人或者接受控告,这是公司制企业与其他组织形式企业最大的不同所在。另外,公司拥有其独立的资产,它将以企业本身资产来偿还债务,股东只以其投资额为限对公司债务负有限责任,不影响股东的个人财产,因此投资者的风险大大减轻。另外,虽然股东是公司的产权人,但即使股东发生变动,公司的存在仍然可以不受影响,企业经营具有稳定性和长远发展的可靠基础。公司的所有权与经营权相分离,可以聘任职业经理人来管理企业,而且公司有着明确的管理结构和正规的规章制度,经营管理效率相对较高,有利于增强市场竞争力。

就具体来说,有限责任公司与股份有限公司的特点也有所不同。有限责任公司股东相对较少,设立手续非常简便,而且公司无须向社会公开经营状况,保密性较强。公司内部机构设置也较为灵活,股东持有的公司股票可以在公司内部股东之间自由转让,若向公司以外的人转让,必须经过股东大会决议。有限责任公司的缺点是不能公开发行股票来募集资金,资金来源有限,公司规模一般较小,难以适应大规模生产经营的需要。股份有限公司可以通过公开向外发行股票来募集资金,具有良好的筹资能力,因此一般股份有限公司规模较大,市场竞争力较强。又由于股票易于迅速转让,具有良好的资本流动性,股东们可以通过买卖股票给公司管理者形成巨大的压力,鞭策他们努力提高公司管理水平,维持企业的良好运转。但是股份有限公司也有一定的缺点,如公司设立手续相对烦琐,需要定期向社会公布经营状况和财务状况,商业保密性不强。股东们购买股票只为了从股票升值中获利,对企业长远发展规划并不关心。另外,聘请职业经理人管理企业,会产生复杂的委托代理关系等。

6.1.2 不同企业组织形式的比较

上一小节简单地介绍了各种适合创业的企业组织形式及其特点,本节侧重在对三种企业组织形式的比较,创业者应结合创业目标、创业环境与自身实际条件等,权衡各种组织形式的利弊,慎重选择最适合自己的企业组织形式。现将个人独资企业、合伙制企业

（主要指普通合伙企业）及公司制企业（主要指股份有限公司）比较如表 6-1 所示。

表 6-1　不同企业组织形式的比较

比较项目	个人独资企业	合伙制企业	公司制企业
所有权	个人	合伙人	股东
创立成本	注册费	注册费与制订合伙协议的法律咨询费	注册费，开办登记费，法律咨询费
设立手续	十分简便，通常只需办理营业登记	相当简便，通常只需签署"合伙协议书"及办理营业登记即可	较为烦琐，须依公司法的规定办理法律手续
资金来源	来自业主的私人财产，很难以借贷的方式筹措资金	来自合伙人财产的总和，以借贷方式筹措资金的困难较独资企业小	可以对外发行股票筹集大量资金
利润分配	归业主独自享有	按照合伙协议的规定分配利润给各合伙人	利润可能被保留，作为再投资使用，亦可分配给股东
偿债责任	业主负无限清偿责任	合伙人负无限清偿责任	股东以投资额为限负有限责任
企业连续性	业主一旦死亡，企业就结束	一个合伙人的死亡或退出，企业就结束（协议另有规定的除外）	由于股权可转让，一个或多个股东的死亡或退出不影响企业的合法存在
管理控制	业主全面掌握各种决策权	按照合伙协议，每位普通合伙人平等享有管理权	董事会全面掌握各种决策权
权益的可转让性	可自由出售或转让	只有在其他合伙人同意的基础上才能转让	股东可随意买卖股票来转让股权（另有协议规定的除外）
税收负担	业主对企业收入缴纳个人所得税	每位合伙人都要对一定比例的净利润缴纳所得税，无论他们是否获得这部分利润	双重税收：企业对净利润缴纳所得税（不用对股息缴纳），而股东对股息缴纳所得税
法律限制	法律限制少	法律限制少	受到公司法等多重法律限制

6.2　新企业面临的法律问题

创业是一项综合性很强的活动，了解和学习相关的法律、法规是成功创业的必要条件。创业者如果在创业实践中忽视法律问题，会带来很多不必要的麻烦和损失。当然，创业过程所涉及的法律、法规是十分具体而复杂的，在本章中，我们选取与创业过程联系较为紧密的部分法律法、规作介绍，主要包括专利法、商标法、著作权法、反不正当竞争法、合同法、产品质量法、劳动法等。

6.2.1　知识产权保护

创业者在创建和经营企业的过程中，必须了解和遵守的一个重要法律、法规是关于知识产权的法规。知识产权是人们对自己通过智力活动创造的成果所依法享有的权利。对于创业者来说，应特别注意对知识产权的有效保护，以避免可能造成的损失。知识产权包括专利、商标、版权等，是企业的重要资产。

知识产权属于无形资产，无论是专利权、商标权，还是著作权，都具有其本身的财产价值。同时，它也是许多公司赖以经营的重要手段和条件，尤其对于某些智力密集型的高科技公司，对知识产权这种无形资产的需求甚至超过了对货币、实物等有形资产的需求，有的公司可能就是为某项专利技术的开发而成立，有的公司可能就是凭借某种商标或品牌的优势而经营，一个作品可能成为出版公司重要的经营目标，一个计算机的软件也可能是某个公司赖以生存的最重要的资源。随着社会生产力的发展和生产方式的变革，知识产权在公司经营中的作用和地位日愈突出。知识产权可通过许可证经营或出售，带来许可经营收入。对于创业者来说，了解有关知识产权的法律法规，一方面可以依法保护自己的知识产权不被他人侵犯；另一方面，也避免因无知侵害他人的知识产权而最终导致创业失败。

1. 专利

专利被用来记述一项发明，在这种状况下，专利发明通常只有经过专利权所有人的许可才可以被利用。专利制度主要是为了解决发明创造的权利和归属与发明创造的利用问题。专利权可以有效地保护专利的拥有者。它禁止任何其他人制作、使用、销售该发明专利。因此，创业者对其个人或企业的发明创造，应及时申请专利，以寻求法律保护，使自己的利益不受侵犯，或者在受到侵犯时，有法律依据提出诉讼，要求侵害方予以赔偿。在中国，1984年3月12日颁布了《中华人民共和国专利法》，并于1992年9月4日进行了修订。2001年6月15日国务院颁布了《中华人民共和国专利法实施细则》，自2001年7月1日起施行。

(1) 专利权的客体

专利权的客体即专利保护的对象，是专利法规定的可以获得专利权的科技成果。中国的专利法规定，受专利法保护的包括发明、实用新型和外观设计。而世界大多数国家，仅把发明作为专利保护的客体，对实用新型和外观设计以其他法律形式给予工业产权保护。

发明是指对产品、方法或者其改进所提出的新的技术方案。它可以分为：产品发明和方法发明；全新发明和改进发明；基本发明和从属发明。

实用新型是指对产品的形状、构造或两者结合所提出的适用的新的技术方案。它有以下特征：只限于有一定结构、形状的产品；必须在产业上有实用价值；比发明的创造性低，故而又称"小发明"。

外观设计是指对产品的形状、图案或者其结合，以及色彩与形状、图案的结合所作出的富有美感并适于工业应用的新设计。它只涉及美化产品的外表和形状，并不涉及产品的创造和设计技术，这是它与实用新型的主要区别。

中国专利法规定了不授予专利的范围：科学发现；智力活动的规则和方法；疾病的诊断和治疗方法；动物和植物品种；用原子核变换方法获得的物质。

(2) 专利权的主体

专利权主体即专利权人，是指依法享有专利权并承担与此相应的义务的人。

我国《专利法》规定：执行本单位的任务或者主要是利用本单位的物质条件所完成的职务发明创造，申请专利的权利属于该单位；非职务发明创造，申请专利的权利属于发明人或者设计人。专利申请权和专利权可以转让。因此，在中国专利申请人包括：发明人、发明人的单位、专利申请权的受让人。

（3）授予专利权的条件

授予专利权的发明和实用新型，应当具备新颖性、创造性和实用性三个条件。

新颖性，是指在申请日以前没有同样的发明或者实用新型在国内外出版物上公开发表过、在国内公开使用或者以其他方式为公众所知，也没有同样的发明或者实用新型由他人向专利局提出过申请并且记载在申请日以后公布的专利申请文件中。

创造性，是指同申请日以前已有的技术相比，该发明有突出的实质性特点和显著的进步，该实用新型有实质性特点和进步。

实用性，是指该发明或者实用新型能够创造或者使用，并且能够产生积极效果。

授予专利权的外观设计，应当同申请日以前在国内外出版物上公开发表过或者国内公开使用过的外观设计不相同或者不相近似。

（4）专利权申请

专利申请人向专利局申请专利，必须提交以下专利申请文件。

请求书，是指专利申请人向专利局正式提出授予专利权和愿望的书面文件。请求书应写明发明或者实用新型的名称，发明人或设计人的姓名，申请人姓名或名称、地址，以及其他事项。

说明书，是确定权利要求保护范围的依据，是专利申请文件中最重要的内容。说明书应当对发明或者实用新型作出清楚、完整的说明，以所属技术领域的技术人员能够实现为准，必要时应有附图。

摘要，是对发明或实用新型技术要点的概要说明，以便于专业技术人员检索。包括所属技术领域、主要技术特征以及作用等。

权利要求书。即以说明书为依据，说明要求专利保护的范围。

当有两个以上申请人分别就同样的发明创造申请专利时，中国采用的是"申请优先原则"，美国等采取"发明优先原则"。

（5）专利权的保护

发明和实用新型专利权被授予后，除法律另有规定的以外，任何单位或个人未经专利权人许可，不得为生产经营目的制造、使用、销售其专利产品，或者使用其专利方法以及使用、销售依照该专利方法直接获得的产品。外观设计专利权被授予后，任何单位或者个人未经专利权人许可，不得为生产经营目的制造、销售其外观设计专利产品。

对发明人来讲，多数人取得专利权并非为自己使用，有偿转让才是行使权利、获得权益的基本方式。在进行有偿转让时，双方需订立书面实施许可合同，被许可人需向专利权人支付专利使用费。被许可人无权允许合同规定以外的任何单位或者个人实施该专利。

对未经专利权人许可，实施其专利的侵权行为，专利权人或者利害关系人可以请求专利管理机关进行处理，也可以直接向人民法院起诉。专利管理机关在处理时，有权责令侵权人停止侵权行为，并赔偿损失。

专利产品是构建企业市场竞争优势的一个重要因素,创业者可以有三种选择来构造这种优势:自己发明并申请专利、对他人的专利产品进行改进、购买他人的专利。

2. 商标

商标,是指在商品或者服务项目上所使用的,用以识别不同经营者所生产、制造、加工、拣选、经销的商品或者提供的服务的,由显著的文字、图形、字母、数字、三维标志和颜色组合,以及上述要素的组合或者其组合构成的标志。在中国,1982年8月23日颁布了《中华人民共和国商标法》,并于1982年8月22日进行了第一次修正,2001年10月27日进行了第二次修正。

(1) 商标的功能

商标具有区别、表明产品或服务的来源,表明产品的质量、产量、财产等基本功能。商标是企业将其提供的产品或服务与其他类似产品或服务区别开来的标志,不仅有利于企业推销其产品或服务,也有利于消费者的识别和挑选。

商标可以标示产品或服务的提供者,以避免出现混淆和欺诈,而且还可以据此追踪对产品或服务负有责任的企业和其经营者。商标可以表明产品或服务质量的水平及稳定性,可以促使企业提高质量、维护商标声誉,也为消费者选择产品或服务提供了参考。

商标具有广告宣传作用,可以引导和刺激消费者购买。商标及所代表的质量水平已根植于消费者心目之中,使之对某一种商品形成一定的忠诚度。商标是企业的一种无形资产,具有很高的价值。这种价值体现在独特性和所产生的经济利益上。保护和提高商标的价值,可以为企业带来最大收益,也是企业的重要战略之一。

正是由于商标具有以上的功能,优秀的企业都将争创驰名商标、实施名牌战略作为企业长期发展和建立竞争优势的主要手段。

(2) 商标注册

在中国,国务院工商行政管理部门商标局主管全国商标注册和管理工作。经商标局核推注册的商标为注册商标,商标注册人享有商标专用权,受法律保护。

经商标局核准注册的商标为注册商标,包括商品商标、服务商标和集体商标、证明商标。集体商标,是指以团体、协会或者其他组织名义注册,供该组织成员在商事活动中使用,以表明使用者在该组织中的成员资格的标志;证明商标,是指由对某种商品或者服务具有监督能力的组织所控制,而由该组织以外的单位或者个人使用于其商品或者服务,用以证明该商品或者服务的原产地、原料、制造方法、质量或者其他特定品质的标志。集体商标、证明商标注册和管理的特殊事项,由国务院工商行政管理部门规定。

根据中国商标法的规定,自然人、法人或者其他组织对其生产、制造、加工、拣选或者经销的商品,需要取得商标专用权的,应当向商标局申请商品商标注册。自然人、法人或者其他组织对其提供的服务项目,需要取得商标专用权的,应当向商标局申请服务商标注册。两个以上的自然人、法人或者其他组织可以共同向商标局申请注册同一商标,共同享有和行使该商标专用权。

申请商标注册,需按规定的商品分类表填报使用商标的商品类别和商品名称;同时申请人在不同类别的商品上使用同一商标,需按商品分类表提出注册申请;注册商标需要在同一类的其他商品上使用的,需另行提出注册申请。

任何能够将自然人、法人或者其他组织的商品与他人的商品区别开的可视性标志,包括文字、图形、字母、数字、三维标志和颜色组合,以及上述要素的组合,均可以作为商标申请注册。申请注册的商标,应当有显著特征,便于识别并不得与他人在先取得的合法权利相冲突。商标注册人有权标明"注册商标"或者注册标记。

申请注册的商标,凡符合法律规定的,由商标局初步审定,予以公告,在三个月内无异议或经裁定异议不能成立的,给予核准注册,发给商标注册证,并予以公告。

为了开拓国际市场,企业可以申请商标在国外注册。它有利于防止他人在国外抢注商标;有利于制止他人仿冒等侵权行为;有利于企业创世界名牌。

(3) 注册商标的使用

与专利不同,商标可以无限制地持有。中国的商标法规定,注册商标的有效期为20年,自核准注册之日起计算,商标注册人在期满前6个月内可申请续展注册,过期不提出申请,注销注册商标。每次续展注册的有效期为10年。

注册商标可以转让,转让人和受让人须共同向商标局提出申请,并签订商标使用许可合同。受让人要保证使用该项商标的商品质量,并受转让人的监督。

注册商标的功能和价值体现在其使用上,包括将注册商标用于商品、商品包装或容器以及商品交易文书,或者用于广告展览及有关的宣传材料上。使用注册商标,应当标明"注册商标"字样或者标明注册标记。

使用注册商标,不能有下列行为:自行改变注册商标;自行改变注册商标的注册人名、地址或其他注册事项;自行转让注册商标;连续三年停止使用。

(4) 注册商标的保护

注册商标的使用权,以核准注册的商标和核定使用的商品为限。

中国的商标法规定,以下行为为侵权行为:未经注册商标所有人的许可,在同一种商品或者类似商品上使用与其注册商标相同或者相近似的商标;销售侵犯注册商标专用权的商品;伪造、擅自制造他人注册商标标识或者销售伪造、擅自制造的注册商标标识;未经商标注册人同意,更换其注册商标并将该更换商标的商品又投入市场;给他人的注册商标专用权造成其他损害。

商标注册人的商标专用权受到侵害时,有权要求侵权人立即停止侵权行为,消除影响,并赔偿其损失。

对于情节严重、构成犯罪的商标侵权行为,除赔偿被侵权人的损失外,还要依法追究刑事责任。假冒注册商标犯罪具体可分为:假冒注册商标罪;销售假冒注册商标商品罪;非法制造注册商标标识罪;销售非法制造的注册商标标识罪。

对于驰名商标,国际上有两个公约对其进行特殊保护:一个是中国已加入的《保护工业产权巴黎公约》;一个是世界贸易组织的《与贸易有关的知识产权协议》。此规定指出,驰名商标应具备三个条件:一是在市场上享有较高声誉;二是为相关公众所熟知;三是已经核准注册。驰名商标有一定的认定程序和特殊保护措施。

商标的设计、注册、使用、转让和保护是创业者所面对和需认真解决的一个问题。

3. 版权

(1) 版权的一般知识

版权也称著作权,是指作者对其创作的文学艺术和科学作品依法享有的权利。中国于1990年9月7日颁布了《中华人民共和国著作权法》,2001年10月27日进行了第一次修正,2010年2月26日进行了第二次修正。版权是对作者原始工作的保护,对版权的保护并不是保护构思本身,它允许其他人以不同的方式使用这些构思或概念。

版权的客体是作品,包括文学、艺术和科学领域内,具有独创性并能以某种有形形式复制的智力创作成果。版权的主体即著作权人,是指依照法律规定,对文学、艺术和科学作品享有著作权的人,包括作者和其他依法享有著作权的公民、法人或者其他组织。著作权人的权利主要包括发表权、署名权、修改权、保护作品完整权四项权利,以及使用权和获得报酬权两项财产权利。

(2) 计算机软件保护

计算机软件属于版权保护的作品范畴。我国根据《著作权法》,制定了《计算机软件保护条例》,并于2001年12月20日发布,2011年1月8日第1次修订,2013年1月30日第2次修订。在该条例中,计算机软件是指计算机程序及其有关文档。根据此条例规定,软件著作权人享有下列各项权利:发表权;开发者身份权;使用权;使用许可权和获得报酬权;转让权。

软件权利的使用许可须依法以签订、执行书面合同的方式进行。被许可人应当在合同规定的方式、条件、范围和时间内行使使用权。软件著作权的保护期为25年,期满前软件著作人可以向软件登记管理机构申请续展25年,但保护期最长不超过50年。

除条例规定的情况外,以下行为构成侵权行为:

① 未经软件著作人同意发表软件作品。
② 将他人开发的软件当作自己作品发表。
③ 未经合作者同意将软件当成自己单独完成的作品发表。
④ 在他人开发的软件上署名或涂改署名。
⑤ 未经软件著作权人或者合法受让人的同意,修改、翻译、注释其软件作品;复制或部分复制其软件作品;向公众发行,展示其软件的复制品;向任何第三方办理其软件的许可使用或转让事宜。

6.2.2 合法经营

创业者在经营企业的过程中,必须符合法律规定。与企业经营有关的法律主要有关于竞争、质量和劳动等方面的法规。

1. 反不正当竞争法

为了鼓励和保护公平竞争,制止不正当竞争行为,保护经营者和消费者的合法权益,我国于1993年9月2日颁布了《中华人民共和国反不正当竞争法》。该法规定,经营者在市场交易中,必须遵循自愿、平等、公平、诚实信用的原则,遵守公认的商业道德。所谓的不正当竞争,是指经营者违犯该法规定,损害其他经营者的合法权益,扰乱社会经济秩序的行为。所谓的经营者,是指从事商品经营或者营利性服务(以下所称商品包括服务)的法人、其他经济组织和个人。

(1) 不正当竞争行为

依据法律规定,以下行为属于不正当竞争行为。

① 采用下列不正当手段从事市场交易,损害竞争对手:假冒他人的注册商标;擅自使用知名商品特有的或近似的名称、包装、装潢,造成和他人的知名商品相混淆,使购买者误认为是该知名商品;擅自使用他人的企业名称或者姓名,引人误认为是他人的商品;在商品上伪造或者冒用认证标志、名优标志等质量标志,伪造产地,对商品质量作引人误解的虚假表示。

② 公用企业或者其他依法具有独占地位的经营者,限定他人购买其指定的经营者的商品,以排挤其他经营者的公平竞争。

③ 政府及其所属部门滥用行政权力,限定他人购买其指定的经营者的商品,限制其他经营者正当的经营活动;限制外地商品进入本地市场,或者本地商品流向外地市场。

④ 经营者采用财物或者其他手段进行贿赂以销售或者购买商品。

⑤ 经营者利用广告或者其他方法,对商品的质量、制作成分、性能、用途、生产者、有效期限、产地等作引人误解的虚假宣传。

⑥ 经营者采用下列手段侵犯商业秘密:以盗窃、利诱、胁迫或者其他不正当手段获取权利人的商业秘密;披露、使用或者允许他人使用以前项手段获取的权利人的商业秘密;违反约定或者违反权利人有关保守商业秘密的要求,披露、使用或者允许他人使用其所掌握的商业秘密。所谓商业秘密,是指不为公众所知悉、能为权利人带来经济利益、具有实用性并经权利人采取保密措施的技术信息和经营信息。

⑦ 经营者以排挤竞争对手为目的,以低于成本的价格销售商品。

⑧ 经营者销售商品,违背购买者的意愿搭售商品或者附加其他不合理的条件。

⑨ 经营或从事的有奖销售:采取欺骗方式;推销质次价高的商品;抽奖的最高奖金额超过 5000 元。

⑩ 经营者捏造、散布虚伪事实,损害竞争对手的商业信誉、商品声誉。

⑪ 投标者串通投标者,抬高标价或者压低标价。

(2) 监督检查和法律责任

县级以上监督检查部门对不正当竞争行为,可以进行监督检查和进行相应的处理。经营者违反法律规定,给被侵害的经营者造成损害的,需要承担损害赔偿责任。被侵害的经营者的合法权益受到不正当竞争行为损害的,可以向人民法院提起诉讼。对各类不正当竞争的违法行为,依法进行相应的处罚。

2. 合同法

为了保护合同当事人的合法权益,维护社会经济秩序,1999 年 3 月 15 日我国颁布了《中华人民共和国合同法》。所谓合同,是指平等主体的自然人、法人、其他组织之间设立、变更、终止民事权利与义务关系的协议。

法律对合同的当事人具有下列规定：法律地位平等；依法享有自愿订立合同的权利；遵循公平原则确定各方的权利和义务；行使权利、履行义务、遵循诚实信用原则；订立、履行合同,应遵守法律、行政法规,尊重社会公德,不得扰乱社会经济秩序,损害社会公共利益；依法成立的合同,对当事人具有法律约束力,当事人应当按照约定履行自己的义务,不得擅自变更或者解除合同。

(1) 合同的订立

当事人订立合同,应当具有相应的民事权利能力和民事行为能力。订立的合同,有书面形式、口头形式和其他形式。书面形式是指合同书、信件和数据电文(包括电报、电传、传真、电子数据交换和电子邮件)等可以有形地表现所载内容的形式。

合同的内容由当事人约定,一般包括以下条款：当事人的名称或者姓名和住所；标的物；数量；质量；价款或者报酬；履行期限、地点和方式；违约责任；解决争议的方法。当事人可以参照各类合同的示范文本订立合同。

当事人在订立合同过程中有下列情形之一,给对方造成损失的,应当承担损害赔偿责任：假借订立合同,恶意进行磋商；故意隐瞒与订立合同有关的重要事实或者提供虚假情况；有其他违背诚实信用原则的行为；泄露或者使用在订立合同过程中知悉的对方的商业秘密。

(2) 合同的效力

依法成立的合同,自成立时生效。法律、行政法规规定应当办理批准、登记等手续生效的,依照其规定。当事人对合同的效力可以约定附加条件,附生效条件的合同,自条件成熟时生效。附解除条件的合同,自条件成熟时失效。

有下列情形之一的,合同无效：一方以欺诈、胁迫的手段订立合同,损害国家利益；恶意串通,损害国家、集体或者第三人利益；以合法形式掩盖非法目的；损害社会公共利益；违反法律、行政法规的强制性规定。

(3) 合同的履行

当事人应当遵循诚实信用原则,根据合同的性质、交易习惯履行通知、协助、保密等义务。

合同生效后,当事人就质量、价款或者报酬、履行地点等内容没有约定或者约定不明确的,可以协议补充；不能达成补充协议的,按照合同有关条款或者交易习惯确定。

合同生效后,当事人不得因姓名、名称的变更或者法定代表人、负责人、承办人的变动而不履行合同义务。

(4) 合同的变更和转让

当事人协商一致,可以变更合同。法律、行政法规规定变更合同应当办理批准、登记等手续的,依照其规定。债权人可以将合同的权利全部或者部分转让给第三人,但有下列情形之一的除外：根据合同性质不得转让；按照当事人约定不得转让；依照法律规定不得转让。当事人一方经对方同意,可以将自己在合同中的权利和义务一并转让给第三人。

(5) 合同的权利义务终止

有下列情形之一的,合同的权利义务终止：债务已经按照约定履行；合同解除；债务相互抵消；债务人依法将标的物提存；债权人免除债务；债权债务同归于一人；法律规定或者当事人约定终止的其他情形。

当事人协商一致,可以解除合同。有下列情形之一的,当事人可以解除合同:因不可抗力致使不能实现合同目的;在履行期限届满之前,当事人一方明确表示或者以自己的行为表明不履行主要债务;当事人一方迟延履行主要债务,经催告后在合理期限内仍未履行;当事人一方迟延履行债务或者有其他违约行为致使不能实现合同目的;法律规定的其他情形。

(6) 违约责任

当事人一方不履行合同义务或者履行合同义务不符合约定的,要承担继续履行、采取补救措施或者赔偿损失等违约责任。当事人一方明确表示或者以自己的行为表明不履行合同义务的,对方可以在履行期限届满之前要求其承担违约责任。

3. 产品质量法

为了加强对产品质量的监督管理,明确产品质量责任,保护用户、消费者的合法权益,维护社会经济秩序,1993年2月22日我国颁布了《中华人民共和国产品质量法》。产品是指经过加工、制作,用于销售的产品。建设工程不适用此法规定。

生产者、销售者必须依法承担产品质量责任,在生产经营中不得有以下行为:伪造或者冒用认证标志、名优标志等质量标志;伪造产品的产地,伪造或者冒用他人的厂名、厂址;在生产、销售的产品中掺杂、掺假,以假充真、以次充好。

(1) 产品质量的监督管理

国家根据国际通用的质量管理标准,推行企业质量体系认证制度,参照国际先进的产品标准和技术要求,推行产品质量认证制度。国家对产品质量实行以抽查为主要方式的监督检查制度。保护消费者权益的社会组织可以就消费者反映的产品质量问题建议有关部门负责处理,支持消费者对因产品质量造成的损害向人民法院起诉。

(2) 生产者、销售者的产品质量责任和义务

生产者要对其生产的产品质量负责,销售者要对销售的产品质量负有责任和义务。质量法对此都有明确要求。

(3) 损害赔偿

售出的产品有下列情形之一的,销售者应当负责修理、更换、退货:给购买产品的用户、消费者造成损失的,销售者应当赔偿损失;不具备产品应当具备的使用性能而事先未作说明的;不符合在产品或者其包装上注明采用的产品标准的;不符合以产品说明、实物样品等方式表明的质量状况的。如果责任属于生产者,或者属于向销售者提供产品的其他销售者(供货者),销售者有权向生产者、供货者追偿。

4. 劳动法

为了保护劳动者的合法权益,调整劳动关系,建立和维护适应社会主义市场经济的劳动制度。我国于1994年7月5日颁布了《中华人民共和国劳动法》,2009年8月27日修正,此法适用于在中华人民共和国境内的企业、个体经济组织(以下统称用人单位)和与之形成劳动关系的劳动者。我国于2008年1月1日起施行《中华人民共和国劳动合同法》。

(1) 劳动者的权利和义务

劳动者享有以下权利：平等就业和选择职业的权利、取得劳动报酬的权利、休息休假的权利、获得劳动安全卫生保护的权利、接受职业技能培训的权利、享受社会保险和福利的权利、提请劳动争议处理的权利以及法律规定的其他劳动权利。

劳动者具有以下义务：完成劳动任务、提高职业技能、执行劳动安全卫生规程、遵守劳动纪律和职业道德。用人单位需要依法建立和完善规章制度，保障劳动者享有劳动权利和履行劳动义务。劳动者有权依法参加和组织工会，工会代表应维护劳动者的合法权益，依法独立自主地开展活动。

劳动者依照法律规定，通过职工大会、职工代表大会或者其他形式，参与民主管理或者就保护劳动者合法权益与用人单位进行平等协商。

(2) 劳动合同和集体合同

劳动合同是劳动者与用人单位确立劳动关系和义务的协议。建立劳动关系应当订立劳动合同。在订立和变更劳动合同时，应当遵循平等自愿、协商一致的原则。以下劳动合同为无效合同：违反法律、行政法规的劳动合同；采取欺诈、威胁等手段订立的劳动合同。

劳动合同应当以书面形式订立，并具备以下条款：劳动合同期限；工作内容；劳动保护和劳动条件；劳动报酬；劳动纪律；劳动合同终止的条件；违反劳动合同的责任。

经劳动合同当事人协商一致，劳动合同可以解除。符合法定条件的，也可解除劳动合同。企业职工一方与企业可以就劳动报酬、工作时间、休息休假、劳动安全卫生、保险福利等事项，签订集体合同。集体合同草案应当提交职工代表大会或者全体职工讨论通过合同的规定。

(3) 工作时间和休息休假

国家实行劳动者每日工作时间不超过八小时、平均每周工作时间不超过四十四小时的工时制度。用人单位应当保证劳动者每周至少休息一日，若由于生产经营需要，经与工会和劳动者协商后可以依法延长工作时间。

(4) 工资

工资分配应当遵循按劳分配原则，实行同工同酬。用人单位根据本单位的生产经营特点和经济效益，依法自主确定本单位的工资分配方式和工资水平，但支付劳动者的工资不得低于当地最低标准。工资应当以货币形式按月支付给劳动者本人，不得无故拖欠劳动者的工资。

(5) 劳动安全卫生

用人单位必须建立、健全劳动安全卫生制度，严格执行国家劳动安全卫生规程和标准，对劳动者进行劳动安全卫生教育，防止劳动过程中的事故，减少职业危害。劳动安全卫生设施必须符合国家规定的标准。

(6) 职业培训

用人单位应当建立职业培训制度，按照国家规定提取和使用职业培训经费，根据本单位实际，有计划地对劳动者进行职业培训。从事技术工种的劳动者，上岗前必须经过培训。

(7) 社会保险和福利

国家设立社会保险基金,保险基金的资金来源,逐步实行社会统筹、用人单位和劳动者三方承担。企业和劳动者必须依法参加社会保险,缴纳社会保险费。劳动者在下列情形下,依法享受社会保险待遇:退休、生病、负伤;因工伤残或者患职业病;失业;生育。

(8) 劳动争议

用人单位与劳动者发生劳动争议,当事人可以依法申请调解、仲裁、提起诉讼,也可以协商解决。

(9) 法律责任

用人单位制定的劳动规章制度违反法律、法规规定的,由劳动行政部门给予警告,责令改正;对劳动者造成损害的,应当承担赔偿责任。

6.3 企业注册流程及企业注册相关文件的提交

6.3.1 企业注册流程

1. 企业注册的大致流程

当创业者有了明确的创业计划,并且做好资金、人员、场地、技术、设备等多方面的准备工作后,就进入了企业的初创阶段。在公司正式成立运营前,需要先完成公司工商登记注册审批,领取营业执照。此外,如果企业从事的是特殊性质的经营活动,还必须有相关部门的批准文件。在企业注册之前,需了解企业法人注册的相关法律条例,如《中华人民共和国企业法人登记管理条例》等法规。企业在设立之后,还必须进行税务登记,要了解企业应该上缴的税种,如企业所得税、增值税等,还需了解税务相关的一些法规常识。

大体来说,需要完成以下流程工作:①企业名称预核准;②设立验资账户,资金入账;③出具验资报告;④办理营业执照;⑤刻制印章;⑥办理组织机构代码证;⑦办理税务登记证;⑧开设银行基本户;⑨申领发票。企业注册流程如图6-2所示。

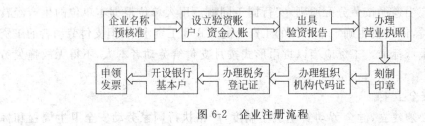

图6-2 企业注册流程

2. 企业注册的具体步骤

(1) 企业名称预核准

为了避免企业在筹组过程中因名称的不确定性带来的混乱,提高注册的效率,我国实行企业名称预核准制度。即在公司正式申请设立登记前,预先将公司拟定的名称按照规定向登记注册机关提出申请。根据国家工商行政管理总局发布的《企业名称登记管理规定》第七条规定:"企业名称由以下部分依次组成:学号(或商号)、行业或经营特点、组织形式。企业名称应当冠以企业所在地省(包括自治区、直辖市)或者市(包括自治州)或者县(包括市辖区)行政区划名称。"这一规定明确了行政区划名称、字号、行业或者经营特点以及组织形式是构成企业名称的四项基本要素。

企业名称中的行政区划名称是指县以上行政区划名称,不包括乡、镇和其他地域名称,企业名称中只要出现省、市名称,就必须由省、市工商行政管理局核准。企业名称中的字号是构成企业的核心要素,应当由两个以上的汉字组成,例如"美的"、"同仁堂"等。企业名称可以使用投资人姓名作字号,但必须提交投资人签字的书面同意材料。企业法人必须使用独立的企业名称,不得在企业名称中包含另一个法人名称,包括不得包含另一个企业法人名称。企业名称中应当使用符合国家规范的汉字,不得含有外国文字、汉语拼音字母、阿拉伯数字等。企业名称中的行业表述能够具体反映企业生产、经营或服务的范围、方式或特点,但不得含有违反公平竞争原则、可能对公众造成误认、可能损害他人利益的内容。

申请企业名称预先核准登记,应当由全体投资人的指定代表或委托代理人,向工商机关提交下列材料:①全体投资人签署的《企业名称预先核准申请书》(具体填写参见附录3);②全体投资人的身份证明或法人资格证明;③全体投资人签署的《指定代表或者共同委托代理人的证明》(参见附录4),其中应标明指定代表或者共同委托代理人的权限、授权期限;④指定代表或受托代理人的身份证明。以上文件需投资人签署的,自然人投资人由本人签字;自然人以外的投资人加盖公章。工商机关在收到企业的申请材料后,按照程序进行审核,对申请材料齐全,符合法定形式的,一般会即时做出核准或驳回的决定。核准的,发给《企业名称预先核准通知书》;驳回的,发给《企业名称驳回通知书》。

企业名称预先核准流程如图6-3所示。

(2) 设立验资账户,存入注册资金

在领取到企业名称预先核准通知书后,即可将各股东的身份证明文件带到银行开设公司临时验资账户,按照公司章程里确定的出资人、出资金额及出资比例,各股东将注册资本以现金或转账的形式存入账户。需要注意的是,股东在缴存投资款时,应在银行进账单或者现金缴款单上的"款项用途"中标明"××(股东名称)投资款"。所有资金到账后,银行出具询证函、进账单及对账单(加盖隔天日期的印章),说明所有出资人的资金缴存情况,并将这些材料寄到验资的会计师事务所。

(3) 领取验资报告

验资即验证企业资本,是指注册会计师依法接受委托,对被审计单位的实收资本(股本)及其相关资产、负债的真实性、合法性进行的审验。验资报告是会计师事务所或审计事务所及其他具有验资资格的机构出具的证明资金真实性的文件,具有法律效力。根据《公司法》及有关规定,企业办理设立登记应当由法定的验资机构出具验资报告,证明其注册资本已经到位,企业具有承担民事责任的能力。委托人委托验资机构验资须按照规定办理委托手续,填写委托书。

股东既可以用货币出资,按照上述办法将资金存入银行临时验资账户,也可以用实物

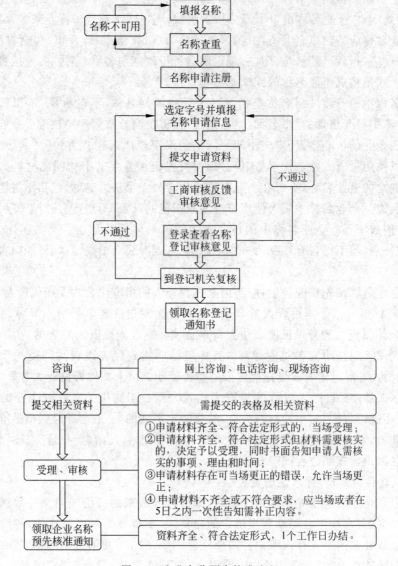

图 6-3 企业名称预先核准流程

或无形资产出资,但需将该部分实物或无形资产经过具有评估资格的资产评估机构来评估,并将评估报告交给会计师事务所,依法办理财产权的转移手续。需要注意的是,以实物资产作价投入的,所作价投入的实物资产不得超过公司注册资本的50%;以无形资产作价投入的,所作价投入的无形资产不得超过公司注册资本的20%。

办理公司验资报告,需提供以下相关文件:①企业名称预先核准通知书;②公司章程;③股东身份证明,个人股东提供身份证,法人股东提供营业执照;④银行询证函、进账单及对账单;⑤经营场所房屋租赁合同;⑥验资机构要求提交的其他文件。会计师事务所在收到资金到位证明后,将会核发验资报告,一式三份,并连同相关办理材料一起交予委托人,作为申请注册资本的依据。公司验资报告样本如图6-4所示。

图 6-4　公司验资报告样本

(4) 办理营业执照

在领取到验资报告后,可向工商机关提交以下资料办理公司设立登记手续:①公司法定代表人签署的《公司设立登记申请书》(见附录5);②全体投资人签署的《指定代表或者共同委托代理人的证明》及指定代表或委托代理人的身份证明;③全体股东签署的公司章程(股东为自然人的由本人签字;自然人以外的股东加盖公章);④股东主体资格证明或者自然人身份证明;⑤依法设立的验资机构出具的验资报告;⑥股东首次出资是非货币财产的,提交已办理财产权转移手续的证明文件;⑦《企业名称预先核准通知书》;⑧经营场所房屋租赁合同;⑨公司设立登记主管机关要求提交的其他文件。

工商行政机关接收企业申请材料后,对资料进行审核,经核实资料齐全、符合法定形式的,当场受理并发给《企业登记受理通知书》,公司代表或代理人可在三个工作日内缴费并领取营业执照;申请资料齐全、符合法定形式但材料仍需要核实的,决定予以受理,同时书面告知申请人需核实的事项、理由和时间;申请材料若存在可当场更正的错误,允许当场更正;申请材料不齐全或不符合要求的,应当场或在五日之内一次性告知需补正内容。领取企业法人营业执照时,需按注册资本总额的 0.8‰ 缴纳设立登记费;注册资本超过 1000 万元的,超过部分按 0.4‰ 缴纳;注册资本超过 1 亿元的,超过部分不再缴纳。

公司设立登记流程如图 6-5 所示。

(5) 刻制印章

待工商机关颁发营业执照后,可凭营业执照、法人身份证明、经办人身份证明、法人签署的授权委托书、单位证明及刻章申请书(详细列明需刻印章的名称、数量及附上印章样模),到所属地区公安分局治安科办理印章备案手续,待公安局开具"刻章许可证"后,到指定的具有印章刻制资格的印章社刻制印章。公司印章是指刻有单位名称且一经盖章即代表单位名义的印章,包括单位公章、法人代表印章、财务专用章及其他专用章等。

(6) 办理组织机构代码证

组织机构代码是对我国境内依法注册登记的机关、企事业单位、社会团体及民办非企业单位颁发一个在全国范围内唯一的、始终不变的代码标识,其作用相当于单位的身份证

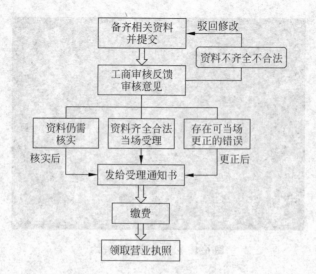

图 6-5 公司设立登记流程

号。新创企业在完成公司设立登记后,可持以下资料到所属地的质量技术监督局申请办理组织机构代码证:①营业执照;②法人或负责人身份证明;③单位公章;④经办人身份证;⑤已填好的《组织机构代码证申报表》。技术监督部门对申请资料进行审核通过后,颁发企业组织机构代码证。组织机构代码证样本如图 6-6 所示。

图 6-6 组织机构代码证样本

(7)办理税务登记证

根据《征管法》规定,凡从事生产经营的纳税人,均需在领取营业执照之日起 30 日内到办税服务厅申办税务登记。税务登记证是指从事生产经营的纳税人向生产经营地或者纳税义务发生地的主管税务机关申报办理税务登记时,所颁发的登记凭证。

具体办理税务登记时,首先需持营业执照向税务机关提出申请,领取《税务登记表》,在填写完整后,将它与相关资料一起报送税务机关,税务机关在审核完毕后,对资料齐全、符合法定形式的,准予办理税务登记,并发给税务登记证。

办理税务登记需持以下材料：①营业执照；②公司章程；③组织机构代码证；④法人或负责人的身份证明；⑤验资报告；⑥经营场所房屋租赁合同；⑦填好的《税务登记表》；若在领取营业执照后超过 30 日才办理税务登记的，还需提供工商机关开出的办理工商执照工本费收据。

(8) 开设银行基本账户

单位银行结算账户按用途不同，可分为基本存款账户、一般存款账户、临时存款账户和专用存款账户四类。其中，基本存款账户是存款单位办理日常转账结算和现金收付的主办账户，企业生产经营的日常资金收付，以及工资、奖金的支取均可通过该账户办理。按人民币银行结算账户管理办法规定，一家单位只能选择一家银行申请开立一个基本存款账户，开设银行基本存款账户是开立其他银行结算账户的前提。

办理单位银行基本存款账户，需持以下资料：①营业执照；②组织机构代码证；③税务登记证；④法人身份证明、经办人身份证明；⑤公章、财务章及法人代表私章；⑥开户银行要求的其他文件。企业持以上资料到银行申请开立基本户，开户银行对申请资料进行审查，资料齐全、符合法定形式的，受理业务，并在短期内发给开户许可证。

(9) 申领发票

新企业要申请发票，首先要票种核定。办理纳税人票种核定申请的纳税人应报送《纳税人新办事项申请审批表》，税务机关办结期限需 5 个工作日。再办理发票领购手续，办理发票领购手续的纳税人需报送下列附送资料：①《发票领购簿》；②发票专用章（初次领购）。

至此，公司完成登记注册的所有工作，可以正式开张营业。

6.3.2 企业注册登记时应准备提交的文件

1. 个人独资企业登记注册时应提交的文件

(1) 投资人签署的个人独资企业设立登记申请书；
(2) 投资人身份证明；
(3) 企业住所证明；
(4) 企业名称预先核准通知书；
(5) 国家工商行政管理总局规定提交的其他文件；
(6) 委托代理人申请设立登记的，应当提交投资人的委托人和代理人的身份证明或资格证明；
(7) 经营范围涉及法律、行政法规规定必须报经审批的，还应提交有关部门的批准文件或许可证明。

2. 合伙企业登记注册时应提交的文件

(1) 企业名称预先核准通知书；
(2) 全体合伙人签署的设立登记书；
(3) 全体合伙人共同委托的代理人的委托书；

(4) 全体合伙人的身份证明（身份证或户籍证明复印件）；
(5) 合伙协议；
(6) 出资权属证明；
(7) 经营场地证明；
(8) 全体合伙人共同委托执行合伙企业事务人的委托书；
(9) 法律、法规规定提交的其他文件证件。

3. 有限责任公司登记注册时应提交的文件

(1) 公司法定代表人签署的公司设立登记申请书；
(2) 全体股东指定代表或者共同委托代理人的证明；
(3) 公司章程；
(4) 依法设立的验资机构出具的验资证明；
(5) 股东首次出资是非货币资产的，应当在公司设立登记时提交已办理其财产转移手续的证明文件；
(6) 股东的主体资格证明或者自然人身份证明；
(7) 载明公司董事、监事、经理的姓名、住所的文件及有关委派、选举或者聘用的证明；
(8) 公司法定代表人任职文件和身份证明；
(9) 企业名称预先核准通知书；
(10) 公司住所证明；
(11) 国家工商行政管理总局规定要求提交的其他文件。

4. 股份有限公司登记注册时应提交的文件

《公司法》第九十三条规定：董事会应于创立大会结束后30日内，向公司登记机关报送下列文件，申请设立登记。

(1) 公司登记申请书；
(2) 创立大会的会议记录；
(3) 公司章程；
(4) 验资证明；
(5) 法定代表人、董事、监事的任职文件及其身份证明；
(6) 发起人的法人资格证明或者自然人身份证明；
(7) 公司住所证明。

以募集设立方式设立股份有限公司公开发行股票的，还应向公司登记机关报送国务院证券监督管理机构的核准文件。

课后案例

佛山电器照明股份有限公司拥有一种单端卤钨灯装绷结构的实用新型技术，并获得国家知识产权局授予的实用新型专利权（专利号 ZL99251134.8）。而1999年年底李某所在的南海市务庄××节能电器厂开始仿制应用该专利的四线灯产品，2000年3月开始批量生产,至2001年2月,平均每月生产30万只,盈利约有300万元。

2001年7月,佛山电器照明股份有限公司向佛山市中级人民法院起诉南海市务庄××节能电器厂和李××侵犯其专利权,请求判令被告立即停止侵权行为、销毁侵权产品;公开赔礼道歉;并赔偿损失500万元。

佛山中院经审理查明:原告(佛山电器照明股份有限公司)于1999年10月11日提出该种单端卤钨灯装绷结构专利申请,并2000年4月19日获得公告授权。而被告(南海市务庄××节能电器厂)在未经原告陈某许可的情况下,从1999年年底开始以经营为目的、仿制、销售落入原告专利保护范围的多款产品,其行为违反了《中华人民共和国专利法》第十一条第一款的规定,构成对原告专利权的侵犯,应承担相应的民事责任。

法院最后判决:

(1) 被告立即停止生产、制造、销售并销毁侵权产品。

(2) 赔偿原告120万元。本案受理费70020元、财产保全费25520元均由被告负担。

从此案例中我们可以得知,如果创业者不懂得相关的法律、法规,会给企业带来巨大的经济损失甚至于创业失败。

(资料来源:佛商网.http://www.fsgsw.com/WG/WorkGuide_View.aspx? ID=1024)

本 章 小 结

本章首先介绍了各种适合创业的企业组织形式及其特点,并对这三种企业组织形式进行了比较,创业者实际创业过程中,应结合创业目标、创业环境与自身实际条件等,权衡各种组织形式的利弊,慎重选择最适合自己的企业组织形式。介绍了与创业过程联系较为紧密的部分法律、法规,包括专利法、商标法、著作权法、反不正当竞争法、合同法、产品质量法、劳动法等,希望能够帮助创业者解决一些可能遇到的法律问题,减少不必要的麻烦和损失。介绍了企业的创业实务,包括从企业名称预核准,一直到能够申领发票进行正式营业的一系列流程操作办法。通过本章的学习,可以加深创业者对企业创业活动的了解,丰富创业者的法律法规知识,熟悉企业创办的具体操作流程。

复 习 题

1. 根据经营主体的不同,企业常见的组织形式有哪几种?
2. 新创企业注册成立大致包括哪几个环节?
3. 为公司命名时,应注意哪些问题?
4. 办理单位银行基本存款账户,需要持哪些资料?

第 7 章

组建新创企业团队

Facebook 的创业团队

在美国硅谷流传着这样一条"创业法则":由两个 MBA 和 MIT 博士组成的创业团队,几乎就是获得风险投资的保证。虽然,这有些夸大其词,却蕴含这样的事实:如今,创业已非纯粹追求个人英雄主义的行为,团队创业成功的几率要远高于个人独自创业。一个由研发、技术、市场、融资等各方面组成的优势互补的创业团队,是创业成功的法宝,对高科技创业企业来说,更是如此。

2004 年 2 月,美国哈佛大学二年级学生马克·扎克伯格(Mark Zuckerberg)在自己的寝室里创办了风靡全球的社交网络服务网站 Facebook。截至 2012 年 5 月,Facebook 在全球拥有约 9 亿用户,是全球第一大社交网站。你认为马克·扎克伯格能一个人完成这一"巨作"吗?有记者曾采访马克·扎克伯格时问他成功的秘诀是什么?他跟记者开起了玩笑吐吐舌头说道:"嘿!你为什么不去问问其他的伙计们,这个网站不只是我一个人的杰作,它的良好运营取决于我们的团队。"他说的没错,Facebook 的成功确实不是一个人的功劳,让我们来看看这个优秀的团队你或许就知道为什么 Facebook 能够成功了。

马克·扎克伯格(Mark Zuckerberg),创始人及 CEO。扎克伯格 1984 年 5 月 14 日出生于纽约的一个犹太人家庭。他的父亲在 20 世纪 90 年代就教他 Atari BASIC Programming,之后还曾聘请软件开发者 David Newman 当他的家教,Newman 曾称赞扎克伯格是一个神童。扎克伯格高中时,已经在家附近的 Mercy College 上课。Facebook 成立时,扎克伯格主要负责制订公司的整体发展方向和产品战略。同时他还领导创业团队进行了网站服务的设计,以及核心技术和基础设施的开发。

克里斯·休斯(Chris Hughes),联合创始人。在最初的寝室时代,休斯是 Facebook 的发言人,与扎克伯格和另一联合创始人莫斯科维茨一同工作,随后迁往帕洛阿尔托参与产品团队的工作。休斯是奥巴马 2008 年总统竞选团队的在线组织主管。他以优异的成绩毕业于哈佛大学,获历史和文学学士学位。

达斯汀·莫斯科维茨(Dustin Moskovitz),联合创始人。他也是技术团队的领袖。他此前从事 Facebook 内部工具战略和开发方面的工作。莫斯科维茨在哈佛大学经济学专业学习了 2 年,在 Facebook 迁往帕洛阿尔托之后开始全职在 Facebook

工作。

埃杜阿多·萨维林(Eduardo Saverin),联合创始人。在 Facebook 的发展早期,他曾负责 Facebook 的商业开发和销售。萨维林以优异的成绩毕业于哈佛大学,获得经济学学士学位。

不得不说 Facebook 等社交媒体公司最大的成功是改变了人们使用互联网的方式,的确,这是一次历史性的改变,它来得那么自然,自然得有些不可思议,哈佛校园、几个二十多岁不善交际的小伙子,但是一个美妙的团队,一切就是这么自然而然地发生了,你还没来得及反应,它已经变成庞然大物,已经渗透并改变着你的生活,这就是互联网时代!

思考题:
(1) 如何组建一支创业团队?
(2) 大学生创业团队的优势与劣势主要有哪些?

7.1 组建创业团队

7.1.1 创业团队及创建意义

创业团队(Entrepreneurial Team)是指有着共同目标的两个或两个以上的个体形成的,一起从事创业活动,建立起一个新创企业的团队。这个团队在创业初期(包括企业成立前和成立早期),是由一群才能互补、责任共担、愿为共同的创业目标而奋斗的人所组成的特殊群体。一般而言,创业团队由四大要素组成:①目标。目标是将人们的努力凝聚起来的重要因素,从本质上来说组建创业团队的目的就是为了实现团队的共同目标。②人员。任何商业计划的实施最终是要靠团队成员去完成的。团队的每个成员作为知识的载体,所拥有的知识对创业团队的贡献程度将决定企业在市场中的命运。③团队成员的角色分配。即明确团队成员在新创企业中担任的职务和承担的责任。④创业计划。即制订成员在不同阶段分别要做哪些工作以及怎样做的指导计划。

大学生创业在起步阶段,创业者要么是单枪匹马开创自己的创业之路,要么联合几位朋友集体合作,一起来形成团队,共同发展。俗话说,一个好汉三个帮,三个臭皮匠顶个诸葛亮。创业所要求的能力涵盖管理、技术、营销、财务等各个方面,这些能力远不是单个创业者自己力所能及的。一群人同心协力,集合各自的优势,共同创业,其产生的集体智慧和能量,将远远大于个体。美国的一项研究表明,83.3%的高成长企业是由团队建立的,团队创业型企业的成长性明显优于独自创业型企业。从当前行业发展的情况来看,无论是在传统的制造业还是在高科技产业或是任何一个其他的行业,由团队所创办的企业要比个人创办的企业多得多。因此,为了成功地创办一家企业,并使其健康成长,团队创业就显得非常必要。

2012 年 11 月,在针对 6 所不同类型的湖北省武汉高校中进行了一次关于大学生创业情况的抽样调查。结果显示,在接受调查的 300 名大学生中,77.2%的人有过创业想法,最终成功者仅占 4.1%。在问及"创业成功的原因"时,31 名"校园老板"中有 17 人表示得益于团队的综合素质高,还有 11 人认为是目标明确、意志坚强。

以武汉理工大学"小蜜蜂"精英团为例，该社团是学校颇有名气的一家公司，它从刚成立时的7名成员发展到如今的400多人，只用了短短一年多的时间。说到成功的原因，公司创始人、该校电气工程及自动化专业的大四学生洪望松告诉记者，就凭两个字——团队。"其实我们最早做的是不挣钱的公益平台，专门为同学介绍兼职。"据洪望松介绍，他和几个朋友在找兼职时曾碰到过被骗的情况，为了防止更多人受害，他们决定成立一个兼职联盟，为同学们筛选信得过的企业。随着这个联盟的日益壮大，洪望松的团队也受到了不少大企业的青睐，并出资聘请他们做招聘支持。"其实就是辅助用人单位来学校招人，虽然做的事情有点杂，但收益不菲呢。"洪望松笑道。有了这笔启动资金后，他带着伙伴们依靠"第一套职业装"和高校校园招聘两个平台找到了创业门路——立足大四学生的需要，帮他们扫清求职途中的部分障碍。如今，小蜜蜂精英团已逐渐成熟，效益最好时，每月营业额达几十万元。

"团队的凝聚力是创业成功的关键，有了团队的支持，很多看似不可能做到的事情都能成功。"洪望松说。

同样得益于团队精神而创业成功的，还有武汉科技大学大四学生叶筱华（化名）。叶筱华2010年暑假曾在亲戚经营的一家室内设计公司实习，工作了一个半月后，她就和几个志同道合的朋友开起了自己的工作室。"实习时我曾和老师去给一名客户做设计，我大着胆子说了一些自己的看法，没想到客户居然十分满意。"叶筱华回忆说，从那天起她就萌生了创业的想法。"刚开始确实挺难，我除了会做设计，其他的什么都不懂。"叶筱华笑着说，"设计室能开起来多亏了几个朋友的帮忙。我们一共有7个人，根据各自的专长分别负责设计、市场、运营等工作，几个月下来，工作室就逐渐步入了正轨"。

从企业融资的角度来看，创业团队也非常重要。为了获得企业可持续发展所需的资金，对于初创企业来说，经常需要和风险投资机构打交道，风险投资机构在经过综合评估后会为早期、具有潜力和成长性的公司提供资金支持。什么样的企业容易受到风险投资机构的青睐？KPCB是美国最顶尖风险投资机构之一，其合伙人约翰·多尔（John Doerr）曾说："在当今世界上，有大量的技术、大量的创业者、大量的资金、大量的风险投资。而最为稀缺的就是优秀的团队。"所有的风险投资机构在评估企业的时候，会把人的因素作为最重要的考核指标，尤其是早期企业更是如此。甚至有风险投资机构开玩笑说评估项目最重要的三个指标是：团队、团队、团队。这种说法可能有些夸张，但所有的风险投资机构都知道早期的初创企业离成功其实还很遥远，还不可能像发展成熟的企业那样可以交给职业经理人来管理，更不可能上市融资，因此企业今后发展的好坏在很大程度上取决于创业团队。对于风险投资机构来说"一流的团队、二流的创意和产品"要比"一流的创意和产品、二流的团队"更具吸引力。换句话讲，一个普通的项目在优秀的团队里有可能带来极佳的业绩，而一个绝佳的机会在普通的团队手里会被糟蹋得一文不值。

需要明白的另外一点是，创业是一件充满艰辛和挑战的苦差事，对于每个创业者来说，创业的道路上绝非一帆风顺，甚至充满荆棘坎坷。而且创业成功本身就是小概率事件，这一点恐怕有过创业经历的人不会不明白。所以说一旦选择创业就要做好吃苦耐劳、承担风险的心理准备，并全身心地投入所追求的事业中去。如果在创业的道路上有团队成员的互相支持和鼓励，那么团队成员就能共同成长，并收获友谊。这里有一句创业名言：当一个人走在创业路上时,创业路途是艰辛的、寂寞的、黑暗的、可怕的、难耐的。而当一个团队走在创业路上时,创业路途将变得温暖,创业路途中的那份黑暗,也会被团队成员心中所向往的那份光明所驱散。创业路上,队友手拉手,创业路上将变得热闹辉煌,心中始终如一地坚持着、守护着信念,成功就在不远的地方等着我们。

综上所述,团队在创业过程中具有重要的意义。组建一个好的团队对于企业的成功是非常重要的,而且是不可缺少的因素。请记住:创业如同拔河比赛,人心齐,泰山移;创业如同赛龙舟,步调一致,不偏不移,才能独占鳌头。

7.1.2 创始人与创业团队领导者的角色

谁是一家企业的创始人?这里有一个非常简单的识别方法,那就是:如果一家企业最后成功了,很多人都可以从中获得收益,包括这家企业的股东和员工以及与它相关的任何利益相关者。但是如果这家企业失败了,最后挨骂并且要承担最大损失的那一个或者几个人就是企业的真正创始人。对于创业团队的其他成员而言,创业的时候累了、困了可以去度假、去休息,可是对于创始人而言除非他想放弃,否则他只能自己坚持下去。

创造一家企业,并让它持续发展和成熟是一件需要承担风险和面临挑战的事情。有些创始人付出了时间、金钱、健康、家庭等方面的巨大代价,最后还不一定能够成功。创业团队中的某些成员可以把创业企业看成是一个工作的场所,不满意的话可能会离开这个团队,换个地方继续工作。但是创业者不能如此超脱,他要把企业当成自己的"孩子",而不仅仅只是赚钱的工具。因此创始人不能甩下亲手养大的"孩子"而不管,他得担负起这个企业的全部责任。创始人和其他团队成员的区别还在于创始人要为企业的发展指明方向,为企业的发展提供原始的资本。

一般而言创始人可能有一个人,也可能有几个人。对于绝大多数企业而言创始人通常是管理团队的核心,也就是创业团队的领导者。联想集团创始人柳传志曾经有一句经典名言:领军人物好比是阿拉伯数字中的1,有了这个1,带上一个0,它就是10,带上两个0就是100,带上三个0是1000。这句话充分说明了作为创业团队核心的领导者对于团队发展的重要性。

创业团队的领导者是由群体发展出来的领袖人物,具有非凡的影响力。团队的领导者对内具有推动、发起以及引导团队成员的作用,对外则担任团队的沟通桥梁,处理与外部进行信息、资源交流的事务。一名有效的团队领导者必须学会耐心地分享资讯、信任他人、放下权威,以及了解介入冲突的恰当时机;他还必须承担指导、协助、评估团队与个人绩效、训练及沟通等责任。因此,创业团队的领导者在不同的场合、不同的环境、不同的任务中分别扮演不同的角色。以下是团队领导者需要经常扮演的角色。

(1) 目标制订者角色

目标,是一个组织目的或宗旨的具体化,或组织成员通过努力所希望达到的一种未来状态,也是组织各项活动所指向的终点。卓越的业绩总是和卓越的目标联系在一起的。适当的目标能产生强大的凝聚作用。特别是当组织目标充分体现了组织成员的共同利益,并能够与组织成员的个人目标取得最大限度的一致时,它就能极大地增强组织的凝聚力,激发团队成员的工作热情、主人翁精神和创造力。

制订目标和计划都是领导者经常性的工作内容。大到公司的战略规划，小到一次小型促销活动，都需要领导者进行周密的策划和慎重的思考，制订合理的目标和具体的行动计划。领导者通过制订切合实际的组织目标，进而影响组织及其成员的活动。领导者的重要任务之一就是为了达到同一目标而不断协调集体的行动，而这一任务的目的就在于完成既定的目标。可以这样说，离开了目标，领导者什么都不是。

（2）决策者角色

决策，就是领导者为了达到一定的目标，在掌握一定量的信息和对有关情况进行深刻分析的基础上，拟订、评估各种备选方案，并从中选择合理方案的过程。决策是企业经营中最重要的管理活动，对于领导者而言，决策则是最重要、最困难，也是最富挑战性的一项工作，它往往与风险和责任联系在一起，因此它更需要领导者的勇气、魄力及责任感。

（3）执行者角色

领导者要担任执行者的角色必须具有很强的执行力。执行力就是将战略、决策和计划落实的能力，它是领导者最基本也是最为重要的能力之一。为此，领导者应充分重视自身及下属执行力的培养，并致力于在公司范围内营造高效的执行文化。任何一个公司或团队的领导者绝不仅是单纯的策略制订者，他们同时还应是团队执行力的重要组成部分。领导者必须直接参与战略与计划的执行中来，除非在所有关键的领导和管理岗位上都配备了合格的、有能力的、意志坚定的人才，否则要取得执行的成功是难以想象的。研究表明，领导者对执行不够重视、参与程度不高是执行失败最重要的原因之一。

在通常情况下，指望团队中的每个成员在没有外力作用的情况下积极主动地完成任务和目标有的时候会很难，特别是当执行涉及可能影响他们利益的变革时就更不可能，领导者积极参与和个人影响对于执行的过程和结果都是十分关键的。领导者的积极参与及发挥个人影响力绝不仅停留在发号施令、施加压力及在遇到困难时大发雷霆上，他们需要采取与执行团队步调一致的行动，并直接参与问题的分析和解决。

（4）教练角色

好的领导者还应该是一名好的教练。他会让团队成员明确地知道哪些行为是公司积极倡导和鼓励的，帮助团队成员把握正确的方向，掌握必备的能力和技巧，这都是领导者的重要职责。要担任好教练的角色必须十分重视学习的价值。学习，不应只是获得新的信息、产生新的思路、接受新的观念或方法，真正的学习应该导致行为的改变。所以作为领导者不仅需要不断加强自我学习，而且要善于在公司内营造积极向上的学习氛围和环境，发展学习型团队，促进合作学习。

在实际工作中，扮演教练角色的优秀领导者总是身体力行，为员工做出良好的表率；同时，他们还毫无保留地向下属和员工传授思想、方法和技巧。领导者有培养下属的责任，许多公司都将这点作为考核领导者工作业绩的一项重要内容。如果培养不出好的下级，就不能被认为是称职的领导者，也不能获得进一步的晋升。正如同人们评价一个教练一样，如果培养不出优秀的运动员，就不能被认为是一个好教练一样。

（5）激励者角色

杰克·韦尔奇曾说过："对一位表现出色的员工进行奖励是管理过程中一个很重要

的部分。奖赏对于员工而言,不应是可望不可即的,就像鼻子碰着玻璃而穿不过去那样,我希望他们得到他们应得的。"为了保持团队的士气,增强团队的凝聚力,团队的领导者需要不断激励每一个团队成员。领导者应该针对组织及员工的特点、根据组织原则和公司文化寻求最有效的激励方法,引导员工朝着共同的组织目标而努力。尽管正激励和负激励都有一定的激励作用,但消极的激励因素,如恐惧、惩罚、训斥等,或许也能改进一些基本的行为,却绝不可能激励组织成员长期保持积极进取的精神状态。好的领导者深知奖励的巨大激励作用,他们从不认为给予优秀员工予以奖励是过分的;而且深知好的激励应该是物质激励与精神激励的有机结合,他们从不讳言金钱激励,对于为公司作出重要贡献、创造了巨大价值的员工也从不吝惜金钱。

(6)啦啦队队长角色

好的团队领导者都是优秀啦啦队队长,他们不仅为自己的团队搭建足够大的平台,而且亲自在台下担任啦啦队队长。他们清楚地知道应该在何时鼓掌,何时摇旗呐喊,何时掀起人浪,何时燃放鞭炮,何时抛掷矿泉水瓶。

7.2 组建与运营创业团队

7.2.1 组建创业团队的策略

在组建创业团队时一般应该遵循以下基本原则。

(1)目标明确合理原则。明确的目标使团队的任务方向明晰,避免迷失方向或者大家目标不一致。合理的目标是指经过大家的努力协作可以达成的目标。在创业初期定的目标过高,不切实际,容易使团队失去信心。目标定得过低,团队成员容易丧失斗志与激情。

(2)计划实际可行原则。计划可行要求责任落实到个人、计划落实到具体细节、存在明确的时间期限、可支配资源、明确的控制指标及改进的措施。

(3)分工、职责明晰原则。创业工作的复杂性以及个人能力限制决定了一个人从事创业的所有工作,而应该根据成员的特点进行分工,扬长避短。分工明晰的最佳状态是所有工作都有人做,成员间的工作不交叉重复,所有工作都由最佳人选做。职责明晰要求每个成员清晰自己的职权范围以及承担的工作责任,不仅如此,每个成员的责权利方面的信息都应该成为准公共知识,这样有助于降低交易成本,提高组织效率。

(4)团队动态调整原则。没有一个企业的团队创建之后就固守已有的规模及人员不变,"路遥知马力,日久见人心",创业过程中往往存在某些团队成员不适合团队文化,达不到标准的成员可能致使整个团队人心涣散;再者不乏存在成员在创业的过程中会因为自身原因需要退出队伍。所以要做好团队成员动态调整的准备,适时引进更适合的人才加入团队。

(5)人员互补匹配原则。这一原则是组建创业团队时最重要的一个原则。从人力资源管理的角度来看,建立优势互补的创业团队是保持创业团队稳定的关键。在创建一个团队的时候,不仅仅要考虑成员相互之间的人际关系、亲情关系,更重要的是考虑成员之间能力上和技术上的互补性。创业团队的互补性是指由于创业者知识、能力、心理等特征和教育、家庭环境方面的差异，通过团队成员扬长避短，发挥各自优势，弥补彼此不足，形成的一个在知识、能力、性格及人际关系资源等方面全面具备的优秀创业团队。只有当团队成员相互间在知识、技能、经验等方面实现互补时，才有可能通过相互协作发挥出"1＋1＞2"的协同效应。

谈到团队的组建，《西游记》中由唐僧率领的取经团队被公认为是一支"黄金组合"的创业团队。四个人的性格各不相同，却又同时有着不可替代的优势。比如说，唐僧慈悲为怀，使命感很好，有组织设计能力，注重行为规范和工作标准，所以他担任团队的主管，是团队的核心；孙悟空武功高强，是取经路上的先行者，能迅速理解、完成任务，是团队业务骨干和铁腕人物；猪八戒看似实力不强，又好吃懒做，但是他善于活跃工作气氛，使取经之旅不至于太沉闷；沙僧勤恳、踏实，平时默默无闻，关键时刻他能稳如泰山、稳定局面。

但是，创业路上，并没有那么巧的机缘和条件，能幸运地集聚到这样四个不同性格的人。蒙牛集团创始人牛根生曾向阿里巴巴集团创始人马云和新东方教育科技集团创始人俞敏洪提出了这样一个问题：如果只能从这四个人中挑选出两个人来作为创业伙伴的话，你会挑选哪两位？俞敏洪选沙僧和孙悟空，马云选择了沙僧和猪八戒。两人都选择了耿直忠厚的沙僧，但是关于另一个人选，两人的选择却很有意思。

马云这样解释他为什么选择猪八戒："最适合做领袖的当然是唐僧，但创业是孤独寂寞的，要不断温暖自己，用左手温暖右手，还要一路幽默，给自己和团队打气，因此我很希望在创业过程中有猪八戒这样的伴侣。当然，猪八戒做领导是很欠缺的，但大部分的创业团队都需要猪八戒这样的人。"

俞敏洪不赞同马云的选择，他认为猪八戒不适合当一个创业伙伴，猪八戒是很能搞活气氛，让周围的人轻松起来，但是缺点也很突出，就是不坚定，需要领袖带着才能往前走。而且猪八戒既然没信念，哪好就会去哪，哪有好吃的就往哪去，很容易在创业过程中发生偏移，企业有钱时会（大赚一笔后）离开，企业没钱时也很可能会弃企业而去。而孙悟空就不会这样，他是一个很理想的创业成员。俞敏洪列举了他的理由：他（孙悟空）的优点很明显，第一，有信念，知道取经就是使命，不管受到多少委屈都要坚持下去；第二，有忠诚，不管唐僧怎么折磨他都会帮助他一路走下去；第三，有头脑，在许多艰难中会不断想办法解决；第四，有眼光，能看到别人看不到的机会和磨难。当然，孙悟空也有很多个人的小毛病，会闹情绪、撂担子，所以需要唐僧必要时念念紧箍咒。但是，在取经路上，孙悟空所起到的作用是至关重要的。如果将西天取经比喻成一次创业过程，孙悟空就是其中不可或缺的创业成员。

从以上这个有趣的例子中我们可以看出组建一个好的创业团队必须挑选合适的人选，做到目标一致，优势互补。

创业团队的组建可以遵循以下主要程序。

1. 明确创业目标

创业团队的建立毫无疑问是为了实现某一特定的目标。创业目标的确立可以基于以下两种创业模式来考虑：首先，创业的模式可以是基于开发某一个新兴的市场，而这一市场从未有其他企业涉足。而实现这一目标的途径归根结底是在市场上找到那些市场的空白区域,这些区域里存在着未被满足的客户需求。其次,创业的模式还可以是创办一家企业,这家企业提供的产品和服务在市场上有竞争对手。如果这家企业要生存下来并持续发展就必须在某些方面比竞争对手做得更好或者提供的产品和服务与众不同。最初制订创业目标时可能目标会比较模糊,如果一开始就制定比较明确的目标,如很多企业常用的财务目标像销售额、利润之类的不太现实,因为最初的创业目标可能只是某种不太成熟的想法而已。但是请注意,明确创业目标并非是一定要你把创业目标描述得很清晰、可以衡量,而是让你树立一种目标意识,也就是你必须明白你要做的事情是为了达到你所希望的目标。创业团队的最终目标就是要通过完成创业阶段的技术、市场、规划、组织、管理等各项工作实现企业从无到有、从起步到成熟。

2. 制订创业计划

在确定了一个目标之后,紧接着就要研究如何实现这些目标,这就需要制订周密的创业计划。创业计划是在对创业目标进行具体分解的基础上,以团队为整体来考虑的计划,创业计划确定了在不同的创业阶段需要完成的阶段性任务,通过逐步实现这些阶段性目标来最终实现创业目标。一般而言制订创业计划需要撰写一份商业计划书,具体的撰写方法我们会在后面的章节里向大家详细介绍。

3. 招募合适的团队成员

招募合适的团队成员是组建创业团队最为关键的一步。前面我们已经谈到了组建团队时应遵循的基本原则,在这里重点介绍一下招募团队成员的主要渠道和方法。最先可以考虑的是在"熟人圈"里寻找创业伙伴。"熟人圈"主要包括同学、亲戚、朋友等与我们相识时间较长,彼此之间互相了解又有意愿与你一起创业的人。这种方法可以缩短相互之间信任磨合期的时间成本。其次可以考虑通过创业论坛、QQ群、微博、专业的创业网站、招聘网站等互联网渠道发布招募团队成员的信息。其中,通过互联网渠道发布信息要注意地域性的特点,也就是说你最好能确保与你地域相同或相近的人能看到这些信息。这主要是便于陌生人之间更便捷的沟通,减少初步了解的沟通成本、时间成本及差旅成本。请注意,用这种方法会有一些效果,但是要自己去分辨和把期望值降低。根据实际使用的效果来看,其中很多人是一时冲动并没有做好创业的准备,只是来"问问路"的。创业是件很严肃的事情,毫无准备的一时冲动那样的创业激情是短暂的。通过这种方法寻找创业合作伙伴最好能尽快进行直接的面对面沟通。最后,通过媒体对你个人、团队和你所做的项目进行新闻宣传和报道也是吸引创业伙伴的一种好方法。

4. 划分职权

为了保证团队成员执行创业计划、顺利开展各项工作,必须预先在团队内部进行职权的划分。创业团队的职权划分就是根据执行创业计划的需要,具体确定每个团队成员所要担负的职责以及相应所享有的权限。团队成员间职权的划分必须明确,既要避免职权的重叠和交叉,也要避免无人承担造成工作上的疏漏。此外,由于还处于创业过程中,面临的创业环境又是动态复杂的,不断会出现新的问题,团队成员可能不断出现更换,因此创业团队成员的职权也应根据需要不断地进行调整。

5. 构建创业团队制度体系

很多创业团队刚成立的时候,可能还没有建立正式的规章制度。但从团队的长远发展来看,构建规范的规章制度体系是必不可少的。创业团队制度体系体现了创业团队对成员的控制和激励能力,主要包括了团队的各种约束制度和激励制度。一方面,创业团队通过各种约束制度(主要包括纪律、组织、财务、保密等方面的条例)指导其成员避免做出不利于团队发展的行为,对其行为进行有效监督和约束;另一方面,创业团队要实现高效运作需要有效的激励机制(主要包括利益分配方案、奖惩制度、考核标准、激励措施等),使团队成员看到随着创业目标的实现,其自身利益将会得到怎样的改变,从而达到充分调动成员的积极性、最大限度发挥团队成员作用的目的。在激励机制的设计方面,最重要的是把团队成员的收益模式界定清楚,尤其是关于股权、奖惩等与团队成员利益密切相关的事宜。最后,创业团队的制度体系应以规范化的书面形式确定下来,并让每个团队成员充分了解。

6. 团队的调整与融合

初创的创业团队总会有不完善的地方,大多数情况下完美组合的创业团队是在企业发展的过程中逐步形成的。随着团队的运作,团队组建时在人员匹配、制度设计、职权划分等方面的不合理之处会逐渐暴露出来,这时就需要对团队进行调整融合。由于问题的暴露需要一个过程,因此团队调整融合也应是一个动态持续的过程。在进行团队调整融合的过程中,最为重要的是要保证团队成员间经常进行有效的沟通与协调,培养强化团队精神,提升团队士气。

7.2.2 创业团队的优劣势分析

正如每个人都有优点和缺点一样,由于团队是由每个人组成的特殊群体,因此,不同的团队会有自身不同的优势和劣势。针对大学生而言,由于一般团队的成员是同学、朋友或校友,以这样的方式组建起来的团队具有某些相似的优势和劣势。

大学生创业的内部环境较为特殊及优越,他们尚处于一个学习的环境之中,有许多继续深造和与师长交流的机会,这是已经踏入社会的创业者很难具备的优势。其他的团队优势还包括以下几点。

(1) 知识优势。一般而言,大学生具有较高的知识层次,是一个集知识、智力和活力为一体的特殊群体,他们在大学的学习生活中享受了专业领域的分工,具有较强的专业能力,因此,知识资源成了大学生创业的最大优势,如计算机网络知识、市场营销知识等。

(2) 活力优势。大学生年轻而有活力,勇于拼搏,无太重负担,具有较强的社会适应能力;自信心较强,对自己认准的事物会有激情去体验。当前大学生中创业的主体毫无疑问是成长起来的"90后"一代。这个群体往往有着很高的创业激情和梦想,善于学习和接受新事物,敢想、敢做也敢创。创业必须要有激情,否则就无法突破定势思维,迸发创意的火花,这是所有大学生创业团队具备的天然优势。

(3)创意优势。大学生群体具有很强的领悟力,自主学习知识的能力强,善于接受新事物。思维活跃,创意新颖,能将所学的知识很快内化为能力,外化为创造。具有创意就意味着创新,创新能力来源于创造性思维,一个成功的创业团队一定具有独立性、求异性、想象性、新颖性、灵感性、敏锐性等特点。因此,创意能力影响着创业实践的特质,是促使创业实践活动顺利进行的首要条件,主要包括在专业、经营管理等方面的创意,因此是创业基本素质的重要组成部分之一。

相比这些优势而言,大学生创业团队的劣势同样凸出,这也导致"三分钟热血"的创业行为渐成常态化。①心理素质不稳定,对困难没有充分的心理准备,抗压性较差,由于"90后"一代大多数是独生子女,而且生活环境比较安逸,因此他们的自我意识较强,缺乏包容心和吃苦耐劳的精神,团队合作意识较差;②某些专业知识十分欠缺,一些大学生创业团队特别是非经济管理类专业的学生组成的团队,企业管理、市场营销和财务会计等相关的专业知识基本上为零;③缺乏必要和基本的社会实践经验,由于大学生创业团队长期在校园里学习和生活,因此容易导致专业知识与实际应用脱节,无法较好地将课本知识转化成为生产力;④由于团队成员在创业的同时还要兼顾学业,因此往往没有充足的精力,无法平衡创业和学习的时间;⑤在组建团队时往往通过"朋友圈子"和"同学圈子"组建,忽视团队成员技能的互补性;⑥团队缺乏向心力和凝聚力,团队成员不够稳定,某些团队成员会基于个人利益不愿意为团队多付出,而只想获得利益,因此"打酱油"和"搭便车"的现象时有发生。当由于无法获得个人利益或其他一些个人因素时某些团队成员可能会随时离开团队。

作为创业团队的负责人在组建好创业团队后应该仔细分析和评估一下创业团队的优势和劣势,这样才能知道如何保持和发挥团队的优势,如何改进和消除团队的劣势。

7.2.3 创业团队的管理技巧和策略

1. 冲突管理

在团队运作的过程中经常会碰到团队成员之间发生冲突的情况。冲突是指对同一事物持有不同看法、理解和态度的双方,为获得主动而产生的矛盾、对立和激化。心理学家罗伯尔曾经说过:"团队冲突如同一把刀,可以为我们所用也可以把我们割伤,这一切取决于你握住的是刀柄还是刀刃。"这说明团队里的冲突有积极的作用也有消极的作用。

冲突的积极作用表现在有了冲突,团队才会做自我检讨,团队中的成员才会自我反省,对自己的失误和欠妥之处进行分析改进,小冲突小改进,大冲突大改进,不断地改进之后,整个团队的目的和行动方案也会得到修正。另外,可以利用冲突把团队和成员的观念进行调整。如果没有冲突发生,则团队的观念是否正确、是否切实可行,都没有量化的表示;同样,团队成员的想法是否正确,团队成员的观念是否合理都没有衡量的标准,而冲突发生以后,在冲突中大家的表现将自己的观念表露无遗,这对调整提供了非常好的契机。冲突的消极作用表现在如果冲突发生后,团队的管理者不能快速地采取有效措施对之进行引导,将问题转化为正面的促进力量,而任其发展恶化,则冲突会不断升级,最后小冲突会变成大冲突,影响整个团队的和谐和稳定,最终会导致整个团队分裂和瓦解。

解决团队中的冲突可以有以下五种方法,但在实际采用的过程中要分不同的情况来采用。

(1) 强制方式

团队冲突的双方都采取武断性行为的处理方式,双方都认为达到自己的目的比配合他人更重要,采用强硬行为没有不妥,结局只有两种,非此即彼。除非有高于他们的仲裁力量,否则双方都不会服从仲裁。这种方法的优点在于节省时间,决策迅速。缺点在于冲突的起因无法真正解决,此时是依靠权力来压制,因而是暂时的解决方案。此外还要考虑输家可能的报复情绪。这种方式适用于处理紧急又重要的事情,它能够节省时间和决策的成本,尽快达成结论,以优先保证重要而紧急的工作顺利进行。

(2) 回避方式

冲突双方不采取任何行动,期待冲突不了了之。这种方法的优点在于不发生冲突,回避矛盾,个人得益。缺点在于只是暂时避免直接面对冲突,无法主动化解,公司利益受到损害,问题积压且更容易激化,而且总要解决。这种方式适用于处理不重要也不紧急的工作的时候,回避的效果是最好的。有些没必要今天去解决的事情可以放到明天或更晚一点。因为人的精力是有限的,解决的问题总要有个先后顺序,先解决重要紧急的,其他不重要、不紧急的事情,可以采取回避的方式,先把它放一放,等有时间了再去处理。

(3) 迁就方式

团队冲突的双方有一方高度合作,此方更多地关心"人"而不是工作任务,致力于平息和淡化冲突,因而愿意牺牲自己的要求和利益去满足对方;而另一方则更多的只是考虑自己的利益。结果是以牺牲前者的利益换来的和平。这种方法的优点是可以小范围内尽快地处理事情,且有助于维护比较好的人际关系。缺点在于存在的问题并没有得到很好的解决,冲突后者可能形成一种行为惯性,不能充分体谅他人和做出让步。迁就是处理冲突的方法中比较忌讳的一种方式。这种方式适用于处理紧急而不重要的事情。迁就往往是先退一步,为的是后进一步。

(4) 妥协方式

妥协方式是指发生冲突的双方都做出一定的让步,最终来达成一致。这种方式是一种被广泛使用和普遍接受的解决冲突的方法。这种方法的优点是双方的利益都照顾到了,比较快或能够及时达成共识。缺点在于仍然会遗留若干问题未被解决,不能形成最佳的问题解决方案。这种方式适用于处理紧急而不重要的事情。妥协表面上看是双方都后退了一步,好像是双方都吃了亏,实际上是双方都达成了目标。

(5) 合作方式

合作方式是指冲突双方既考虑和维护自己的要求和利益,又充分考虑和维护对方的要求和利益,并通过努力去开诚布公的沟通最终达成共识。这是一种理想的解决冲突之道,最后结果是达到双赢,但难度也最大。这种方法的优点是能够彻底地解决冲突双方的问题,并找出解决此类问题的办法,而且通过事先的约定,防止下一次类似问题的发生。缺点是沟通成本极高,若双方价值观或目标各异则无法达成共识。这种方式适用于处理不紧急而重要的事情。合作是五种冲突处理策略中最好的一种。既满足了自己的愿望,同时也站在对方的立场上为对方的利益考虑。

2. 时间管理

美国著名的管理大师杜拉克说道:"不能管理时间,便什么也不能管理","时间是世界上最短缺的资源,除非严加管理,否则就会一事无成"。在管理团队的过程中,常会发现团队的成员不能合理地安排有限的时间。时间管理是团队成员自我管理中一项十分重要的内容,大凡业绩卓著的人大都是具有高效时间管理的人士。时间管理的意义是不仅帮助自己达到工作目标,还可以很大程度的将自己的个人潜力开发出来,并且使工作和个人生活之间保持平衡。时间管理优先矩阵是一个有效而实用的工具。

新一代的时间管理理论,把时间按其紧迫性和重要性分成 A、B、C、D 四类,形成时间管理的优先矩阵。紧迫性是指必须立即处理的事情,不能拖延。重要性与目标是息息相关的。有利于实现目标的事物都称为重要,越有利于实现核心目标,就越重要。有些事情紧迫又重要,如有限期压力的计划;可能有些事情是紧迫但不重要,如有不速之客,或者某些电话;有些事重要,但是不紧迫,如学习新技能、建立人际关系、保持身体健康等。当然有很多事情不重要,又不紧迫,如琐碎的杂事、无聊的谈话等。时间管理优先矩阵如图 7-1 所示。

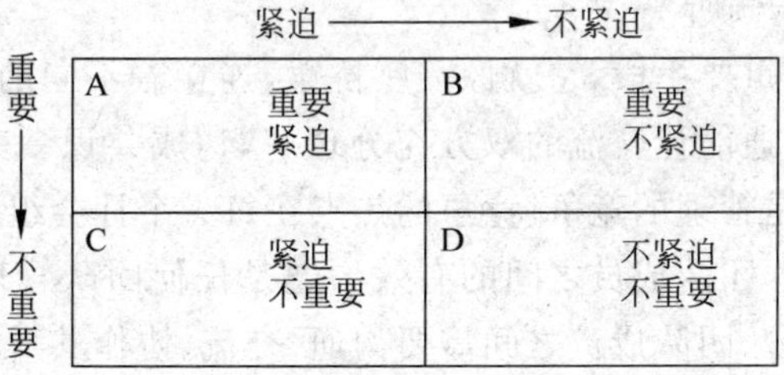

	紧迫 ⟶	不紧迫
重要 ↓	A 重要 紧迫	B 重要 不紧迫
不重要	C 紧迫 不重要	D 不紧迫 不重要

图 7-1 时间管理优先矩阵

不同类的事情要如何去安排,时间如何加以调整,加以运用,这些事情让你去做一个什么样的人,有四种可以参考。

压力人(A),认为每样事情都很重要,很紧迫。应该做的是有条有理地去完成你的工作,你应该学习投资你的时间,去做一个从容不迫的人(B)。你千万不要去做那种很紧急,但不重要的,那种叫作没有用的人(C),你总在应付一些杂事,做不重要又不紧迫的事的人称之为懒人(D)。注重哪一类事务,你就成为哪一类人。时间管理重要性与紧迫性如图 7-2 所示。

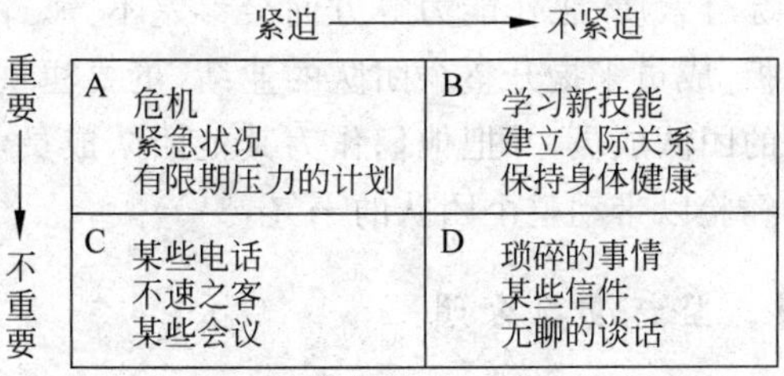

	紧迫 ⟶	不紧迫
重要 ↓	A 危机 紧急状况 有限期压力的计划	B 学习新技能 建立人际关系 保持身体健康
不重要	C 某些电话 不速之客 某些会议	D 琐碎的事情 某些信件 无聊的谈话

图 7-2 时间管理重要性与紧迫性示意图

(资料来源:百度百科,http://baike.baidu.com/view/4230530.htm)

3. 激发团队成员的潜能

(1) 信任和尊重团队成员

信任和尊重是人与人相处的基础，也是团队合作的前提。信任是团队的血液——孕育生命的河流。信任滋养着团队，为团队带来勃勃生机。如果团队中失去了相互信任，就像流干了血液的躯体一样，无法完成心中的梦想。要让团队成员明白如果有人失信于其他成员的话，就意味着他将会被驱逐出团队，没有人再去理会他了。修复信任的最好办法就是从不破坏它。始终要讲真话，胸怀大度，态度公正，要愿意倾听，信守诺言，值得信赖。如果不幸做了错事，也要诚恳谦逊地请求别人的宽恕。每个人都有受人尊重的愿望，都希望有更多的表现自身价值的机会。尊重他人的想法与愿望，同时让更多的人知道自己的价值，这样就会产生一种和谐的正能量，让自己真正成为团队中的一员。

(2) 平等对待每个团队成员

团队的每个成员都是为了共同的目标和远景而走到一起来的。在团队里每个人都扮演着不同的角色，发挥着各自的特长和优势。团队中每个成员从人格上来讲应该都是平等的，唯一的差别只是表现在大家分工的不同和职位的不同。

(3) 积极沟通、善于倾听

沟通是信息交流的重要手段，它就像一座桥梁，连接着不同的人、不同的文化和不同的理念。良好有效的沟通能让交流的双方充分理解，达成共识。美国著名未来学家奈斯比特曾指出"未来竞争是管理的竞争，竞争的焦点在每一个社会组织内部成员之间及其外部组织的有效沟通上"。团队成员之间的有效沟通是任何团队管理艺术的精髓。倾听是这个世界上最美的行为。团队成员之间需要沟通、交流、协作共事，善不善于倾听，不仅体现着一个人的道德修养，而且还关系到能否与他人建立一种正常和谐的人际关系。请记住，倾听是一首歌，是团结之歌、友爱之歌、和谐之歌。

(4) 善于授权

团队的管理者可以在目标明确的前提下，授予有能力的团队成员一定的权力去做事情，并对最终的结果承担责任。管理者将一部分权力和工作事务分给团队成员，不仅减轻了管理者的工作负担，使管理者能够集中精力做更重要的事，而且团队成员在得到授权后，可以充分发挥自己的才能去做事，这极大地提高了团队的工作效率。

但在授权之后要注意监督权力使用的情况，以防止权力被团队成员滥用。

(5) 树立标杆

一个团队中的成员综合素质、工作能力等方面会参差不齐。团队的管理者不仅要帮助能力弱、业绩差的"短板"成员来提升整个团队的业绩，更要注重培养工作业绩、学习意识等各项综合表现突出的团队成员，并把他们作为其他团队成员学习的标杆。在团队中介绍和推广他们的成功经验以带动整个团队的士气。

4. 实施绩效考核，坚持赏罚分明

绩效考核是现代组织不可或缺的管理工具之一，它是一种周期性检查与评估团队成员工作表现的管理系统。有效的绩效考核，不仅能确定每位团队成员对组织的贡献或不

足,还可以在整体上为组织的人力资源管理提供客观的评估资料,为公平合理地付酬劳给团队成员提供客观依据,从而提升团队成员的工作绩效。

坚持赏罚分明的原则意味着在涉及团队成员的个人利益时要坚持公平、公正和公开的分配原则,该奖赏的要奖赏,该惩罚的时候要惩罚。在涉及惩罚团队成员的问题时经常会碰到这样一种情况。创业初期,创业团队的成员大多是同学、朋友等熟人,但是创业团队经过一段时间的运作之后会发现团队的运作并没有想象中的那样顺利,可能会产生有的人或许不能认同企业的经营理念,或许有的人想"自立门户",或许有的人工作时心不在焉,想逃避责任,或许有的人做事情根本就不称职等情况。因此,经过一段时间的磨合之后,创业团队都要经过一个痛苦的"洗牌"过程,而对团队成员最严厉的惩罚恐怕就是将他"踢出"这个团队了。这种情况并非是团队的创立者希望看到的,很多情况下碍于情面,将某些团队成员"踢出"团队可能更是一种左右为难的选择。事实上即使对于最富经验的职业经理人而言他们最怕的事情就是解雇员工。请记住,对于创业企业,在创业初期碰到这种问题要有果断换人和"洗牌"的勇气的决心。

5. 创建学习型创业团队

进入 21 世纪,随着科技的进步和知识更新速度的加快,无论是哪一种类型的团队,要想成为一支能够打硬仗、素质过人的高效能团队,归根结底还是要"打铁还须自身硬",团队成员需要不断地给自己充电学习,弥补知识与技能上的不足。要让团队成员在组织内通过团队学习,实现知识共享。实现个人学习向团队学习的飞跃,首先要实现每个人获得的新知识都能快捷地与团队其他成员分享。知识不会因为传播而减少,交流和分享却能使整个团队的集体智慧增加。尤其在知识经济时代,团队竞争就是学习速度的竞争。个人学习的成果,若不经团队学习的过程,就只是个人知识的增长,无法形成团队整体的学习力和竞争优势;相反,个人通过团队学习,实现成员的知识共享,就能快速提高团队的知识总量和集体智慧,增强企业竞争力。

7.3 创业团队的社会责任与组建公益创业团队

7.3.1 创业团队的社会责任

在当今社会中创业,以经济为主导不再是唯一,而承担更多的社会责任则逐渐成为一种风气。创业者一旦履行了社会责任,将和他的经济利益成为相辅相成、密不可分、相互促进的关系。一个坚持履行社会责任的创业者,未来发展也必定更稳定、更久远、更广阔。企业社会责任(Corporate Social Responsibility,CSR)是指企业在创造利润、对股东承担法律责任的同时,还要承担对员工、消费者、社区和环境的责任。企业的社会责任要求企业必须超越把利润作为唯一目标的传统理念,强调要在生产过程中对人的价值的关注,强调对消费者、对环境、对社会的贡献。正如阿里巴巴的创始人马云所说:"只有当创业者将社会责任与商业模式和发展战略融为一体,成为企业发展的内在核心基因,企业未来的发展才具备持久性和可持续性。"

然而对于由大学生群体创办的企业而言,企业发展的初始阶段会碰到很多的困难,因此,很多创业团队会认为"生存下来"才是企业发展的首要任务。承担社会责任似乎看起来离这些企业很遥远。但是作为创业团队的领导者而言应该站在一个新的高度去重新认识这个问题。那就是基于当代大学生自身而言应该承担什么样的社会责任,如果团队的每个成员连自身应该承担的社会责任都没有搞清楚,那么让这个团队组建的企业去承担社会责任就只会成为一句空话。因此创业团队的领导者在团队建设的过程中应该首先帮助团队成员树立基于自身的社会责任感的意识。要让他们明白社会责任感就是在一个特定的社会里,每个人在心里和感觉上对其他人的伦理关怀和义务。团队成员一定要有对社会负责,对其他人负责的责任感,而不仅仅是为自己的欲望而生活。现代社会生活是一个完整的系统,它不仅要求团队成员人性的健康发展,而且还需要他们具有群体意识和社会责任感,具有社会生活所需要的共同的生活观念和与人合作相处的能力。

7.3.2 创业新视角——组建公益创业团队

一般创业模式通常可分为商业创业和社会公益创业,从全球特别是欧美发达国家的创业模式发展历史来看社会公益创业模式具有更久远的历史,这也正是全球创业正在遵循的一条发展之路。有别于传统的商业领域创业,牛津大学公益创业研究中心认为,公益创业具备"公益性"(sociality)、"创新性"(innovation)和"市场导向性"(market orientation)三大特点。"公益性"意味着维护公共利益;"创新性"意味着新思想的产生或新模式的创建;"市场导向性"表明了其绩效驱动、竞争性和前瞻性。由此可见,公益创业是指个人或者社会组织在社会使命的激发下,追求创新、效率和社会效果,是一种面向社会需要,以建立新的组织,向公众提供产品或服务的社会活动。它主要包括创建非营利性组织、创办以解决社会问题为目的的社会企业两种类型。

公益创业具有以下三个要素:强烈的公益使命、具有奉献精神的团队、创新的公益模式。首先,强烈的公益使命感是指对服务社会大众的事业充满了激情,对帮助他人、奉献社会怀有一颗火热的心。其次,要组建一支有奉献精神的团队,找到一群对某一公益事业志同道合的人。与其他领域的团队一样,公益创业团队需要拥有向心力、凝聚力,还必须拥有高度的奉献精神,共同为公益梦想奉献拼搏。此外,公益创业还需要注重模式的创新,让有限的资源,去帮助更多的人,创造更多的社会效益。

每年很多的知名企业都会举办一些大型的公益创业活动,面向全国大学生公开征集富有想象力、充满创意的公益想法与计划,激励大学生以勇往直前的超越精神,发挥想象、注重效率、跨界合作,在公益领域开创精彩未来。这些知名企业除发挥自身资源优势为大学生提供顶级公益培训、丰厚的创业资金之外,还会为他们提供著名公益组织实习机会、知名企业就业优先权等关键支持,辅助他们提升能力,超越自我,争取实现公益创业的成功。这里有一些成功的案例。

毕业于复旦大学的卞经雯在校期间就参加了不少的公益社团,深深的创业情结驱使着她踏上了公益创业之路,发起成立了专注于盲人及弱视群体的公益组织——优爱助盲协会,通过培训盲人接线员、组建盲人电声乐队、培养残疾人做助盲志愿者等创新的形式,用爱心创造光明,点燃人们的爱心,点亮盲人的双眸。

毕业于厦门大学的田林，于 2007 年发起成立了"视野中国"，致力于为高中生的专业选择及大学生职业规划提供帮助。"视野中国"聚集了来自政府机构、国有企业、外企、中国社科院、长江商学院等机构的 200 多名志愿者，他们带着丰富的人生阅历和经验走近学校，和莘莘学子一起分享职场历程、创业经历和人生感悟。截至 2009 年 9 月，视野中国的足迹遍布全国 7 个省市和地区的 20 多所学校，与 7000 名高中生和大学生展开了精彩纷呈的分享活动，帮助他们开阔视野，更好地选择人生道路。

毕业于复旦大学的神经生物学博士嵇晓华，于 2008 年 4 月，发起成立了传播科技新知的公益团体——科学松鼠会。科学松鼠会致力于推动科学传播的大众化，利用博客群、举办读者见面会等方式，以生动有趣的语言，揭示了深奥的科学原理，让科学变得妙趣生生、简单实用。仅仅一年之后，科学松鼠会就拿了下"德国之声"全球最佳博客和中文博客奖，他们撰写的文章合集在全国热卖，他们的故事被各大媒体争相报道。科学松鼠会以及它所开展的活动，被评为 2008 年中国科普十大事件之一，嵇晓华也荣获了"上海大众科学奖"。

公益创业是另外一种创业的思路。随着公民社会建设口号的提出，已经有越来越多的从温饱中走出来的人期望参与公益慈善，去实现个人、组织的社会责任，去满足在其他领域得不到心灵慰藉。公益，正在逐渐成为一种时尚。同时在另外一方面，现代社会人与人之间的情感越来越冷淡，道德滑坡的社会现象屡见不鲜，需要通过公益来帮助个人树立健全的人格，这不仅与政府倡导的建立和谐社会相相吻合，也是推动社会进步的客观需要。

如果你有爱心、有能力、怀揣梦想、富有激情，去找一群和你志同道合的人一起组建一支公益创业团队吧，愿它在爱心和梦想的引导下在公益领域开辟了一片崭新的天空。

本 章 小 结

随着社会经济的快速发展，国与国之间、地区与地区之间、企业与企业间的竞争力日益激烈，团队已经成为企业的核心竞争力，对企业的生存与壮大发挥着不可替代的作用。一个优秀的企业离不开一支优秀的团队；而一个正处于创业阶段的企业，它的壮大与发展更需要一支优秀的创业团队做支撑。创业团队是指有着共同目标的两个或两个以上的个体形成的，一起从事创业活动，建立起一个新创企业的团队。这个团队在创业初期（包括企业成立前和成立早期），由一群才能互补、责任共担、愿为共同的创业目标而奋斗的人所组成的特殊群体。一般而言，创业团队由四大要素组成：目标、人员、团队成员的角色分配和创业计划。

创办一家企业，并让它持续发展和成熟需要这家企业的创始人承担风险和接受挑战。一般而言创始人可能有一个人，也可能有几个人。对于绝大多数企业而言创始人通常是管理团队的核心，也就是创业团队的领导者。团队的良好运作需要有一个优秀的领导者，而这个优秀的领导者在团队中扮演着不同的角色。这些角色主要包括：目标制定者角色、决策者角色、执行者角色、教练角色、激励者角色和啦啦队队长角色。

组建一支创业团队需要一些技巧和遵循基本的原则。这些原则包括：目标明确合理原则、计划实际可行原则、分工、职责明晰原则、团队动态调整原则和人员互补匹配原则。其中人员互补匹配原则是组建创业团队时最重要的一个原则。创业团队的组建可以遵循以下主要程序：①明确创业目标；②制定创业计划；③招募合适的团队成员；④划分职权；⑤构建创业团队制度体系；⑥团队的调整与融合。这六个程在组建创业团队时并非严格按照顺序进行，但它涵盖了组建创业团队时的主要步骤。在组建好创业团队后还需要对团队的主要优势和劣势做出客观的分析，目的是保持和发挥团队的优势，如何改进和消除团队的劣势。

在创业团队运营的过程中还需要一些管理方面的技巧和对策。针对团队中经常会出现的一些问题主要有以下的管理策略。当团队中出现冲突的时候可以采用强制、回避、迁就、妥协、合作五种方式来解决，但在实际采用的过程中要分不同的情况来采用。在管理团队的过程中，常会发现团队的成员不能合理的安排有限的时间。为了帮助团队成员达到工作目标，将个人最大的潜能开发出来，并使工作和个人生活之间保持平衡，可以利用时间管理优先矩阵这一有效而实用的工具。为了最大限度的激发团队成员的潜能必须信任和尊重团队成员；平等对待每个团队成员；积极沟通、善于倾听；善于授权和为团队成员树立优秀的标杆。绩是一种周期性检查与评估团队成员工作表现的管理系统。有效的绩效考核，不仅能确定每位团队成员对组织的贡献或不足，还可以在整体上为组织的人力资源管理提供客观的评估资料，为公平合理地酬赏团队成员提供客观依据，从而提升团队成员的工作绩效。在对团队成员进行绩效考核的时候必须坚持赏罚分明的原则。在管理创业团队的过程中，领导者需要在团队中营造一种学习的氛围，要让团队成员明白只有不断学习，使自己成为"知识型员工"，才能适应企业发展的需要。

企业社会责任是指企业在创造利润、对股东承担法律责任的同时，还要承担对员工、消费者、社区和环境的责任。创业团队的社会责任要求企业必须超越把利润作为唯一目标的传统理念，强调要在生产过程中对人的价值的关注，强调对消费者、对环境、对社会的贡献。公益创业是指个人、社会组织或者网络等在社会使命的激发下，追求创新、效率和社会效果，是面向社会需要、建立新组织、向公众提供产品或服务的社会活动。大学生公益创业主要是在学校创办在校园外活动的学生社团，开发并管理特殊的公益项目，对于发起的同学来说主要是组织管理、人员动员、社会资源整合、筹资方面的锻炼。公益创业一般与个人爱好与长处结合，成本低、门槛低、容易发动，在公益创业中获得的锻炼与训练，则对于未来商业创业有直接的帮助。

复 习 题

1. 什么是创业团队？为什么创业团队对创业如此重要？
2. 企业的创始人与创业团队的领导者是一回事吗？为什么？
3. 创业团队领导者扮演的角色有哪些？
4. 如何组建一支创业团队？
5. 大学生创业团队的优势与劣势主要有哪些？
6. 创业团队的管理技巧和策略主要有哪些？
7. 为什么创业团队要承担社会责任？创业团队的社会责任包括哪些？
8. 什么是公益创业团队？它与一般的商业创业团队有什么区别？

第 8 章

获得融资

豆瓣网的融资历程

"豆瓣面对的其实并不是一个小众市场。"杨勃的理由在于书籍、电影、音乐其实是一个非常普遍的需求,其背后的人群也是非常庞大的。"关键在于如何在现有的基础上找到一条合理的路径以吸引更多的用户。"

其实,豆瓣本身也不是杨勃创建的第一家企业。

连续创业者

早在 2000 年,杨勃就辞掉了 IBM 顾问科学家的工作回到了北京。在北京国贸的星巴克,杨勃在清华时的老同学说服了他。"其实我参加进去的时候,他们已经快要拿到投资了。"杨勃当时在这家名为"快步易捷"的企业职位是首席技术官。

杨勃坦诚对于那次创业并不是很喜欢,"更多的是受到了当时创业热潮的感染,并没有想好自己能做什么。跟当年很多怀有远大理想的企业一样,'快步'的目标是成为中国最重要的物流 E 化方案供应商。但是经历了融资、烧钱等过程之后,'快步'却没能朝着目标再前进一步"。

2004 年 7 月中旬,决定不再坚持的杨勃跑到美国去转了两周后发现,自己"再也无法想象回到大公司去上班会是一种什么样的景象"。

回国后不久,一个名叫"驴宗"的网站就在杨勃的电脑里成型了。"驴宗"的想法跟杨勃的爱好密切相关。当杨勃还在美国的时候,他就曾经靠着打工挣来的钱在美国、欧洲等地跑了一大圈。

不过在某种程度上,"驴宗"只是后来的"豆瓣"的试验品。"相对旅游而言,看书、听音乐、看电影是一种更加普遍的需求,也是我的爱好。"

2004 年 9 月,离开曾经居住的北京豆瓣胡同,杨勃决定在网上给自己也给大家建一个"豆瓣"网站。

另类天使

"我觉得用 20 万元人民币(当时大约合 2.5 万美元)差不多就可以做出一个雏形来。"不过二次创业的杨勃当时手里就是连这 20 万元也拿不出来。"我自己的钱都砸在了'快步易捷'里头了。"开始写豆瓣网站程序后不久,杨勃就想到了天使投资。

在美国待了将近 10 年的杨勃找起这点钱来也没有费多大劲。"梁文超给我投了

1.5万美元,他的一个同事也跟着投了1万美元。"梁文超是杨勃在清华大学物理系读书时同寝室的同学。当时梁文超正在硅谷的 Maxim 公司工作。

"我们当时就说好了,1年后他们可以选择是让我还钱还是转换成公司的股票,而且他们可以把这笔钱按照对自己有利的方式转换成股票。"杨勃解释说,如果一年内有投资人进来,而且投资人给出的估值高于企业的价值,那么梁文超和他的同事就可以按照企业的价值来获得相应的公司股份;反之亦然。

这种做法相当于把风险都留在了杨勃这边。"当时我们也没有签什么协议,只是口头上的君子协定。"梁文超只是出于信任才把钱"借"给了杨勃。"在硅谷的时候,我和他是我们班仅有的两个还没有结婚的,相互之间交流比较多。"杨勃嘴边流露出些许自嘲的口气。

1年后,即2005年年底,梁文超和他同事的"借款"如约转换成了豆瓣的股票。按照一年前的约定,对豆瓣的估值大约是67万美元。

没过多久,杨勃又开始了寻找第二轮天使投资的工作。"原定的目标是十多万美元。"杨勃很快就觉得一时花不了那么多钱,最后只要了6.5万美元。2006年春节前后,这笔钱陆续打到了杨勃个人账户上。豆瓣的估值也随之涨到了百万美元以上。

"我的确跟陈一舟有过接触,当时是希望他个人能够做豆瓣的天使投资人。"由于双方在预期上存在差距,因此也就没有什么结果。"陈一舟更希望以千橡集团作为投资主体。我并不希望那么早就有公司资本进来。"

从用户到投资人

杨勃原本并不打算过早地给豆瓣寻找机构投资。但是2005年以来中国创业投资市场上竞争的加剧却使得杨勃很快就跟 VC 接上了头。

最先找到杨勃的是 IDGVC 的投资经理高强。早在2000年,IDGVC 就投资了杨勃参与创建的"快步易捷"。2005年6月,拥有广泛触角的 IDGVC 再次注意到了刚刚起步的豆瓣。

从 IDGVC 开始算起到最终拿到投资,杨勃或被动或半推半就地总共见了15家左右的创投机构。

"我们感觉刚刚进来的国际 VC 跟在本土打拼过一段时间已经完成了本土化的 VC 之间最大的差距其实不是在信息的获取上,而是表现在对市场的深层理解上。"虽然杨勃跟纯粹国外背景的 VC 在语言沟通上并不存在什么障碍,但是他最终还是选择了由本土背景的冯波和 Chris 联手创建的策源基金。冯波早年在亚信、新浪等企业私募融资过程当中发挥了关键性的作用。此前,他还曾经出任过 ChinaVest 中国首席代表。

不过,冯波第一眼并没有看上"豆瓣"。尽管冯波很早就已经是"豆瓣"的注册用户。但是对于上线不到半年,也没有多少用户的"豆瓣",冯波还是很难找到足够的理由来说服自己。

2006年4月,断断续续地接触了半年之后,逐渐被"豆瓣"粘住的冯波和策源的投资经理原野才开始认真讨论起杨勃和他的"豆瓣"。

经过两个月的讨论,2006年6月1日,杨勃和冯波正式签署了"Term Sheet"。6月下旬,策源基金的200万美元投资就到了"豆瓣"的账上。

"策源出价其实并不是最高的。"杨勃选中策源基金的一个原因在于它是一只很新的基金。"这就从时间框架上允许它看得比较远。"

"策源基金募集成立于2005年上半年,规模为1.2亿美元。"原野接着说,"作为一只专注于IT类早期投资的基金,在过去的1年当中,策源已经投资了二十几家创业企业,涉及金额达数千万美元。"

路径依赖

"通过长期的观察和接触,我们逐步感觉到杨勃是一个实实在在做事情的人。"原野如此解释策源基金态度的转变。"在相当长的一段时间内,基本上都只是杨勃一个人在做'豆瓣',而且做得越来越有声色。"

"一开始,'豆瓣'只需要关注书评、书籍推荐等网友看中的核心价值就可以了。"美国加州大学圣迭戈分校博士毕业的杨勃觉得自己一个人就可以先把网站做起来。"没有必要一开始就把架子搭得那么大。"杨勃说,"当时我也请不起那么多人"。

"豆瓣"功能的添加和完善都是杨勃在跟网友的互动过程当中逐步实现的。在书评的基础上,"豆瓣"逐渐增添了"以书会友、价格比较、二手交换"等功能,同时还增加了电影和音乐等方面的内容。

有了这些功能作基础,通过跟当当、卓越等网上书店的链接而产生的购买行为,"豆瓣"开始有了一些分成收入以应付日常的开支。

与此同时,"豆瓣"最初的一些用户也开始完成了身份的转换。

2006年3月,"豆瓣"正式上线一周年之际,"豆瓣"迎来了自己的第2位正式员工——Brant。Brant是"豆瓣"的第212个用户。截至2006年6月30日,连同杨勃在内,"豆瓣"一共拥有5名正式员工。这个数字正好和快步易捷创始人的数量相同。不仅如此,这5个人还都是"豆瓣"的前2500名注册用户。

"从用户当中发展员工有一个明显的好处,那就是他们自己对'豆瓣'比较熟悉,有感情。"杨勃觉得这样大家的理念会比较接近。

获得融资后的"豆瓣"还将开通旅游板块。杨勃本来担心这将会分散"豆瓣"的核心价值,而现在"驴友俱乐部"是"豆瓣"最活跃的小组之一,"原来'豆瓣'的用户大多数也都是驴友一族"。

(资料来源:转自融资通.http://www.rztong.com.cn)

8.1 创业所需资金的测算

创业资金是一个创业项目启动的前提条件之一。无论创业者创业计划如何,在开始创业之前,储备创业必须的资金的确是当务之急。对于启动资金的多少,创业者常常在开始前有一个初步的估算,但是,这个估算往往并不准确。因此,为了保证创业项目能成功启动,尽量减少资金因素导致的创业项目受阻,在创业启动之前,创业者需要对创业项目的启动和运营资金进行一次准确的预测,这样才能对其以后的发展提供可靠的保障。

8.1.1 测算创业资金需要考虑的因素

在创业之前,创业者需要确定创业项目启动所需的资金量,这项工作十分重要。创业项目投入运营之后,往往很难立即带来收入,创业者最好对所有可能发生的意外情况都有所准备。为了保证公司在启动阶段业务运转顺利,在公司业务经营达到收支平衡之前,创业者需要准备足够的资金以备支付各种费用。一般来说,根据创业项目和盈利预期不同,创业项目在启动阶段,需要备足6~18个月的各种预期费用。

创业者测算创业时期的资金需求量,需要考虑以下几个方面的因素。

(1)项目运营所需的厂房或办公场所、设备设施、家具、办公用品以及人员配备产生的费用。

(2)项目启动时,运营管理产生的各项费用,包括原料采购成本、库存费用、公司标志制作费用、销售和营销印刷品或工具费用、产品研发费用、营业执照申请费用、相关许可证办理费用、流动资金、法律与专业服务费用等。

(3)日常管理费用。计算每月应支付的房租、员工工资、办公费用、设施设备维护使用费用、商业和健康保险、税金、网络接入、运输及其他服务的费用。

(4)其他杂项费用。与创业项目相关的各种费用开支,如垃圾清运费、资源使用费、专项规费、外包商的费用等。

不同行业的公司在启动阶段可能会产生不同的附加成本。因此,为了确保费用估算的准确度,创业者可以将每项实际费用多估算出一部分,从而将估算费用控制在安全范围之内。

8.1.2 测算创业资金的信息渠道

资金的需求代表着你要筹集或准备多少启动资金,而决定这个数字最重要的因素,归根结底取决于创业者或创业团队的资金平衡和运营能力。再高明的创业者,都需要尽可能准确地测算出创业需要的资金规模,这也是一项基础工作。

对创业者来说,在做创业计划时,可能对技术、市场因素考虑得更多、更深入。这本身无可厚非,但一旦计划进入实施阶段,对资金的筹划和使用,就是一个迈不过的坎。创业者要想尽可能地准确测算创业所需要的资金规模,面临的挑战首先是寻找到具有可信性和可靠性的信息。

创业者可以从下面几个渠道获得一些真实的数据或建议。

1. 同行

对于那些从事与创业项目相同或类似业务的同行,将是创业者获取创业信息的好渠道。这些同行在相关领域已经非常熟悉,向他们寻求帮助,将会起到事半功倍的效果。当然,你未来的竞争对手可能会不愿意为你提供帮助,所以寻求同行帮助的时候,尽量选择同行中的高管朋友或在你所处地区以外的创业者朋友。

2. 供应链服务商

一般来讲,绝大多数创业项目都隶属于某特定的行业,在行业内的供应商和分销商是研究创业启动资金的另一个好资源。手上如果有现成的服务商资源,可以直接征询意见;即使没有现成的,也可上网查询。很多公司都有自己的网站,会公布相关信息。"打电话,告诉对方自己正在研究某一地区或行业的成本,因为你打算创业。通常来说,他们是非常欢迎你的,因为你未来可能会成为他们的客户。"美国南加州大学创业中心的凯瑟琳·艾伦(Kathleen Allen)教授这样表示。咨询供应商可以询问是否有设备租赁业务、大宗购买的折扣、各种信用付款条件、打包购买的优惠和其他服务选项,这些都可能会降低你的前期成本;咨询分销商可以询问分销政策、分账模式、结算条件等,这些都会为你的资金安排提供直接的测算数据。

3. 行业协会或政府相关行业管理部门

与同行和供应链服务商一样,行业协会或政府相关行业管理部门也是一个极好的来源,因为这是你直接面对的特定细分市场。根据不同的行业,行业协会或相关行业管理机构可以给你提供一些创业启动成本的工作表和财务报表,以及该行业的创业者和供应商信息、市场调研数据和其他有用的信息。

4. 公开的行业信息

从一些独立的出版公司和一些网站都可以得到创业指南或行业信息。而报纸或网络上与创业起步相关的文章也可以很方便地搜索。这些信息也会成为研究创业资金需求量的好资源,特别是在成熟的产业中。大部分的文章很少会逐项地告诉你在某个地区、特定行业的创业成本或运营费用。然而,通过这些文章还是可以粗略估计出总的运营成本,并帮助你逐项列出将需要调研的成本项目。当然要确保你获得的信息没有过时,而且还要考虑到全国各地在成本上有很大的差别。当你在阅读时,要寻找那些可以帮助你降低开办成本的提示和建议。

5. 特许经营组织

如果你想购买特许经营权,特许授权人会给你大量关于启动公司的数据。不要认为这些数字是绝对的,因为成本也取决于你所处的位置。创业者要根据自己的情况,结合创业环境,测算特许人提供的数据并加以灵活运用。还可以打电话给现有的特许加盟者,询问他们的实际成本,看看与特许人提供的预测数字差距有多大。

6. 商业咨询顾问

现在商业咨询行业已经建立起成熟的网络和较完备的资料库。一个合格的商业咨询顾问可以为你在创业启动成本上提供很好的咨询意见,他们甚至还做了很多适合你的调研。咨询顾问们还可以帮助你将自己的调研转化为有用的财务预测和假设。

8.2 测算创业资金需求量的方法

创业者在创业行动中,预先对未来的创业资金使用量进行测算,是给未来的创业活动画一条基准线,创业活动中资金使用和列支是绕着它波动的。有了这个基准线,创业者就能知道每件事情应该做到什么程度,做得跟它有偏差的时候,企业就需要做校准。这个校准的过程,也就是朝着基准线不断去靠拢的过程,实际上是一种控制。测算创业项目资金需要量,主要就是要做好财务规划。

8.2.1 创业资金的财务规划

财务规划一般要包括以下内容:创业计划书的条件假设、预计的损益表、预计的资产负债表、盈亏平衡点分析、现金流量表和资金的来源及使用说明等。其中主要包括现金流量表、资产负债表以及损益表的编制。流动资金是企业的生命线,因此企业在初创时,对流动资金需要有预先周详的计划和进行过程中的严格控制;损益表反映的是企业的盈利状况,它是企业在一段时间运作后的经营结果;资产负债表则反映在某一时刻的企业状况,投资者可以用资产负债表中的数据得到的比率指标来衡量企业的经营状况以及可能的投资回报率。

一份创业计划书概括地提出了在筹资过程中创业者需做的事情,而财务规划则是对创业计划书的支持和说明。因此,一份好的财务规划对评估创业企业所需的资金数量,提高创业企业抗风险能力是十分关键的。财务规划需要花费较多的精力来做具体分析。

创业企业制订好的财务规划,需要做好以下几个方面工作。

1. 了解创业企业的市场特点

企业的财务规划应保证和创业计划书的假设相一致。一般来讲,创业项目对创业者是个新企业,但对于市场而言,不外乎两种情形:一是为一个新市场创造一个新产品;二是进入一个财务信息较多的已有市场。

着眼于一项新技术或创新产品的创业项目,没有现有市场的数据、价格和营销方式可供借鉴,因此,它要自己预测所进入市场的成长速度和可能获得的纯利,并把它的设想、管理队伍和财务模型在项目计划中深入研究。

对于已有市场的创业企业,则可以很容易地说明整个市场的规模和改进方式。创业企业可以在获得目标市场信息的基础上,对创业企业第一年的销售规模进行规划。

财务规划和创业项目的生产计划、人力资源计划、营销计划等都是密不可分的。要完成财务规划,必须要明确下列问题:

(1) 产品在每一个期间的销售量预测;
(2) 开始产品生产扩张时间;
(3) 单位产品的生产费用;
(4) 单位产品的定价(售价);
(5) 预期的成本和利润;
(6) 雇用员工类型、雇用时间、工资预算等。

2. 创业中涉及的成本测算

创业成本,是指创业过程中所需发生的花费,包括创业前的费用,创业之后初期的运营成本(最低投入)。创业项目在投入资金之前,一定要了解创业成本。能否准确测算创业所需的成本是成功的关键。低估所需成本,在公司盈利前可能就用光了钱;高估了成本,将提高项目推进预期难度,难以将公司建起来。

简单地讲,创业成本可以划分为固定成本和变动成本两个部分,它是测算盈亏平衡点的基础。

(1) 固定成本

固定成本是指成本总额在一定时期和一定业务量范围内,不受业务量增减变动影响而保持不变的成本。通常把管理人员的工资、办公费、财产保险费、房地税、按直线法计提固定资产折旧费、职工教育培训费、广告费等看作固定成本。固定成本又分为酌量性固定成本和约束性固定成本。酌量性固定成本指创业团队的决策可以影响其数额的固定成本,例如,广告费、职工教育培训费等;约束性固定成本是指创业团队无法决定其数额的固定成本,例如,厂房及机器设备按直线法计提的折旧费、房屋及设备租金、房地税、财产保险费、照明费、行政管理人员薪金等。但是,相对于单位业务量而言,单位业务量所承担的固定成本与业务量的增减成反方向变动。因为在成本总额固定的情况下,业务量小,单位业务量所负担的固定成本就高;业务量大,单位业务量所负担的固定成本就低。

(2) 变动成本

变动成本是指在一定时期和一定业务量范围内其总额随着业务量的变动而成正比例变动的成本。例如,直接材料费、产品包装费、按件计酬的工人薪金、推销员酬金,以及按加工量计算的固定资产折旧费等。变动成本也可以分为酌量性变动成本和约束性变动成本。按产量计酬的工人薪金、按销售收入的一定比例计算的销售佣金、与销售量挂钩的技术转让费等可看作是酌量性变动成本。约束性变动成本通常表现为企业所生产产品的直接物耗成本,以直接材料成本最为典型。但单位业务量的成本保持不变。

(3) 盈亏平衡点的计算分析

盈亏平衡点计算对于创业者来说是很重要的。盈亏平衡点又称零利润点、保本点、盈亏临界点、损益分歧点、收益转折点等,通常是指全部销售收入等于全部成本时(销售收入线与总成本线的交点)的产量。当销售收入高于盈亏平衡点时企业盈利;反之,企业就亏损。盈亏平衡点的基本算法:假定利润为零(或设定为目标利润)时,先分别测算原材料保本采购价格(或保利采购价格);再分别测算产品保本销售价格(或保利销售价格)。

3. 利润及效益的测算

(1) 利润的计算

$$利润 = 收入 - 费用(固定成本 + 变动成本)$$
$$净利润 = 利润 - 所得税费用$$

(2) 预计利润表

① 估算销售量。销售量通常是通过市场调查分析并考虑了相关影响因素得到的。通常需要根据季节、区域特点,估算销售量。

② 收入预估。根据产品的销售单价估算出每期收入。也可以根据同类行业预估平均单价,然后预估收入。创业项目财务分析中,至少估算三年的收入,预测三年的预算利润表。

③ 估算各期利润。利用销售量的预估和已产生的生产和营运的成本,至少估算三年利润。重点说明主要的几项风险。

(3) 预估资产负债表

创业者也应关注项目资产负债表,因为通过资产负债表可以知道资产的预期增长情况。如果缺乏财务预测方面的经验,可以向有关专业人士请教,也可以考虑把具有这种技巧的人士加入到创业团队里来。

(4) 现金流量表

现金流量表比资产负债和利润表更为重要,在阶段性时间结点创业者将会有多少现钱是关乎创业项目能否生存的基础数据。第一年按月做一次统计,以后两年至少每季要做一次统计。现金流入流出的时间和数目的详细描述,决定追加投资的时间及对营运资本的需求。比如自有资金、银行贷款、银行短期信用或者其他,说明哪些项目需要偿还,如何偿还这笔钱。

(5) 盈亏平衡点

计算盈亏平衡点,准备盈亏平衡图显示何时将达到平衡点,以及出现后,将如何逐步地改变。盈亏平衡点是决定是否投资、投资是否有回报、整个销售计划相关的平衡点处的销售量、销售金额等。

8.2.2 测算创业资金的活动步骤

良好的资金测算可以在保证创业成功所必须资金的同时,最大化提高资金使用效率,减少因资金不足对创业活动造成不利影响。因此,对创业项目的资金总量进行测算,一旦资金不足时,有足够的时间和空间通过融资等方式来弥补,是创业者取得成功的重要基础工作。

(1) 根据创业计划制订中短期创业目标。

创业者在创业之初,往往都会有目标远大的战略规划。但创业活动毕竟需要脚踏实地,一步步地把理想变为现实。创业者必须综合分析当前的大形势、行业现状、企业运营情况等,确定创业项目未来一年的短期目标。切实可行的短期目标有助于创业者合理使用有限的资金资源,更好地实现创业蓝图。

(2) 由年度创业目标确定企业的成本预算。

一般来说,创业者在详尽列举各项开支后,最好使用三步流程来测算。首先,估算一下公司开张所需的一次性成本;然后再制订开业头六个月、甚至是第一年所需的营运预算;最后汇总为创业初期的总支出成本。

(3) 通过财务规划评估创业资金需求的经济总量。

由销售预测确定生产预算、人工预算、销售预算等成本支出,并由销售预测计算未来的收入,进而做具体的现金流预算。现金流预算对创业企业非常重要,一般来说,企业要预留出盈亏平衡实现之前所需要的基本创业资金;如果对盈亏平衡不好预估,那也得留足6~12个月的资金储备。

(4) 将各项预算的执行具体到个人,并制订相应的绩效考核标准。

一般创业公司都没有系统的绩效考核体系,其实只需制定一个粗略的奖励机制即可,奖励机制可以粗略但一定要明确。如果考核跟资金使用规划没联系,预算一定会被边缘化。没有绩效考核的预算只是数字游戏,失去了指导意义。

(5) 创业资金预算的贯彻执行及修订。

预算在具体执行过程中与制定的预算目标有出入、甚至是有很大出入是非常正常的，但不能因此说预算没用，就把制订的预算方案放弃。创业者应首先分析原因，及时做出调整，并按照调整的预算方案执行。

8.3　创业融资策略

大部分创业企业在发展过程中都需要融资。对于创业者来说，能否快速、高效地筹集资金，是创业企业站稳脚跟的关键，更是实现创业目标的基石。目前，对于创业融资的途径和方式日益呈现多样化趋势。具体讲，主要有以下几个方面的策略。

8.3.1　创业者个人融资策略

1. 传统的个人民间借贷融资方式

创业者投入创业项目资金不足时，常见的融资方式是通过向亲属、朋友等借贷获得创业资金。这种融资方式，适用于家庭条件较好或社会关系较广的创业者，由于亲戚、朋友等关系非常容易建立彼此间的信任，所以如果能得到亲人、家属的支持并且具备这样的经济条件，那么创业者就能获得稳定可靠的启动资金。

2. 个人创业贷款

个人创业贷款是指各银行为支持民营经济、私营企业或个体经营者的发展，遵循国家有关政策推出的面向个人、用于从事生产和经营活动所需资金的贷款，旨在帮助发展事业的个人尽早实现目标。一般是个人因创业或再创业提出资金需求申请，经银行认可有效担保后而发放的一种专项贷款。它融合了公司金融和个人金融的特点，其用途不是用来消费，而是用于经济实体的经营和运作，从而为个人创业提供了有效的融资渠道。时下，包括中国工商银行、中国银行、中国农业银行、浦发银行、中信实业银行、交通银行等在内的各银行都已推出个人创业贷款业务。

8.3.2　创业项目股权融资策略

创业企业的股东愿意让出部分企业所有权，通过企业增资的方式引进新的股东。股权融资所获得的资金，企业无须还本付息，但新股东将与老股东同样分享企业的盈利与增长。股权融资的特点决定了其用途的广泛性，既可以充实企业的营运资金，也可以用于企业的投资活动。

8.3.3　创业项目内部融资策略

创业项目内部融资是指创业企业筹集内部资金的融资方式。企业的内部融资属于企业的自有资金，而自有资金的形成有很大一部分是企业在经营过程中通过自身积累逐步形成的，同其他融资方式相比，企业内部融资最大特点，就是融资成本最低，所以在具体操作中,这一种融资方式应处于创业者的首选位置。

1. 企业变卖融资

企业变卖融资,是指将企业的某一部门或部分资产清算变卖、筹集所需资金的方法。其主要特点如下。

(1) 资产变卖融资的过程是企业资源再分配的过程,也就是企业经营结构和资金配置向高效益方向转换的过程。

(2) 速度快,适应性强。

(3) 资产变卖的价格很难精确地确立,变卖资产的对象也很难选择,因此要注意避免把未来高利润部门的资产廉价卖掉。

2. 利用企业应收账款融资

应收账款融资是以应收账款作为担保品来筹措资金的一种方法,具体分为以下两种形式。

(1) 应收账款抵押。应收账款抵押融资的做法:由借款企业(即有应收账款的企业)与经办这项业务的银行或公司订立合同,企业以应收账款作为担保,在规定期限内(通常为一年)企业向银行借款融资。

(2) 应收账款让售。这是指创业企业将应收账款出让给专门的购买应收款为业的应收款托收清算公司,以筹集企业所需资金的一种方式。

3. 企业利润或股东权益融资

创业企业经营管理过程中产生的利润可以不用分配,转而增加企业股本金,或由企业向股东借款实现融资。

8.3.4 银行贷款

银行是专门经营货币信用的特殊企业,它以一定的成本聚集了大量储户的巨额资金,然后把这些资金运用出去赚取利润。银行除一部分用于投资外,大部分都用于发放贷款。其贷款形式有以下几种。

1. 综合授信

综合授信即银行对一些已经进入正常经营期、经营状况好、信用可靠的创业企业,授予一定时期内一定金额的信贷额度,创业企业在有效期与额度范围内可以循环使用。综合授信额度由创业企业一次性申报有关材料,银行一次性审批。创业企业可以根据自己的营运情况分期用款,随借随还,企业借款十分方便,同时也节约了融资成本。银行采用这种方式提供贷款,一般是对有工商登记、年检合格、管理有方、信誉可靠、同银行有较长期合作关系的企业。

2. 信用担保贷款

目前在全国 31 个省、直辖市、自治区中,已有 100 多个城市建立了中小企业信用担保机构。当企业提供不出银行所能接受的担保措施如抵押、质押或第三方信用保证人等时,担保公司却可以解决这些难题。因为与银行相比而言,担保公司对抵押品的要求更为灵活。当然,担保公司为了保障自己的利益,往往会要求企业提供反担保措施,有时担保公司还会派员到企业监控资金流动情况。

3. 买方贷款

如果企业的产品有可靠的销路,但在自身资本金不足、财务管理基础较差、可以提供的担保品或寻求第三方担保比较困难的情况下,银行可以按照销售合同,对其产品的购买方提供贷款支持。卖方可以向买方收取一定比例的预付款,以解决生产过程中的资金困难。或者由买方签发银行承兑汇票,卖方持汇票到银行贴现。

4. 异地联合协作贷款

有些创业企业产品销路很广,或者是为某些大企业提供配套零部件,或者是企业集团的松散型子公司。在生产协作产品过程中,需要补充生产资金,可以寻求一家主办银行牵头,对集团公司统一提供贷款,再由集团公司对协作企业提供必要的资金,当地银行配合进行合同监督。也可由牵头银行同异地协作企业的开户银行结合,分头提供贷款。

5. 项目开发贷款

一些高科技创业企业如果拥有重大价值的科技成果转化项目,初始投入资金数额比较大,企业自有资本难以承受,可以向银行申请项目开发贷款。商业银行对拥有成熟技术及良好市场前景的高新技术产品或专利项目的创业企业,以及利用高新技术成果进行技术改造的创业企业,将会给予积极的信贷支持,以促进企业加快科技成果转化的速度。

6. 出口创汇贷款

对于生产出口产品的创业企业,银行可根据出口合同,或进口方提供的信用签证,提供打包贷款。对有现汇账户的创业企业,可以提供外汇抵押贷款。对有外汇收入来源的创业企业,可以凭结汇凭证取得人民币贷款。对出口前景看好的企业,还可以商借一定数额的技术改造贷款。

7. 自然人担保贷款

自然人担保贷款业务,可以由自然人向创业企业贷款提供财产担保并承担代偿责任。自然人担保可采取抵押、权利质押、抵押加保证三种方式。可作抵押的财产包括个人所有的房产、土地使用权和交通运输工具以及储蓄存单、凭证式国债和记名式金融债券等。抵押加保证则是指在财产抵押的基础上,附加抵押人的连带责任保证。如果借款人未能按期偿还全部贷款本息或发生其他违约事项,银行将会要求担保人履行担保义务。

8. 无形资产担保贷款

依据《中华人民共和国担保法》的有关规定,依法可以转让的商标专用权、专利权、著作权中的财产权等无形资产都可以作为贷款质押物。创业企业如拥有以上无形资产,并得到银行的认可,可以申请无形资产抵押贷款。

9. 票据贴现融资

票据贴现融资,是指票据持有人将商业票据转让给银行,取得扣除贴现利息后的资金。在我国,商业票据主要是指银行承兑汇票和商业承兑汇票。这种融资方式的好处之一是银行不按照企业的资产规模来放款,而是依据市场情况来贷款。创业企业如果能充分利用票据贴现融资,远比申请贷款手续简便,而且融资成本很低。票据贴现只需带上相应的票据到银行办理有关手续即可,一般在3个营业日内就能办妥,对于创业企业来说,这是"用明天的钱赚后天的钱",这种融资方式值得中小企业广泛、积极地利用。

10. 股权质押贷款

大多数的创业企业没有那么多的实物资产进行抵押贷款,所以各地政府为了帮助这些企业能够获得现金流,提出了利用企业股权进行融资,股权质押融资的意义是配合一级和二级市场建立三级市场,进而建立一个多层次的资本市场。股权质押融资的前提是必须到企业注册所在地的产权交易所进行股权托管登记。

股权登记托管的好处是对国家来说规范了企业的资本运营,防止了国有资产的流失;对企业的好处是可以帮助企业提高公信力,进而方便企业的投、融资,为企业的上市和发行股票提供了基础;对股东主要是防止其黑幕交易,维护股东的利益。

8.3.5 融资租赁策略

在现代社会中,租赁已成为一种重要的融资方式为企业能广泛采用。作为一个新兴的产业,租赁有其严格的科学界定,它是在不改变财产所有权的前提下,租用财产使用权的经济行为。财产所有者(出租人)按照契约规定,将财产租给使用者(承租人)使用,承租人按期缴纳一定的租金给出租人,有关财产的所有权仍归出租人,承租人只享有使用权,就目前而言,对一个资金短缺的创业企业,租赁不失为一种好的筹、融资方式。在具体的操作中租赁可以分为以下两大类。

1. 融资性租凭

融资性租凭,亦称金融租赁,是以融通资金为目的的租赁。金融租赁是一种集信贷、贸易、租赁于一体,以租赁物件的所有权与使用权相分离为特征的新型融资方式。当创业企业需要购买或更新设备,而一时又无法凑足资金时,可以借助于这种方式,租赁公司不是向其直接贷款,而是根据企业的指定,代其购入设备,然后租给企业有偿使用。当创业企业在合同期内把租金还清后,最终还将拥有该设备的所有权。通过金融租赁,企业可用少量资金取得所需的先进技术设备,可以边生产、边还租金,对于资金缺乏的创业企业来说,金融租赁不失为加速投资、扩大生产的好办法。

2. 操作性租赁

操作性租赁也叫服务性租赁或经营性租赁。这种租赁主要解决承租人在生产建设过程中对一些大中型通用设备的短期需求。设备用完后即退还出租人。

8.3.6 典当融资

典当是以实物为抵押，以实物所有权转移的形式取得临时性贷款的一种融资方式。与银行贷款相比，典当贷款成本高、贷款规模小，但典当也有银行贷款所无法相比的优势。

(1) 与银行对借款人的资信条件近乎苛刻的要求相比，典当行对客户的信用要求几乎为零，典当行只注重典当物品是否货真价实。而且一般商业银行只做不动产抵押，而典当行则可以动产与不动产质押二者兼为。

(2) 到典当行典当物品的起点低，千元、百元的物品都可以当。与银行相反，典当行更注重对个人客户和中小企业服务。

(3) 与银行贷款手续繁杂、审批周期长相比，典当贷款手续十分简便，大多立等可取，即使是不动产抵押，也比银行要便捷许多。

(4) 客户向银行借款时，贷款的用途不能超越银行指定的范围。而典当行则不问贷款的用途，钱使用起来十分自由。周而复始，大大提高了资金使用率。

8.3.7 风险投资融资

风险投资是一种新的投融资模式，是在创业企业发展初期投入风险资本，待其发育相对成熟后，通过市场退出机制将所投入的资本由股权形态转化为资金形态，以收回投资，取得高额风险收益。风险投资在我国的发展将呈现蓬勃之势，这种趋势必将催生出一种新的融资观念和融资方式，从而为创业者提供一条崭新而自由的资金渠道。

对创业企业来说，可以关注风险投资中的天使投资。天使投资是自由投资者或非正式风险投资机构，对处于构思状态的原创项目或小型初创企业进行的一次性的前期投资。天使投资虽是风险投资的一种，但两者有着较大差别：天使投资是一种非组织化的创业投资形式，其资金来源大多是民间资本，而非专业的风险投资商；天使投资的门槛较低，有时即便是一个创业构思，只要有发展潜力，就能获得资金，而风险投资一般对这些尚未诞生或嗷嗷待哺的"婴儿"兴趣不大。

在风险投资领域，"天使"这个词指的是创业企业家的第一批投资人，这些投资人在公司产品和业务成型之前就把资金投入进来。天使投资人通常是创业企业家的朋友、亲戚或商业伙伴，由于他们对该创业者的能力和创意深信不疑，因而愿意在业务远未开展之前就向该企业家投入大笔资金，一笔典型的天使投资往往只是区区几十万美元，是风险资本家随后可能投入资金的零头。

8.3.8 各种创新基金融资策略

近年来，我国的科技型中小企业的发展势头迅猛，已经成为国家经济发展新的重要增长点。政府也越来越关注科技型中小企业的发展。同样，这些处于创业初期的企业在融资方面所面临的迫切要求和融资困难的矛盾,也成为政府致力解决的重要问题。

有鉴于此,结合我国科技型中小企业发展的特点和资本市场的现状,科技部、财政部联合建立并启动了政府支持为主的科技型中小企业技术创新基金,以帮助中小企业解决融资困境。创新基金已经越来越多地成为科技型创业企业融资的新途径。

本章小结

为了保证创业项目成功启动,尽量减少资金因素导致的创业项目受阻,在创业项目启动之前,创业者需要对创业项目的启动和运营资金进行一次准确的预测,这样才能对其以后的发展提供可靠的保障。预测需要广泛收集准确的第一手信息,并用科学的方法进行预测。当项目所需要资金高出创业者投资能力时,就必须利用好一切融资手段进行融资,以确保项目的成功。

复 习 题

一、思考题

1. 创业者测算创业资金时,信息获得的渠道有哪些?
2. 如何才能更准确地测算出创业所需资金?
3. 简单叙述目前创业企业主要融资渠道。

二、应用题

请同学们选择一个感兴趣的创业项目,在充分调研基础上,测算出该项目的资金需求量,并提出你的资金解决方案。

第9章

新创企业的经营与成长战略

把梳子卖给和尚

谈到巨人集团,就不能不谈到巨人集团的创立者——史玉柱。童年时代的史玉柱有着强烈的动手意识和冒险精神,同时学习成绩也十分优秀。1980年7月,他考取了浙江大学数学系。学校的生活让争强好胜的史玉柱养成了强烈的竞争意识,而大学中的学习则为他以后在电脑软件领域的纵横驰骋打下了扎实的基础。1984年大学毕业后,史玉柱被分配到安徽省统计局工作,主要负责各种数据的分析与处理。在安徽省统计局的工作岗位上,正当史玉柱研制开发的统计系统软件包让他的前途一片光明时,他却出人意料地决定辞职。当时他对朋友们说:"如果下海失败,我就跳海!"一种创业的豪情使人感到无限悲壮。

史玉柱对其创业有着大胆的设想:要开发中国计算机文字处理市场。经过九个月的辛苦努力,史玉柱研制出了他的M-6401桌面排版印刷系统。他用自己的产品和仅有的4000元钱承包了天津大学深圳科技工贸公司电脑部作为创业基地。在M-6401汉卡的宣传中,史玉柱巧妙地赌了一次:利用《计算机》杂志广告登出和付款期限的时间差,做了8400元的广告,在15天的期限内,他收到了15 820元的定金,及时交付了广告费。由此,史玉柱艰难而又成功地迈出了创业的第一步。之后他继续采用高广告投入策略,让人们了解到巨人汉卡卓越的性能,从而也获得了巨额利润。后来史玉柱回忆起当时的情况说:"当我拥有第一个一百万的时候,我在它的背后看到的的确是汽车、洋房之类的物质财富。可我认为人生的意义不在于享受,而在于不断挑战、不断进取。于是我把赚来的钱用在了公司的发展上,用在了广告上。"同时,史玉柱坚信高科技带来高技术,应通过不断的研发使产品更新换代。M-6402、M-6403相继推出,M-6403汉卡销量居全国同类产品的销量之首,销售额1.6亿元,纯利润3500万元,"史玉柱效应"和"巨人形象"在国内引起了轰动。

1993年12月,史玉柱已在全国范围内成立了38家全资子公司,实现销售额3.6亿元,利税4600万元。至此,巨人集团发展很顺利。史玉柱也被视为高科技行业成功企业家的典范。

从1992年起,史玉柱考虑要盖巨人大厦。由于种种主观和外界的因素,巨人大厦的施工规模从38层、54层、64层,最后扩至70层。在做出这一系列决策时,正值全国房地产热,宏观政策环境比较宽松。而史玉柱当时手中有几百万流动资金,巨人M-6403卖得非常好,一年回报四五千万资金不成问题,同时卖楼花也是一个资金来源。大厦动工之后,"巨人"从以上来源共筹集2亿资金,却没在银行方面贷一分钱。这些资金实际上只够进行规模为38层的工程。意料之外,打地基过程中遇上了地层断裂带,珠海发大水又两淹"巨人"地基,工期拖长,巨人大厦的建设资金面临枯竭,而巨人集团也面临财务危机。

巨人大厦的危机并不是孤立的,它是和巨人集团一系列行动和外部环境分不开的。1994年,史玉柱决定对巨人集团徘徊不前的经营状况进行全面改造。他做出了一个重大的决定:企业向多元化方向发展。他想把生物工程这个利润很高的行业作为巨人集团新的产业支柱,并向多元化的方向发展巨人集团。1994年8月,史玉柱将"脑黄金"投入市场,同时也已经开发出十余个产品,完全能形成一个保健产品系列。史玉柱注册的康元公司,启动"脑黄金",一炮打响,效益显著,生物工程全面启动。"脑黄金"的成功效果使史玉柱开始激动起来,一年在生物工程投入的广告费增加到1亿元,一下子向市场上推出了12种产品,并在全国设立了8个营销中心,下辖180个营销公司。但网络铺开后,如何管理这个庞大的网络就成了问题,而康元公司的经营班子也不得力。在没摸清市场的情况下,一下子生产了价值上亿的新产品,成本控制得相当不好,结果产品大量积压,同时财务管理混乱,扣除债权还剩5000万元左右的债务。康元公司的亏损明显暴露出巨人集团管理人才准备不足,管理不善的问题。

另一方面,史玉柱把巨人大厦看得过重。所以在生物工程由盛转衰的过程中仍未停止对生物工程的抽血。大厦从开工到1996年6月,史玉柱没有因资金问题让大厦停过一次工,主要是靠生物工程提供的6000万元资金。管理不善加之过度抽血,一下子把生物工程搞得半死不活,这一新产业逐渐萎缩,到后来生物工程不能造血,整个巨人集团的流动资金也因此枯竭。

对于这一系列沉浮,史玉柱自己认为:1994年时他已经进入了"二次扩张时期",他把它称为"二次创业"。其直接动因是国内电脑行业走入低谷;而深层次原因是,史玉柱感到企业发展到一定时候,创业的激情就消失了。他想重新利用创业来激活企业人的创造性和激情,以新兴产业代替原有产业。

可是史玉柱在"二次创业"时遇到的一个问题就是大集团的管理隐患。由于巨人的资产规模急剧扩张,创业时那种家庭企业管理方法已不适应公司的集团化。史玉柱逐渐感到难以事必躬亲,有意尝试放权。巨人集团二次创业时,企业战线拉得很长:房地产、保健品、药品、化妆品、服装,甚至开发中央空调。在房地产方面,他投资12亿元去建巨人大厦,投资4.8亿元在黄山兴建绿谷旅游工程,花5400万元购买装修巨人总部大厦,在上海浦东买下了3万平方米地皮,准备建上海巨人集团总部;在保健品上,准备投资几个亿,在一年内推出上百个产品。由此,战线过长,漏洞百出,发展过速,巨人集团的发展转入低潮。

此后,又出现了巨人内部员工贪污、挪用巨额资金、软件开发人员将技术私自卖给其他公司、子公司私自贷款、下属私自侵占公司财产等事件。巨人系列广告也被各大媒体批评,并在消费者中产生不良影响。这些都使巨人公司的市场占有率一落千丈。1996年巨人大厦交工期到而未完工,又酿成了有名的巨人风波。

思考题:
(1) 史玉柱的创业、"巨人集团"的成长,由兴到衰,症结究竟在哪里?
(2) 其不遗余力进行的多元化发展又终将给我们以怎样的警示和借鉴?

9.1 新创企业的市场细分与目标市场的选择

面对激烈的市场竞争,企业应从实际出发,发挥优势,扬长避短,将自身优势与社会需要相结合。那么,如何选择企业的目标市场呢?这就需要通过深入市场调研,进行市场细分。因为市场细分是确定目标市场的前提。

9.1.1 新创企业市场细分的必要性

市场细分是指将一个市场按一定标准分成一些小市场的过程。市场细分是一种市场分析手段,根据消费者对产品的不同消费需求、不同的购买行为和购买习惯,将整体市场分割成许多消费需求大致类同的消费者群体所组成的子市场群。人们一般又把市场细分以后的每一类消费群称为"市场"或"细分市场"。

通过市场细分有助于发掘市场机会,进而迅速进入市场。尤其是创业初期,企业的实力不足的时候,可以通过市场细分充分利用现有资源,获得竞争优势。由此说来,市场细分是具有重要的现实意义和作用的,具体可表现在以下三点。

(1) 有利于企业分析新的市场机会,特别有利于中小型企业发现、开拓市场。对于企业来说,消费者没有满足的需求就是企业的市场机会。通过市场细分,企业可以发现消费者哪些需求还没有得到满足,从而发现新的市场机会,开拓新的市场。

(2) 有利于企业制定和调整市场营销组合策略。市场细分后每个市场变得小而具体,细分市场的规模、特点显而易见。消费者的需求清晰明了,企业就可以根据不同的商品制定出不同的市场营销策略。

(3) 有利于企业发挥资源优势,提高企业的经济效益和社会效益。建立在市场细分基础上的企业营销,避免了在整个市场上分散使用力量,从而有利于企业把有限的人力、物力和财力资源集中使用于一个或几个细分市场,有的放矢地开展针对性的市场营销活动,从而更好地满足目标市场的需要,实现市场需求与企业优势的最佳组合,在市场竞争的某一领域获取强有力的核心竞争力。[①]

9.1.2 新创企业市场细分的标准

市场细分对于企业营销具有重要意义,企业要想对市场进行细分就必须找到适当的、科学的依据。一般情况下,典型的因素主要有地理、人口统计、心理以及行为。市场主要细分变量如表9-1所示。

---

① 李素萍,安予苏. 市场营销学[M]. 郑州:郑州大学出版社. 2008:108.

表 9-1　市场主要细分变量

细分标准	典型划分		
地理	区域	城市或主城区大小	人口密度
	地形地貌	气候	交通条件
	农村	城市	其他
人口统计	年龄	家庭规模	家庭生命周期
	性别	收入	职业
	受教育程度	宗教	种族
	代系	国籍	社会阶层
心理	生活方式	个性	购买动机
	社会阶层	其他	
行为	时机	利益	使用者情况
	使用频率	品牌忠诚情况	准备程度
	对产品的态度		

1. 地理细分

所谓的地理细分，就是企业按照消费者所在的地理位置对市场细分。如城市与农村、南方与北方、山区与平原、国内与国外、不同的区域和行政区划等。处于不同地理位置上的消费者，具有不同的购买需要而形成不同的细分市场。例如，农村的自行车购买者喜欢加重型，而城市的购买者则喜欢轻便型。

2. 人口统计细分

在人口统计细分中，按照基本的变量，如年龄、家庭规模、家庭生命周期、性别、社会阶层、收入、职业、受教育程度、宗教、种族、代系和国籍等来对市场进行划分。之所以营销人员会如此普遍地使用人口统计变量，其中一个原因就是消费者的需要和欲望往往是同这些变量密切相关的。另外一个原因是这些变量比较容易测量。

3. 心理细分

所谓心理细分，就是按照消费者的生活方式、个性、购买动机等心理变量等对市场进行分类的过程。心理因素对消费者的爱好、购买动机、购买行为有很大影响。在如今个性张扬的时代，消费者具有表达自我的强烈愿望和动力。企业就可以根据消费者心理特征来细分市场，并据此设计具有不同特征的产品来迎合消费者的愿望。细分消费者市场的心理因素变量主要有个性、社会阶层、生活方式、购买动机以及价值取向等。

4. 行为细分

根据消费者购买行为因素进行市场细分的过程称为行为细分。所谓行为细分，就是企业根据消费者购买或使用某种产品的时机、所追求的利益、使用者情况、对某种产品的使用率、对品牌的忠诚程度、待购阶段以及对产品的态度等行为因素来细分市场的过程。

如根据消费者的购买动机细分市场就可以发现,有的消费者追求物美价廉,有的追求社会声誉,有的则追求商品使用的方便,而且随着商品的不断丰富及人们收入水平的提高,这一细分标准的地位越来越重要。分析和掌握这一细分标准,是正确制订营销策略的必然选择。

9.1.3 新创企业目标市场的选择

目标市场是企业为满足现有的或潜在的消费者需求而开发的特定市场,是企业在市场细分的基础上,根据企业的本身条件和外在因素,确定企业产品的销售对象。

1. 目标市场应具备的条件

一个细分市场要适合于作为目标市场应具备以下条件:
(1) 要有足够的市场容量,即要有一定的购买力,有足够的营业额。
(2) 市场上存在尚未满足的需求,有充分的发展潜力,即企业不仅满足消费者的现实需求,更重要的是满足未来的潜在需求。
(3) 竞争不激烈或本企业有竞争优势。
(4) 符合企业的目标和能力。

2. 目标市场的选择

目标市场的选择,一般有以下三种基本策略。
(1) 无差异性市场策略
无差异性市场策略是指企业不进行市场细分,把整体市场作为目标市场。企业只考虑市场需求的共性,而忽略其差异性。企业为整个市场设计生产单一产品,实行单一的市场营销方案和策略,来迎合绝大多数的顾客。美国可口可乐公司就是实施这种策略的典范。

(2) 差异性市场策略
差异性目标市场策略,是指企业在市场细分的基础上,选择两个或两个以上的细分市场作为目标市场,针对不同细分市场上的消费者需求,分别设计和实施不同营销组合策略,以满足消费者的需求。

差异性目标市场策略有利于满足不同消费者的需求,提高市场占有率和经济效益。企业的产品如果同时在几个子市场都占有优势,就会提高消费者对企业的信任感,进而提高重复购买率。同时,企业通过多样化的渠道和多样化的产品线进行销售,通常会使总销售额增加。但是在创造较高销售额的同时,也增大了生产成本、管理成本、营销成本等,使产品价格升高,从而使企业失去竞争优势。

差异性营销战略适用于消费者需求弹性较大的商品、成熟期的产品以及规格等级复杂的产品。日用消费品中绝大部分商品均可以采用这种目标市场营销战略。但是,企业能否采用这种目标市场选择策略,需要结合自身实力和目标通盘考虑。

(3) 集中性市场策略
集中性市场策略又称产品市场专业化策略。企业在整体市场细分后,受到资源等限制,选取一个或少数几个细分市场,作为企业的目标市场,以某种市场营销组合集中实施于该目标市场。

采用这种集中性市场策略的企业,追求的不是在较大市场上取得较小的市场占有率,而是在一个或几个小市场上拥有较高的市场占有率。

3. 企业选择目标市场应考虑的因素

目标市场策略的三种类型各有优缺点,因而各有其适用的范围和条件。一个企业究竟采用哪种策略应根据企业的自身条件、市场规模和潜力、市场的吸引力、产品的特点、产品的生命周期等具体情况来决定。

(1) 企业的自身条件

企业在选择目标市场营销策略时,首先要考虑企业所选定的目标市场能否有利于企业任务、目标以及策略的实现;其次,要考虑企业的实力状况如何,选择的目标市场是否有利于发挥企业的资源优势与能力优势。如果企业资源条件好,经济实力和营销能力强,可以采取差异性目标市场策略。如果企业资源有限,无力把整个市场或几个市场作为自己的经营范围时,则应该考虑选择集中性市场策略,以取得在小市场上的优势地位。

(2) 市场规模和潜力

创业者首先要评估细分市场有无适当的规模和潜力。所谓适当规模是相对于企业的规模和实力而言的。较小的市场相对于大企业,不值得涉足;而较大的市场相对于小企业,又缺乏足够的资源来进入,并且小企业在大市场上也无力与大公司竞争。因此,创业者在权衡市场时要根据自己的实力和规模,并不是市场越大越好,也不是小市场就不能进入。

(3) 市场的吸引力

所谓市场吸引力主要是指长期获利的大小。一个市场可能具有适当规模和增长潜力,但从获利观点来看不一定具有吸引力。决定整体市场或细分市场是否具有长期吸引力的五种力量:现实的竞争者、潜在的竞争者、替代产品、购买者和供应者。创业者必须充分估计这五种力量对长期获利所造成的威胁和机会,从而考虑是否值得投入这个市场。

(4) 产品的特点

产品的特点指产品或服务在性能特点等方面具有较小的差异,主要表现为消费者对产品特征感觉具有较大的相似性。有些商品在品质上差异较小,比如,汽油、钢铁等产品,可以采取无差异市场策略;相反,对于服装、家用电器、家具等这类品质上差异较大的商品,宜采用差异性市场策略或集中性市场策略。

(5) 产品的生命周期

通常产品在投入期时,一般采用无差异性市场策略,以探测市场与潜在顾客的需求;也可采取集中性市场策略,集中力量于某个细分市场;当产品进入成长期和成熟期,则宜采用差异性市场策略,开拓新市场,不断刺激新需求,延长产品生命周期。

9.2 新创企业的营销组合策略

9.2.1 营销组合的定义及内容

"营销组合"是美国哈佛大学教授尼尔·恩·鲍敦于1964年首先提出的概念。市场营销组合策略是市场营销研究的重要内容之一,是系统工程理论在企业市场营销活动中的具体运用。营销组合就是企业针对目标市场的需要,全面考虑企业的任务、目标、资源以及外部环境条件,对企业的各种可控制因素进行最佳组合和运用,以满足目标市场需要,实现企业的利润和目标。市场营销活动中,企业可以组合运用的营销策略有很多,而且不断创新产生许多新的营销工具或手段,如图9-1所示。市场营销策略基本上可以划分为四大类,即产品策略、价格策略、分销策略和促销策略。

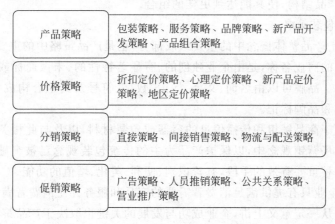

图 9-1 营销组合策略

9.2.2 营销组合策略的内容

1. 产品策略

产品策略是指企业应做出与产品有关的计划与决策。

产品是提供给市场以满足消费者某种欲望利益需要的一切东西,包括有形的产品和无形的服务等。根据产品给消费者带来的利益,可以将产品理解为三个层次:第一层是核心利益,具有实质性,即能够满足购买者的需要和利益要求,也就是通常所说的具有使用价值。例如,买影碟机是为了看录像,它是产品的核心利益。第二层是一般产品,也就是产品的基本形式,具有实体性,即产品的具体形态,如产品的性能、质量、式样、色彩、商标、包装等,人们在购买商品时,考虑到核心利益以后,还要对产品的基本形式进行选择。第三层是附加产品,具有延伸性,即商品给购买者带来的附加利益,如送货、安装、维修、保证等,它是产品的附加部分,是购买大型产品和高技术产品时的要求。

因此产品领域的核心问题是如何满足顾客的需要。为此,企业必须在产品种类、质量标准、产品特性、产品品牌、包装设计以及维修、安装、退货、指导使用、产品担保等方面进行新产品开发活动。企业在着眼有形的物质实体时,不应忽视连带服务的开发。

(1) 产品组合

产品组合是指一个企业营销的各种产品质的结构和量的比例。它通过宽度、深度和关联性三个方面表现出来。这三个方面的不同比例构成不同的产品组合。

产品组合的宽度,是指一个企业营销的产品线数目的多少。它反映了企业的市场服务面的宽窄程度和承担投资风险的分散能力。产品组合的深度,是指每条产品线上的产品项目数,即每条产品线有多少个品种。它反映了一个企业在同类细分市场中,满足顾客不同需求的程度。产品组合的关联性,是指每条产品线之间在最终用途、生产条件、销售渠道以及其他方面相互关联的程度。其关联程度越密切,说明企业各产品线之间具有一致性;反之,则缺乏一致性。由于科学技术迅速发展、市场需求变化大,以及竞争形势和企业内部条件的变化,企业的产品销售形势也在不断变化。因此,企业有必要对现有产品进行整顿,调整产品结构,使其能达到更佳的组合。

(2) 品牌和包装策略

品牌、包装是产品整体概念中的重要组成部分,也是产品策略中的重要决策。

品牌是商品的商业名称,是由企业独创的、有显著特性的、未做商标或已做商标申请注册的特定名称。品牌可以由名词、文字、标记、数字、符号及其组合构成。品牌是简称,它包括品牌名称和品牌标记。

包装是指便于商品销售和传播信息的容器或包装材料,以及与此相关的一系列设计活动。在现代市场营销观念中,以保护产品为主的传统包装观念已被突破。包装作为传递产品信息的一种重要有效的手段,有着识别、便利、美化、增值的功能。

综上所述,企业只有提供满足消费者需要的产品和服务并使消费者满意,才能实现获取利润的目标。从一定意义上讲,企业成功与发展的关键也取决于产品策略正确与否。

2. 价格策略

营销组合中的"价格"是指消费者购买商品时的价格。从市场营销角度,更确切地说,价格是消费者满意企业的营销组合时所支付的款项,具体研究定价目标、影响因素、价格策略与技巧等内容。价格策略是指企业促进销售、获取收益的一个关键因素,直接决定着企业的销售量、销售收入、市场份额和利润的大小,关系到企业营销目标的实现。价格策略的核心内容是合理选择定价目标,要注意将特定阶段以确保生存为主的短期目标与追求盈利最大化相结合。那么新创企业有哪些定价策略呢?

(1) 撇脂价格策略

撇脂价格策略是在新产品刚进入市场的阶段(产品生命周期的投入期),采取高价政策,在短期内赚取最大利润。就好像在牛奶中提取奶油一样,尽快取出产品利益。

(2) 渗透价格策略

渗透价格策略是以低价投放市场的策略,目的有利于打开新产品的销路,占领市场。

(3) 满意价格策略

满意价格策略是介于以上撇脂价格策略和渗透价格策略之间的适中价格策略,可达到产品价格能被顾客接受,企业又有一定利润的目的。

(4) 心理定价策略

① 尾数定价策略是依据消费者有零数价格比整数价格便宜的消费心理而采取的一种定价策略。

② 整数定价策略是企业采用舍零凑整的方式,为产品制定整数价格。

③ 声望定价策略是一种利用企业和产品的声誉,对产品定价的策略,其产品价格比一般商品价格高。

④ 招徕定价策略是一种利用消费者求廉的心理,将少数几种商品暂时降低价格,吸引和招徕顾客购买的一种策略。

(5) 差别定价策略

差别定价就是根据交易对象、交易时间等方面的不同,突出两种或多种不同价格,适应顾客的不同需要,扩大销售,增加收益。常有以下几种形式:

① 地区减价策略。即同一商品销售地区不同,所定价格也不同的策略。

② 分级差价策略。即对同一类产品进行销选整理,分成若干级别,各级之间保持一定价格差额的策略。

③ 时间差别策略。即同质产品不同季节、不同时期,甚至同一天的不同时间定价不同。

④ 品牌差别策略。即同品种的商品由于品牌不同定价有别的策略。

3. 分销策略

分销策略是指企业如何选择产品从制造商顺利转移到顾客的最佳途径。如何合理选择营销渠道和组织商品实体流通来实现其营销目标日益受到企业的普遍重视。建立一个有效的分销渠道网络,是企业在激烈的市场竞争中脱颖而出,并持续、稳定发展的关键因素之一。因此,企业应根据市场状况、消费者特征和整体营销战略,策略性地构建和管理企业的销售网络,提升企业的渠道竞争力,把商品适时、适地、方便、经济地提供给消费者,从而实现企业的经营目标。分销渠道策略包括区域分布、中间商选择、营业场所、网点设置、运输储存及配送中心等因素的组合运用。

新创企业要注意做好分销渠道管理,主要包括以下三个方面:

(1) 选择渠道成员。对不同的企业来说,选择渠道成员难易程度相差悬殊。主要取决于企业本身的声誉及产品的畅销程度。渠道成员主要包括批发商、零售商、代理商、中介机构等。企业选择中间商的标准主要有市场开拓能力、资金、销售能力、人员素质、商誉、经验、信用、仓储能力等。

(2) 激励渠道成员。生产企业对中间商应以"利益均沾,风险分担"的原则密切双方的合作关系,共同搞好营销。对中间商的工作须及时考核,经营效果好的应给以奖励或优惠待遇,让他们意识到作为纵向营销系统的一员,并非一定从消费者手中赚钱,而能够从厂家手中赚钱,并争取建立长期合作关系。

(3) 评价渠道成员。该项工作主要是依据与其签订的有关绩效标准和奖惩条件的合同条款来进行的。通常包括销售配额、平均存货水平、交货时间、促销培训合作计划落实、中间商向顾客提供的服务等。评价之后,对那些贡献较大、工作努力的渠道成员,给予特别的关注,建立更亲密的伙伴关系;对那些不胜任的渠道成员,必要时可做出适当调整。

4. 促销策略

在现代市场条件下,顾客的需求日益复杂化、多样化,使产品生产者、销售者和消费者之间存在着严重的信息缺口。因此,促销作为连接生产者和消费者的手段就成为必需,促销策略也就成为企业营销决策的重要内容。

促销是代表企业宣传其产品的优点和说服目标顾客来购买其产品所进行的各种活动,包括人员推销、广告、公共关系、营业推广等。企业要把合适的产品在适当地点按适当的价格出售的信息,传送到目标市场。

促销策略作为市场营销组合策略的重要组成部分,其主要任务是将有关企业和产品的信息传递给目标市场的顾客,以达到扩大销售的目的。它包含了企业与市场沟通的所有方法,其中包括广告策略、人员推销、公共关系等因素的组合运用。促销方式的选择取决于市场的特点、产品的性质、促销成本和促销效率等因素。

(1) 广告策略

广告是由广告主付费,以非人员方式将有关信息传递给目标市场和社会公众的一种促销手段。与其他促销手段相比,广告有着公众性、信息唯一、简单、表现力强、费用较高,但社会公众人均成本低廉等特点。

不少创业者通过广告促销打开市场使自己创业成功,创业者要肯于花钱做广告。创业者在制订一个广告计划时必须要考虑这些问题:确定目标、确定广告预算、制订广告战略、进行广告评估、组织广告宣传等,这样才能取得良好的预期效果。

(2) 人员推销

人员推销是最古老的促销方式,直至今天,其仍是最重要的促销方式。人员推销之所以长盛不衰,关键是其具有不可替代的优点和作用。首先,它是一种更为直接的促销方式,销售人员可以直接把信息传递到市场,并能得到迅速反馈。其次,它是企业与顾客之间联系的一个关键媒介,机动灵活,反馈及时。销售人员代表企业与顾客接触,可深入调查更多的消费者信息以及问题,与消费者进行双向沟通,进行信息反馈,并与顾客建立长期有利的关系,促进产品销售。再次,人员推销用于工业品的销售优势更突出。因为工业品顾客较集中、技术性强,且购买者多属专家购买,所以企业需选用具有良好专业知识和营销知识的人员销售产品。

(3) 公共关系

公共关系是新创企业树立自己良好的公众形象,增进公众的信任与支持,从而扩大销售的一种促销活动。公共关系是组织或个人同与之相关的社会公众建立相互联系的手段,是一项建立信誉、改善形象、增强组织目标与公众利益一致性的工作。创业者要建立良好的公共关系,需要依据企业整体目标、计划,有步骤地推出具体公共活动的计划。开展公共活动时,可以按照这样的顺序来做:首先调查公众实际情况,并结合企业特点,确定自己的目标公众,为公共关系的策划打下基础。然后企业可以选择通过召开记者招待会、举办宴会、赞助等公共活动,实施公关计划,树立良好的公众形象和扩大自己的影响力。

9.3 新创企业的成长战略

9.3.1 企业成长的概念

新创企业都希望获得成长,因为成长寓意着进步,是令人振奋的快速前进。然而,成长也是一把双刃剑。如果没有管理好成长战略,将给企业带来不同程度的创业风险,侵蚀企业各方面的稳定性。

现代很多学者都对企业成长进行了深入细致的研究。策略管理之父安索夫(Ansoff)博士于1975年提出了战略成长理论,强调企业自身的能力概况和协同作用,反映企业现有经营项目和新办经营项目之间的关联性,实质上是企业的一种潜在的实力。理代管理学之父德鲁克(Drucker)提出了经营成长理论,认为企业成长能力在于本身有成长潜力的人为组织上,经营成长的控制性因素是企业最高管理层。美国著名企业史学家钱德勒(Chandler)提出了管理与技术成长理论,强调技术的发展和市场的扩大以及由此引起管理机构的反应。

近些年来,对企业成长的研究认为,现代企业增长必须赋予结构变化和创新的含义。企业成长是指,企业在利润性和社会性相统一的基础,在多目标结构的引导下,为了生存与发展,与企业的经营结构、组织结构、空间结构和技术结构等结构发展变化相适应的企业规模增长的机制和行为。[①]

9.3.2 企业成长的阶段

不同的学者对于企业成长阶段有着不同的划分。许多研究表明,通过对创业企业成长的整个过程的分阶段研究,可以帮助企业识别不同成长阶段中影响企业成长的关键要素,帮助企业分析、总结过去,预见、防范成长过程可能出现的危机,追求可持续的健康发展。

不同学者对企业成长做了阶段性划分,在各自的成果基础上形成固定的模型有几十种之多。本书介绍其中最具代表性的三种模型:葛雷纳(Greiner)的五阶段模型、弗莱姆兹(Flamliolt)的七阶段模型和爱迪思(Adizes)的企业生命周期模型。

1. 葛雷纳(Greiner)的五阶段模型

哈佛大学教授拉瑞·葛雷纳(Larry E. Greiner)提出的五阶段模型主要描述企业成长过程中的演变与变革的辩证关系,很好地解释了企业的成长,进而成为研究企业成长的基础。他利用五个关键性概念(组织年龄、组织规模、演变的各个阶段、变革的各个阶段、产业成长率)建立了组织的发展模型。葛雷纳(Greiner)的五阶段模型如表9-2所示。

---

① 杨安,兰欣,刘玉. 创业管理——成功创建新企业[M]. 北京:清华大学出版社,2009:256.

表9-2　葛雷纳(Greiner)的五阶段模型

阶　　段	特　　点
创业阶段	• 更多地依靠创业者的个人创造性和英雄主义 • 强调研发,重视市场 • 企业通过创造而成长
集体化阶段	• 通过很多专业化的经理人去管理若干部门,建立一个管理团队去指导员工工作,引导员工执行决策层的决定 • 企业通过领导而成长
规范化阶段	• 大多数企业高速成长,产品转向更为广泛的主流市场 • 授权过多就会导致自作主张,控制过多就会出现不协调和合作困难等现象 • 平衡是处理这一阶段矛盾的主要手段
精细化阶段	• 随着组织规模的扩大,难以避免出现官僚主义,企业需要通过更规范更全面的管理体系和管理流程处理企业复杂的多业务关系
合作阶段	• 合作阶段的企业在整个产业链甚至多个产业链中占有重要地位,如何与上下游企业合作如何提升整个产业链的效率是这个阶段企业的主要问题

2. 弗莱姆兹(Flamliolt)的七阶段模型

美国学者厄威克·弗莱姆兹(Eric G. Flamliolt)在其著作《增长的痛苦》一书中将企业生命周期划分为七个阶段,如表9-3所示。他认为,所有的企业都要经历不同的发展阶段,这些阶段至少是部分地由企业的规模决定的。

表9-3　弗莱姆兹(Flamliolt)的七阶段模型

阶段	名　称	重要发展领域	企业的一般规模(以百万美元为销售额计)
第一阶段	新建企业	市场和产品	少于1
第二阶段	扩张	资源和经营系统	1~10
第三阶段	专业化	管理系统	10~100
第四阶段	巩固	企业文化	100~500
第五阶段	多元化	新产品	500~1000
第六阶段	一体化	不同业务单元	600~1100
第七阶段	衰落和复兴	各阶段的复苏	不同

3. 爱迪思(Adizes)的企业生命周期模型

伊查克·爱迪思(Ichak Adizes)是企业生命周期理论中最有代表性的人物之一。1997年,他在《企业生命周期》一书中,把企业成长过程分为孕育期、婴儿期、学步期、青春期、盛年期、稳定期、贵族期、官僚初期、官僚期以及死亡期共十个阶段,如图9-2所示[①],并认为企业成长的每个阶段都可以通过灵活性和可控性两个指标来体现。

---

① [美]伊查克·爱迪思.企业生命周期[M].赵睿译.北京:中国社会科学出版社,1997:10.

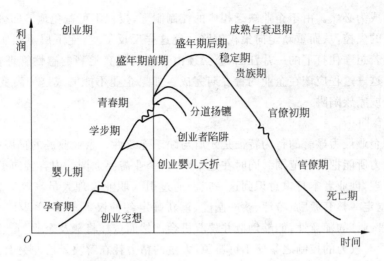

图 9-2 爱迪思(Adizes)的企业生命周期模型

(1) 孕育期

孕育期的企业恰如蓄势待发的飞机,积聚了冲力和动能,只要刹车一松,便直冲蓝天。这时所强调的是创业的意图和未来能否实现的可能性。虽然这一阶段只是高谈阔论而没有具体的行动,但创业者正在通过"推销"自己的"奇思妙想"来确立所要承担的义务。由于处于这一阶段的企业还没有什么实际的价值,创业家在允诺所承担的义务时并不觉得损失了什么,便无所顾忌地做出一些日后会后悔的许诺,这对企业的健康成长不利。

(2) 婴儿期

"别再跟我谈对新产品的构想、告诉我们你能推销出去多少现有的产品。"这是这一时期的典型谈话。重要的不在于想什么,而在于做什么,一切以结果为导向。这时企业的注意力由构想的可能性转到了构想的结果的生产上。正因为如此,企业缺乏明确的方针和制度,也没有什么程序或预算。企业的决策高度集中,不存在权力或责任的授予,可以称之为创业者的独角戏。

这一阶段有以下两类问题:①出于把成功的目标定得很高,相应低估了对资金的需求,出现资金不足的问题,对此应严格监控应收账目周转率和存货周转率。②由于来自社会及家庭的压力,创业者放弃所承担的义务,易导致创业夭折,对此应动员众人给予理解与支持。

(3) 学步期

进入学步期,企业已经克服了现金入不敷出的困难局面,而且日渐兴旺。这使得创业者倍感自豪,一切都视作机会,从而易于卷入种种相干或不相干的生意。但是这种多元化的经营方式使学步期的企业把摊子摊得太大,在他们不甚了解的行业中,难免失误。

处于学步期的企业,人们所承担的责任和任务是重叠交叉的,一些创业企业按照缺乏规划的方式来成长,有机会就做出反应,而不是有计划、有组织、定位明确地开发利用自己所创造的机会。这使得创业企业不是左右环境而是被环境所左右,不是创造和驾驭机会而是被机会所驱使。

此时的创业者,不可能再深入企业的各个角落去亲自贯彻自己的领导风格和哲学,授权和分权则成为必然。由于企业缺乏相应的控制制度,授权不可避免地转向分权,导致创业者对企业的失控,从而重新走向集权道路。就这样反反复复,使下属不知所措,无所适从。而企业若想守住打下的一片江山,就必须由学步期的直觉型的感性管理转变为职业化的管理。这一过程应该在企业的青春期完成。如果企业不能完成这一转变,就会陷入创业者陷阱或家族陷阱。

(4) 青春期

青春期企业最为显著的行为特征是矛盾与缺乏连续性。企业业务的扩展已经超出创业者个人能力所能把握的范围。同时在这一阶段,企业需要强调的内容转向了制度、政策以及行政管理,创业者本身也意识到这一点。通过引入职业管理人员来改变原有企业的管理风格,制定一整套激励、考评、薪酬制度,重新确定各种权责,解决学步期所产生的问题,减少决策制订的随意性,能够创造并驾驭机会。然而这样将触及企业"元老"的既得利益,新旧势力对权力的控制之争便不可避免,大量的精力耗在解决矛盾冲突上。此外目标的转换使权力的更迭更为复杂。企业在这一时期应实现以量取胜变为以质取胜的转变。这种转变实际上非常繁杂繁重,需要依靠众人齐心合力。因此,创业者在创业之初,创立良好的企业文化是非常重要的,这将有助于解决企业产生的或大或小的冲击。职权的授予、领导风格的改变和目标的转换,也可能导致冲突、并伴随着部分人员的流失。

(5) 盛年期

盛年期是企业生命周期中最为理想的时期。在这一时期,企业的自控力和灵活性达到了平衡。企业很清楚自己在做什么,将向什么方向发展,如何发展。它具有学步期企业的远见和进取精神,同时又具备在青春期阶段所获得的对实施过程的控制力与预见力,能够事先进行计划并加以控制。

(6) 稳定期

稳定期是企业停止增长开始衰退的转折点。整个企业开始丧失创造力以及鼓励变革的氛围,不敢突破过去曾发挥作用的条条框框,越发趋于保守。稳定期有几大变化:企业对短期盈利能力的重视开始日渐上升,财务人员的地位超过市场、研发人员的地位,投资回报成为衡量业绩最为重要的标准。企业开始具有自我保护意识,并不断增强,而与顾客的距离却逐步拉大。

(7) 贵族期

贵族期内,企业目标越来越短视化,企业内部缺乏创新,试图通过兼并其他企业作为获取新的产品和市场来"买到"创新精神,同时企业内部形式主义流行,钱被花在控制系统、福利措施和一般设备上。贵族期企业不肯承认现实,尽管其市场日渐萎缩,在产品和营销技巧上越来越无法与对手竞争,但仍抱有一种"平安无事、生意照旧"的态度,并采取提高价格等极端方法来达到获取更多利润的目标,这也加速企业滑入老化期的下一阶段,即官僚化早期。

(8) 官僚初期

面对前期造成的恶果,企业内部不去关注该采取何种补救措施,相反把他们的创造力放在排除异己、保全自己的内讧上,并随着企业业绩的进一步下降,人们变得更加偏执。人员的过分流失使事情不断地恶性循环,直到企业最后破产,或成为完全的官僚化企业。

(9) 官僚期

随着各方面人员的流失,行政型的人员越积越多,企业变成了一个完全膨胀了的官僚机构。没有成果导向的概念,没有创新,也没有团队协作的观念,有的只是完善的制度、表格、程序和规定。同时官僚化企业会主动为来自外界的干扰者制造各种障碍,只想通过一个非常狭窄的渠道与外界保持联系。处于官僚化的企业外表看来实力雄厚,但其核心可能已经腐烂,最终不可避免地难逃破产的厄运。

(10) 死亡期

破产可能会等待一段时间,也可能突如其来。

9.3.3 德鲁克的创业战略

现代管理学之父德鲁克(Peter F. Drucker)在《创新与企业家精神》一书中,提出了四种创业型战略,分别是①:孤注一掷;打击对方的弱点;生态位置适当;改变价值和特性。

德鲁克(Drucker)认为这四种战略并不互相排斥。企业家往往在一个战略中就包含两个,有时甚至包含三个,而且它们并不总是界线分明。

1. 孤注一掷

"孤注一掷"是美国内战时期一名南部邦联骑兵将军连连取胜常用的战略。采用这种战略,企业家的目标是领导权,或是占领新市场、新产业。"孤注一掷"的目标并不一定是立即建立一个大企业,虽然这是它的最终目标。但是初始时它的目标是占据永久性的领导地位。

在所有企业家战略中,这个战略的赌博性最强,而且它不容许有失误,也不会给第二次机会。但是,一旦成功,孤注一掷的回报率却是惊人的。所以采用这种战略需要周密的思考和审慎的分析。马云的阿里巴巴可以说就是孤注一掷的结果。从 1995 年接触网络到 1999 年阿里巴巴问世,马云用了 5 年的时间,经历了两年的失败才获得了第一阶段的成功。马云先是顶着"杭州十佳教师"的荣誉离开了教师这个铁饭碗,然后又离开和杭州电信合作的中国黄页、离开和外经贸部合作的中国国际电子商务中心(EDI)。然而马云每一次离开,其实心中已经酝酿了更大的一盘棋局。马云正是依靠他这种孤注一掷的气魄和一往无前、不留退路的决心,才使得阿里巴巴获得了巨大的成功。

2. 打击对方的弱点

德鲁克认为,打击对方的弱点这一创业战略包含了两个完全不同的企业家战略,分别为创造性模仿和企业家柔道。

(1) 创造性模仿

"创造性模仿"是由哈佛商学院的李维特(Theodore Levitt)所创。从字面上看,似乎有明显的矛盾。因为人们普遍认为,创造性的东西必定是原创的;而如果是模仿品,则不是原创的。然而这个词却是十分贴切的,它描述了一个本质为"模仿"的战略。企业家所

---

① [美]彼特·德鲁克.创新与企业家精神[M].蔡文燕译.北京:机械工业出版社,2011:265.

做的事情,别人已经做过;但是,它又是"创造性"的,因为运用"创造性模仿"战略的企业家比创新的制造者更好地理解了创新所代表的东西。德鲁克从战略高度对"创造性模仿"进行了精辟论述,认为创造性模仿是"创造性仿制者在别人成功的基础上进行再创新"。德鲁克强调,创造性模仿是仍旧具有创造性的,它是利用他人的成功,因为创造性模仿是从市场而不是从产品入手,从顾客而不是从生产者着手。它既是以市场为中心,又是受市场驱动的。

在中国,这个战略最杰出的而且也是最聪明的实践者就是腾讯。腾讯早期模仿的对象是ICQ,而现在ICQ早已淡出江湖,腾讯则是如日中天。腾讯抓住了中国客户对于创新、个性化和增强功能的需求,推出了一系列服务:高度定制的数字形象,用户可以个性化其形象的衣服、发型甚至是开的车。70%的中国网民在30岁以下,腾讯通过关注年轻人的市场而获利丰厚。腾讯在深刻理解本土需求的基础上,在"创造性模仿"中走出了自己的独特道路。现在的腾讯已经成为了中国网民的一种生活方式,这也进一步使得腾讯在门户、游戏、电子商务等领域也披荆斩棘,获得了巨大成功。在经济低迷之下,腾讯目前的市值仍然维持在700亿港元左右,是中国互联网当之无愧的王者。

（2）企业家柔道

企业家创业要学会使用柔道战略。柔道是将对手的体能和能量为己所用,借力打力,击败对手而获胜的一种武术。柔道战略就是避其锋芒、放弃硬碰硬的竞争思维模式。利用柔道战略,可以使得弱者或者处于劣势的企业能够战胜占优势的对手。

德鲁克指出,企业家柔道战略有三种情况,将特别可能获得成功。

第一种情况非常普遍。原先的领导企业拒绝把意外的成功或失败视为机遇加以利用,而是对它置之不理。索尼公司就是充分利用了这一点。

1947年,贝尔实验室发明了晶体管。人们马上意识到晶体管即将代替真空管,特别是在消费电子产品中,如收音机和全新的电视机。每一个人都知道这一点,但是没有人对此做出任何行动。大制造商们,当时全都是美国公司,开始研究晶体管,并计划"在1970年左右的某个时候"再转化成晶体管。当时他们均声称,晶体管"尚未准备妥当"。索尼公司当时在日本以外毫无名气,也并没有涉足消费电子产品市场。但是索尼总裁盛田昭夫在报纸上读到了关于晶体管的消息,于是前往美国,以低廉的价格从贝尔实验室手中购得了晶体管的制造和销售权,总共只花2.5万美元。两年以后,索尼推出了第一台便携式晶体管收音机,重量不及真空管收音机的1/5,成本不到1/3。三年以后,索尼公司占据了美国的廉价式收音机市场;五年以后,日本人占领了世界的收音机市场。这就是一个经典例子。

第二种情况是施乐公司所遇到的情况。一种新技术出现,而且发展迅速。但是向市场推出这项新技术(或新服务)的发明者行为却像古典的"垄断寡头":它们利用领导地位从市场"捞油",制定"高价格"战略。事实上,除任何形式的垄断以外,领导地位只有当领导者作为"仁慈的垄断寡头"时才会得以保留。"仁慈的垄断寡头"会在竞争对手降价之前就削减价格。而且在竞争对手出新产品之前,它就主动淘汰旧产品,推出新产品。在新科技行业中,领导者若一味追求最大化,而不追求最优化,即不是尽可能地完善自己的产品,而是最大限度地增加产品功能,则很容易被企业家柔道策略攻击。

施乐公司是全球最大数字与信息技术产品生产商,是一家全球500强企业,是复印技术的发明公司。施乐公司由于曾在很长时间内,在世界复印机市场里保持垄断地位,因而只把目光瞄准大客户,肯花大价格买高性能设备或买大量设备的买家。它并不拒绝其他小客户,但是它并不力求吸引他们。特别是,它认为为这些人提供服务不合适。最后,小客户对其所提供的服务感到很失望,因而转向竞争对手的设备。这就使日本模仿者在复印机上有可乘之机。

第三种情况是当市场或产业结构发生了迅速的转变,企业家柔道策略发挥巨大作用。家庭银行的故事就属于此类情况。

德国银行知道普通的消费者有购买能力而且是潜在的客户。他们也考虑了提供消费者银行业务的措施,但是银行实际上并不需要这些客户。他们认为,与商业客户和富有的投资客户相比,零散的消费者有损重要银行的尊严。如果消费者需要开一个账户,他们宁愿在邮政储蓄银行开户。无论他们的广告说得多么冠冕堂皇,当消费者到当地银行分支办事处去时,银行的所作所为很清楚地显示出他们对银行毫无用处。而这正是花旗银行在德国开创家庭银行所利用的机遇。家庭银行专门针对个人消费者,设计了他们所需要的业务,使消费者与银行开展业务非常容易、方便。虽然德国银行在德国有很强大的实力和渗透力,它们在每个城市中心的主街上都设有办事处,但花旗银行的家庭银行仍然在五年之内控制了德国消费者银行业务。

企业家柔道总是以市场为中心,以市场为导向。要采用这一策略,首先要对该行业进行充分的分析,生产者、制造商、供应商的习惯,以及他们的政策。然后再观察市场,设法找到一个既能获得最大成功、又能遇到最少阻力的薄弱点作为突破口。这需要创新,提供的产品必须同原来已有的产品有明显差异,仅仅依靠低价和优质的售后服务是远远不够的。

3. 生态位置适当

以上所讨论的孤注一掷、创造性模仿和企业家柔道战略都瞄准的是市场或产业的领导地位,甚至完全占领。而"生态位置适当"战略的目标则是控制地位。"生态位置适当"战略属于防守型战略,是指企业专注于特定的产品、技能或市场。生态位置适当战略的关键是对专注点的选择和定位。专注点必须是一个封闭或半封闭的市场,不像开放市场上的产品,一旦有利可图,大家便蜂拥而入,利润被迅速摊薄,成本迅速攀升,本来有利可图的产品很快变成"鸡肋"。[①]

以下是三种不同的"生态位置适当"战略,每一种都显示独特的要求、局限性和风险。

(1) 收费站战略

全球最大的汽车刹车装置的生产企业是谁?也许很少有人知道。但根据汽车业的发展状况,默默无闻并不妨碍这家企业获得丰厚的利润。

其实,收费站战略的目标就是在小领域内获得现实的垄断权,不图虚名,只求实惠,尽量不引人注目,避免别人参与竞争。从许多方面来看,收费站的位置是企业最渴望获得的地位,但是它有严格的要求,产品必须对一个流程至关重要。不使用这个产品的风险必须远远超过产品的成本。这个市场必须非常有限,谁先来,谁就可完全独占。它还必须是真

[①] 杨安,兰欣,刘玉. 创业管理——成功创建新企业[M]. 北京:清华大学出版社,2009:256.

正的"生态的适当位置",一种产品就能完全填满,而且它是如此小而散,不足以吸引竞争对手。但这种收费站的位置很难找到。

这种战略大多为中小型规模的高科技企业使用。由于中小型企业资源有限,往往无法经营多品种产品以分散风险,所以只好选择合适的收费站位置,集中兵力在能使企业发挥自身优势的细分市场中进行专业的经营。但是采用收费站战略的企业往往由于过分依赖某种产品或技术适用的特定细分市场。一旦市场需求下降,就会给企业带来巨大威胁。这就是收费站的局限性和风险性。因此,为了尽量降低风险,采用该种战略的企业应该不断提高自身的创新能力,在所处细分市场做大做强,站稳脚跟。

(2) 专门技术战略

专门技术战略简单来说就是指企业在专门技术领域取得控制地位。与收费站战略比较,采用专门技术战略的市场会更广阔,然而仍然是比较独特的,而这种市场往往是通过在早期开发出高技术而获得的。

要想成功实施专门技术战略,德鲁克指出了以下三个要点:

① 要在新产业、新市场或新趋势的发展早期进行系统的研究和调查来寻找到专门技术的机遇,必须要在一个新产业、新习惯、新市场、新趋势开始之时行动。

② 专门技术适当位置的确需要独有的、与众不同的技术。

③ 占据专门技术适当位置的企业必须不断提高自己的技术、必须保持领先地位、必须不断自己淘汰自己。

总结起来,追求专门技术战略的企业家必须记住三点:抓住时机、与众不同、不断改进。从事专门技术战略企业的目的就是要成为"业界标准"。要想把握住这一点,时机非常重要。企业必须要在一个新产品、新习惯、新趋势刚开始形成时,立刻开始行动。企业要去发现这样一个地方:自己的企业既可以在这里积累专业技能,又能获得独特的控制地位。专门技术战略的成功一定是系统分析创新机会的结果。

(3) 专门市场战略

专门市场战略是德鲁克总结的"生态位置适当"战略的最后一种。专门技术战略与专门市场战略的区别是,前者围绕产品或服务而建立,后者则围绕市场的专门市场知识而建立。除此以外,二者相同。

专门市场战略与专门技术战略同样需要对新趋势、新产业或新市场进行系统的分析。一个特殊的创造性贡献,哪怕只是一种简单的改良,如把传统的信用证转换为现代的旅行支票,就可能获得一个专门市场的位置。任何人都可以得到技术,但是如果保证了适当的专门市场位置,别人即便有技术也无法加入竞争。

4. 改变价值和特性

改变价值和特性属于创新战略,是指通过创新,开发出特别的生产工艺、配方、原料、核心技术和具有长期市场需求的产品。改变价值和特性包括产品创新、工艺创新和市场创新。由于该战略的独占性特点,掌握它的企业将获得相当高的利润,如可口可乐等。

以上所讨论的孤注一掷、打击对方的弱点、生态位置适当等战略,其目的都是推陈出新。而实际上战略本身就是创新。产品或服务可能已经存在很长一段时间了,但是通过实施战略,可以将已成型的产品或服务转换为新的东西,改变它的功用、价值和经济特征。也许从物理上看,产品并没有什么改变,但从经济上来看,确实是与众不同的新事物了。当然,该战略是否成功,要看它是否符合顾客的需求,并且看它是否能回答:"对顾客而言,什么才是真正的服务和价值?"

9.3.4 新创企业的其他成长战略

1. 产品开发战略

产品开发战略是通过改进和改变产品或服务而增加产品销售。进行产品开发通常需要大量的研究和开发费用。

当企业初创时,企业一般只有一个或几个产品线。所谓产品线是指密切相关的一组产品,这些产品以类似的方式发挥功能,或销售给同类顾客群,或通过同一类型的渠道销售出去,或同属于一个价格幅度。随着企业的成长,企业会增加产品线数目,即增加产品组合的宽度,并且同时增加各个产品线的产品数目,即产品线的长度。

企业产品开发不仅包括改进原有产品,而且包括增加产品组合的宽度和加大产品线的长度。企业必须不断进行产品开发,淘汰老产品,并在竞争者之前推出新产品来抢先占领市场。

(1) 增加产品组合的宽度

增加产品组合的宽度即增加企业的产品线数目。一个企业不只经营一类产品,可能有几种、几十种甚至几百种产品线。企业经营不只一类产品,采取的是多元化经营战略,可分为三种基本类型:集中化多元经营、横向多元经营和混合型多元经营。集中化多元经营是指企业增加新的,但与原有业务相关的产品与服务。横向多元经营是指向现有用户提供新的、与原有业务不相关的产品或服务。例如,海尔先后推出不相关的家电产品,包括冰箱、洗衣机、彩电等。混合式多元经营是增加新的、与原有业务不相关,针对不同用户的产品或服务。例如,通用电气公司不仅生产火车车头、电冰箱、电灯泡,而且还经营发电厂、信用卡和商用飞机。这些业务毫不相关,针对不同的目标市场。

(2) 增加产品线长度

成长中的企业希望有较高的市场份额与市场增长,因而采取增加产品线长度的战略。产品线有不断延长的趋势。生产能力的过剩,顾客的需求等因素,也会促使产品线延长。企业可以采取两种方式来增加产品线长度,即产品线延伸和产品线填充。

产品线延伸包括向下延伸、向上延伸和双向延伸。向下延伸即从高档品向低档品延伸,在产品线的低端增加新品种,以吸引注重价格的顾客。向上延伸即原来定位于低档品市场的公司进入高档品市场,可能是受高档品市场较高的增长率和利润所驱使,也有可能是由于低档品市场竞争过于激烈。双向延伸即原来定位于中档品市场的企业同时向上、下双向延伸产品线。采用这种战略将同时面对来自两方面的竞争,并在市场定位上给顾客造成混乱。

产品线填充是在现有产品线的范围内增加一些产品项目,以便使其产品品种更加齐全。采取这一战略可能是基于以下原因:充分利用企业剩余生产能力;满足那些经常抱怨产品线不足的顾客和经销商;填补市场空缺,以防竞争者进入;获取增量利润。

2. 连锁与特许经营战略

(1) 连锁经营

连锁经营是 21 世纪被多行业广泛采用的企业成长战略。特许经营也正迅速成为中国最具活力的投资方式和创业途径。

中国较早对连锁经营开展研究的研究者们受到日本连锁经营理论的影响,认为连锁经营指零售业、餐饮业、服务业等企业,经营若干同行业或同业态的店铺,以共同进货或授予特许经营权方式组织起来,在同一商业形象下从事经营,并共享规模效益的一种商业经营组织形式。在这一概念的基础上,原国内贸易部于 1997 年制定并公布了《连锁店经营管理规范意见》,该意见指出:连锁店指经营同类商品,使用统一商号的若干门店,在同一总部的管理下,采取统一采购或授予特许权等方式,实现规模效益的经营组织形式。这一概念、定义,比较接近当今国际上连锁经营发展的实际情况。

连锁经营包括三种形式:直营连锁、特许经营和自由连锁。特许经营由于较大程度地回避了创业初期企业形象、品牌、市场、产品或服务的不足,大大降低了行业进入壁垒,具有较高的创业成功率,因此被创业者普遍使用。

国际特许经营协会对特许经营的概念定义为:"特许经营是特许人和受许人之间的默契关系,对受许人经营的某些领域、经营技巧及培训等方面,在双方签约后,特许人提供或有义务保持继续性的指导;受许人的经营是在特许人所有和控制下的某个共同标记、经营模式或过程下进行,受许人从自己的资源中对其业务进行投资。"中国为规范特许经营行为,保护特许者与被特许者双方的合法权益,推动特许经营的健康发展,借鉴一些国外特许经营的概念、定义,结合中国企业经营现实及发展要求,原国内贸易部于 1997 年制定和公布了《商业特许经营管理办法(试行)》,对特许经营的定义为:"特许经营是指特许者将自己所拥有的商标、商号、产品、专利和专有技术、经营模式等以特许经营合同的形式授予被特许者使用,被特许者按合同规定,在特许者统一的业务模式下从事经营活动,并向特许者支付相应的费用。"

(2) 特许经营

特许经营是比较适合新创企业发展和扩张的经营方式,尤其适合在经济低迷、品牌升温、买方市场为主的创业环境中使用。特许经营作为新创企业成长战略中常用的一种,既有其优势,也有其劣势,两者的对比如表 9-4 所示。

表 9-4 特许经营的优势与劣势

优 势	劣 势
① 享受现成的商誉和品牌	① 较高的加盟费和特许权使用费
② 避免市场风险	
③ 分享规模效益	② 强制性的标准化,是企业不能按照自己的意思做事
④ 获取多方面支持	③ 可能面临市场饱和的危机
⑤ 创业者可拥有自己的公司,掌握自己的收支	

采用特许经营作为企业主要成长战略的企业,要想获得成功,需把握以下三个关键成功要素。

① 双方的选择。选择问题对特许权授予人和特许权持有人都同等重要。对于特许权授予人来说,选择合适的特许权持有人是一个费时、费力但又必要和重要的问题,它是特许经营过程的一个重要组成部分。选择时应先列一个特许权持有人所必须从事的经营活动,以此为基础确定所需要的技能和个人特征。按照所确定的技能和特征,可以提高选择成功的机会。信誉、经营经验和合作倾向是选择时的主要依据。作为特许权持有人,也应列一清单,包括希望的收入、财力保证、工作位置、工作时间、希望的自治程度、需要的支持等。在这些问题清楚之后,再据此选择适合的特许权授予人。

② 控制和标准化。作为特许权授予人的企业,一般要控制每个特许权持有人,以保证整个特许经营系统的一致性以及企业在消费者心目中的形象。而将众多特许权持有人联结在一起的黏合剂就是标准化,包括表面形象、产品与服务的质量、产品线等。质量控制是管理特许经营系统的重要方面。特许经营系统的一致性不允许不同的特许权持有人提供的产品和服务质量水平不一致;否则,顾客在一个特许权持有人处的不愉快经历将使其对整个特许经营系统都有不良感觉和认识。因此,在特许经营手册中对产品与服务的质量标准和工作标准都做出具体的规定,并要求每个特许权持有人认真执行。特许权授予人有专门的监督与控制机构、程序和人员。

③ 支持。特许权授予人给予特许权持有人的支持,包括经营培训、集中化的广告、促销活动、研究与开发、管理咨询、人员奖励项目等。此外,特许权经营企业每年都召开会议以保持相互的良好关系和相互之间的沟通。该种会议将起到以下作用:确定和奖励已取得的成就;设法使业绩落后者迎头赶上;确定下一年的经营计划;解释新的经营项目;重新获得工作干劲;发表各自的意见和看法。

9.4 新创企业的风险管理

9.4.1 创业风险的概念及特点

风险一词源于法语中的 risque,随后被引申为英语中的 risk,并开始应用于保险交易中。随着经济的发展与社会的进步,风险的内容与含义不断深化。综合各类关于风险定义的观点,认为风险是指在一定条件下,未来发生事件与预期结果的偏离程度和这种偏离所导致损失(或收益)发生的可能性及其损失(或收益)的不确定性。这表明风险导致的结果可能是损失,也可能是收益,即偏离程度较大又未做充分的准备的情况下,风险发生将导致损失;反之,如果未来事件与预期的偏离程度较小,甚至无偏离,将获得较高的收益。可见,风险主要是由风险因素、风险事件、风险结果三个基本要素组成的,并且具有风险因素存在的客观性、风险事件的可识别性和可控性、风险结果的不确定性、双面性等基本特征。

由于未来充满了太多的不确定因素,创业就是这样的商业冒险活动或投机活动。研究创业企业与风险的关系及如何采取有效措施降低新创企业风险应该越来越受到人们的重视,因为创业企业高风险的特点对创业企业的生存和发展会产生重大的影响。

到底什么是创业风险呢？创业风险是指创业企业在成长和发展过程中，由于创业政策变化、市场的不确定性、成熟企业的竞争等外部环境和创业企业自身的复杂性、创业者（创业团队）能力的有限性、企业管理经验的欠缺性、经营实力与竞争能力等内部因素，而导致创业企业的发展目标偏离预期创业计划和目标的可能性，以及由此而产生的一系列不确定的后果。

9.4.2 创业风险的分类

1. 主观创业风险和客观创业风险

按风险来源的主客观性划分，可分为主观创业风险和客观创业风险。主观创业风险，是指在创业阶段，由于创业者的身体与心理素质等主观方面的因素导致创业失败的可能性。客观创业风险，是指在创业阶段，由于客观因素导致创业失败的可能性，如市场的变动、政策的变化、竞争对手的出现、创业资金缺乏等。[①]

2. 技术、市场、政治、管理、生产、人力资源和经济风险

按创业风险的内容划分，可分为技术风险、市场风险、政治风险、管理风险、生产风险、人力资源风险和经济风险。

（1）技术风险，是指由于技术方面的因素及其变化的不确定性而导致创业失败的可能性。

（2）市场风险，是指由于市场情况的不确定性导致创业者或创业企业损失的可能性。市场风险通常在创业企业的起步期就已产生，在扩张期达到最大。随着创业企业的发展，市场准入与预测风险、市场竞争风险和市场潜力成长风险依次凸显。

（3）政治风险，是指由于战争、国际关系变化或有关国家政权更迭、政策改变而导致创业者或企业蒙受损失的可能性。

（4）管理风险，是贯穿创业企业始终的主要风险之一。它是指由于创业企业管理不善而导致创业失败的可能性。创业企业的管理风险主要由因创业者和管理团队能力不足而导致的能力风险和由组织结构不合理所导致的组织风险两部分组成[②]。

（5）生产风险，是指创业企业提供的产品或服务从小批试制到大批生产的风险。

（6）人力资源风险，主要表现在人才获得风险和人才流失风险。由于创业企业的高风险性和发展的不确定性等特征决定了创业企业在吸引人才和留住人才方面都不具有明显的优势，这也导致创业企业一直面临着较大的人力资源风险。

（7）经济风险，是指由于宏观经济环境发生大幅度波动或调整而使创业者或创业投资者蒙受损失的风险。

3. 创业不同阶段的风险

创业企业的成长和发展是一个具有若干阶段的连续过程。创业企业在不同阶段的发

---

① 陈震红，董俊武. 创业风险的来源和分类[J]. 财苑·经济与管理，2003(12)：56-57.
② 巩艳芬，崔海燕，李友俊. 基于生命周期理论的我国创业企业风险分析[J]. 企业管理，2011(13)：37-39.

展时期也有不同的创业风险。如上节所述,对于企业生命周期阶段的划分有葛雷纳(Greiner)最早提出的五阶段论,弗莱姆兹(Flamliolt)于1998年提出的七阶段论,还有引起广泛认同的爱迪思(Adizes)提出的十阶段论。一般,根据我国创业企业的特点,主要将其成长划分为种子期、起步期、成长期和成熟期等阶段。由于创业企业各个阶段面临的外部发展环境和内部资源状况的差异,带来各不相同的风险类型和特点。

(1) 新创企业种子期的风险

种子期即从捕捉创业机会到创业企业创立的阶段,创业企业实体的成立则标志着种子期的结束。这一时期,创业者(创业团队)需要合理地评价商业机会、构建商业模式、确定技术和商业上的可行性、进行市场研究、招募合适的企业核心人员,筹集创办资金等。

处于这一阶段的创业企业面临的最大风险是筹资风险和技术风险。资金就如同种子发芽需要的水分一样,缺少了它种子就不可能发芽。一方面由于创业企业缺乏科学和准确的筹资计划和融资策略;另一方面由于我国资本市场的不完善和不成熟,从而导致新创企业具有较大筹资风险。而筹资风险也成为新创企业在创业初期所遭遇的首要风险和核心风险。随着企业逐渐发展壮大,企业会有一定的现金流流入,并且企业的规模和影响力也都在扩大,从而会一定程度缓解筹资风险。企业在种子期还会面临一定的技术风险,尤其是技术研发风险。由于企业缺乏足够的研发资金和技术研发经验,导致技术的研发是否能够获得成功具有很大的不确定性。由于种子期创业企业的研发工作处于概念设计阶段,因此技术的可行性几乎无法判别和确定,所以处于该阶段的创业企业即使获得了少量的风险资金支持,也往往会因为技术问题而颗粒无收。

(2) 新创企业起步期的风险

起步期指从产品研发到产品试销的过程,是将创业设想转化为一系列创业活动的过程,是组织结构、运行机制等逐渐成形的过程。

在这一时期,企业的重心是努力在激烈的竞争中获得生存的空间与权利。无论是产品的研发还是生产线的配备、产品的试生产都需要投入大量的资金,但面临市场的不确定性,无法预知投入的资金能否及时回收,这将导致创业企业陷入长期的负现金流状态,即面临巨大的资金风险。在此阶段,技术研发由概念和小试逐步走向中试甚至小批量试制,因此技术的研发风险和生产风险在逐步释放。但与此同时,随着产品样品的市场试用,产品不断接受市场的检验和反馈,于是潜在市场的风险不断显现。

(3) 新创企业成长期的风险

成长期是由产品试生产和试销向产品规模化生产并日益被市场接受的过程,主要表现为市场占有率逐步扩大、销售额逐渐增加、知名度不断提高等。在成长期,管理风险、市场风险都是创业企业将遇到的显著风险。

由于管理的幅度在不断加大,人员在急剧增加,生产规模在不断加大,资金规模在不断加大,市场区域在不断拓展等,这些因素都在迅速增加管理的难度。在企业中也常出现管理水平、管理理念跟不上的现象,管理风险进一步突显。

另外,随着企业规模不断扩大和生产能力的加强,成长期的创业企业需要不断扩大市场份额来获得更大的利润。但由于消费者认知程度较低、市场地位不高、竞争能力较差,新创企业在此时就需要承担更大的市场竞争风险。该风险一方面体现在产品本身的竞争，产品质量、性能等指标是否具有竞争优势决定了创业企业市场竞争风险的大小。另一方面，创业企业要面临现存的成熟企业和新的竞争者出现所带来的竞争风险。

（4）新创企业成熟期的风险

成熟期是企业的核心产品生产能力、销售业绩和管理水平都逐步趋于稳定，其市场地位也趋于稳固的过程。此时，随着规章制度和治理结构的日益完善和技术的日渐成熟，人力资源风险、技术风险等都大大降低，但市场风险和管理风险依然较大。

成熟期创业企业常常因为取得的成绩而不思进取，或由于资金、市场开拓能力的限制，而导致企业的成长速度与生产水平无法适应市场的成长速度，最终导致企业市场的萎缩而逐渐失去竞争力。

此外，创业企业发展到这一阶段最容易变得安于现状，趋于保守，疏于改革现象严重，忽视企业未来的经营战略和发展方向，创业企业成长动力风险和战略风险初现端倪。①

创业企业在整个生命周期中主要面临着资金风险、技术风险、市场风险和管理风险等，且各种风险在不同生命周期中呈现不同影响和变动趋势。因此，在进行风险控制时也应以创业企业发展的生命周期为基础，有针对性、有重点地采取相应风险控制手段对各种风险进行有效的管理。

9.4.3 创业风险的管理

高风险是造成创业企业失败的重要因素之一，这就要求创业企业在其管理过程中必须将风险管理放在战略的高度，充分认识到创业企业风险管理的必要性与重要性。创业者通过加强风险的管理，掌握一定的风险规避的方法与途径，一方面可以利于保证企业的规范化发展，降低由于不规范化的管理所导致的各种不利于企业成长的经营风险；另一方面也有利于加强创业企业的竞争力，完善的风险管理体系、恰当的风险管理战略、合理的风险管理组织和严密的风险管理流程将有助于提高创业企业经营管理水平和综合实力，进而使其在外部环境高度不确定和市场竞争异常激烈的情况下获得有利的竞争地位。

风险管理(Risk Management)思想起源于中世纪的欧洲，发展于20世纪的美国，在20世纪60年代成为一门新的系统研究科学，20世纪70年代以来在世界范围内得到广泛传播，20世纪80年代以后在理论和实践上都取得了大量成果，主要都是用于企业管理。风险管理过程实际上是一个复杂的系统工程，其内容体系划分也依据研究对象不同而有所区别。美国系统工程研究所(SEI)认为风险识别、风险分析、风险计划、风险跟踪、风险控制和风险管理沟通六个环节构成了风险管理的内容体系。有的学者则将风险管理过程描述为：风险管理规划、风险识别、风险定性分析、风险量化分析、风险应对设计、风险监视和控制六大部分。遵循风险管理的一般内容体系和程序，本书将创业企业风险管理内容体系分为风险识别、风险分析与评价、风险处理三大部分。

1. 风险识别

企业风险程度与企业所掌握的信息多少、真伪有关。企业掌握的信息越多、越准确，

---

① 谢胜强.创业企业技术创新风险和技术创新能力培育方法研究[J].科学学研究，2008(26)(增刊)：230-233.

便越能做出正确的、有把握的决策,企业风险也就相对减少;反之,企业风险便会加剧。因此,要减少企业风险,也就必须重视信息获取工作。风险识别,便是要通过各种可能的手段了解信息,掌握信息,进行信息的收集、处理、推断、集成与转化,以明察风险,进而防范和控制风险。常用的进行风险识别或信息辨识的方法有以下三种。

(1) 调查法。可以采用现场调查、问卷调查和专家咨询的方式来辨识信息,捕捉机会,发现风险。

(2) 试验法。企业可通过小范围试验的方法来了解信息,为企业风险防范提供信息基础。比如,新创企业常采用的试销法。在产品开发出来后,首先进行小批量的试销,看看消费者有何反应,然后根据消费者的反应与意见对新产品进行改进与完善,再全面推向市场。

(3) 推断法。它是风险辨识中的重要技法,指根据少量的、不完整的信息来进行推断,以扩大信息量、提高信息的真实度,把握风险的本质,以利于企业的风险防范。当然,信息推断是否有效,取决于企业决策者的心态、素质与能力。

创业企业可以通过以上三种方法及时确认并了解创业企业在不同的发展阶段所面临的风险因素及其特征,分析产生这些风险的成因、发展趋势和潜在风险源。有效的风险识别可以分辨出在创业企业不同阶段的主导风险因素,是创业企业风险管理的起点和基础,也是进行科学风险评价和风险控制决策的基本前提。

当然,当风险真正出现的时候,如何去正确地面对和处理风险又是决定企业是否能最小化损失,不损害企业未来长远利益和发展的关键。在历史上,有一例非常经典的风险处理的案例不得不提,那就是"泰诺"中毒事件。

"泰诺"是美国约翰逊联营公司生产的治疗头痛的止痛胶囊商标。这是一种家庭用药,在美国销路很广,每年销售额达成协议 4.5 亿美元,占约翰逊公司总利润的 15%。

"泰诺"中毒事件是这样发生的:1982 年 9 月 29 日到 30 日,有消息报道,芝加哥地区有人因服用"泰诺"止痛胶囊而死于氰中毒。开始报道死亡 3 人,后增至 7 人。随着新闻媒介的传播,传说在美国各地有 250 人因氰中毒死亡或致病。后来,这一数字增至 2000 人(实际死亡人数为 7 人)。这些消息的传播引起约 1 亿服用"泰诺"胶囊的消费者极大恐慌。民意测验表明,94%服药者表示今后不再服用此药。约翰逊公司面临一场生死存亡的巨大危机。

实际上,对回收的 800 万粒胶囊的化验,只发现芝加哥地区的一批胶囊中有 75 粒胶囊受到氰化物的污染(事后查明是人为破坏)。

面对这一严峻局势,约翰逊公司为了维护企业信誉,公司在危机面前没有存在任何侥幸心理。尽管受氰化物污染的"泰诺"胶囊只在芝加哥地区少量发现,但公司决策者仍下决心以巨大的代价,在全国范围内召回全部药品。这一决策表明约翰逊公司坚守自己的信条:"公众和顾客的利益第一",不惜做出重大牺牲以示对消费者健康的关切和高度责任感。这一决策立即受到舆论的广泛赞扬。此外,约翰逊公司与新闻媒介密切合作,以坦诚的态度对待新闻媒介,迅速地传播各种消息,无论是好消息,还是坏消息。约翰逊公司的这一处理的确导致损失惨重,但很快,凭借良好的信誉和质量,"泰诺"止痛药又占据了大部分市场,恢复了其事件前在市场上的领先地位,约翰逊公司及其产品重新赢得了公众的信任。

其实,风险本身并不可怕,可怕的是不敢去正视风险,勇于面对风险,并且不懂得去预测风险,识别风险并根据可能发生的风险采取理性的决策。只有进行事先科学的预测和周密的风险防范措施才能有助于规避风险,降低风险带来的损害。

2. 风险分析与评价

创业风险管理的第二个步骤,创业企业风险分析与评价,是风险管理过程中不可或缺的组成部分,是风险管理决策的主要依据。对已识别的风险进行分析、评价,其任务主要有两个:第一,分析和评价风险发生的几率;第二,评价和估算风险一旦发生了对项目造成的损害。

常用的风险分析与评价方法有采用定性的、专家经验的德尔斐法,定性与定量相结合的层次分析法,以及侧重于定量数据处理的主成分分析法、灰色系统关联法和模糊综合评价法等。通过风险评价估计创业企业所面临的风险水平并确定主要的风险因子,进而利于管理者采取恰当的风险控制措施和加强风险处理的针对性。

(1) 德尔斐法
(2) 层次分析法
(3) 主成分分析法
(4) 灰色系统关联法
(5) 模糊综合评价法

3. 风险处理

风险管理的重点就是对存在的不同类型、不同概率和不同规模的风险及所发生的风险后果采取一定的方法进行有效的处理,以期将创业企业的风险水平或风险损失降到最低。大体说来,对风险的处理有以下三种方法。

(1) 转移风险

企业在经营的过程中,有时为了求得长远的发展,不得不放弃一些暂时的利益,以渡过难关,这就是风险转移。风险转移的特性是环境的客观风险水准不变,但转移给其他的成员承担。常用的合理转移风险的方法有三种:

第一种方法是当企业面对不确定的未来,单靠自身的能力无法承担如此巨大的风险时,会设法寻找志趣相投的事业伙伴,共同承担风险。在此状况下,总客观风险水准没有改变,但个别组织的客观风险水准,却因部分风险转嫁给其他合作成员而降低了。例如,中国台湾的信息业者在开发第一代的笔记本电脑时,个别企业为了降低所承担的风险,共有四十六家厂商形成一个技术开发联盟,共同来分担研发的风险。

第二种方法是购买保险,防患于未然。通过购买保险,实际上不会降低风险,但是通过保险所给予的赔偿金能弥补一些损失甚至全部损失。

第三种方法是申请破产保护(bankruptcy protection)。当企业财务陷入困境,经过一系列整顿后仍不见起色,面临绝望困境时,就应当考虑采取破产保护。企业宣告破产后,其经营立即停止,企业交由清算小组管理。经过清算仍不能偿还的债务,将转嫁给债权人自己承担。

(2) 分散风险

分散风险的观念主要源自马克维兹的投资组合理论,基本的想法是,一个企业若有多种面对不同环境类型的事业组合,便可以让风险适度分散,因为有些事业的风险小,有些事业的风险大,平均起来,可以得到一个较适中的风险水准。这同经济学大师托宾所提出的"不要把所有鸡蛋放在一个篮子里"是同一个道理,即企业要分散风险。

在实务中,业务范畴多元化包括很多层面,例如,产品多元化、供应来源多元化、地理涵盖范畴多元化等,都可算是分散风险的具体应用。著名的宝洁公司是一个采用分散风险策略成功的典型例子。由于有多条产品线、行销多个国家,使得公司的主观风险水准相对较低,因为,任何一条产品线若在某些地区遭受攻击或失败时,可立刻推出另一条产品线,或转入其他国家、地区销售。作为新创企业,要考虑采取适当的多元化战略,使风险在不同活动领域里得到分散。

(3) 回避风险

回避风险策略,是风险潜在威胁发生可能性太大,不利后果也太严重,又无其他策略可用时,主动放弃或改变目标与行动方案,从而规避风险。回避风险包含主动预防风险和完全放弃两种。主动预防风险是从风险源入手,将风险的来源彻底消除。例如,在公路大修项目中,为了彻底消除交通事故风险,可以申请禁止道路通行等措施。完全放弃是最彻底的回避风险的方法,它可以避免失败的风险,但彻底放弃也意味着失去了发展和机遇。回避风险方法的使用是建立在企业对自身实力清楚了解的基础上,是在对风险进行有效准确预测与识别的基础上,而采取的另一种独辟蹊径的有效规避风险的方法。

除此之外,风险监控也是风险管理过程中的一项基本工作,风险监控始终贯穿于上述三个主要的风险管理内容及过程中,可以及时发现风险因素和风险水平的变化,并对风险识别、风险评价和有效采取风险处理措施都起到重要作用。

本 章 小 结

新创企业需要进行市场细分,即将一个市场按一定标准分成一些小市场的过程。市场细分有利于企业分析新的市场机会,有利于企业制订和调整市场营销组合策略,还有利于企业发挥资源优势,提高企业的经济效益和社会效益。

典型的市场细分类型有地理细分、人口统计细分、心理细分和行为细分。新创企业需要选择合适的目标市场,即企业为满足现有的或潜在的消费者需求而开发的特定市场。对于目标市场的选择,通常有三种基本策略:无差异性市场策略、差异性市场策略和集中性市场策略。此外,一个企业究竟采用哪种战略应根据企业的自身条件、市场需求的特点、产品的特点、产品市场生命周期、竞争者的目标市场战略等具体情况来决定。

新创企业还需要使用营销组合策略。市场营销策略基本上可以划分为四大类,即产品策略、价格策略、分销策略和促销策略。产品策略包括包装策略、服务策略、品牌策略、新产品开发策略、产品组合策略。价格策略包括折扣定价策略、心理定价策略、新产品定价策略、地区定价策略。分销策略包括直接策略、间接销售策略、物流与配送策略。促销策略包括广告策略、人员推销策略、公共关系策略、营业推广策略。

不同学者对企业成长做了阶段性划分,最具代表性的有三种模型:葛雷纳(Greiner)的五阶段模型,将企业成长划分为创业、集体化、规范化、精细化和合作五个阶段;弗莱姆兹(Flamliolt)的七阶段模型,将企业生命周期划分为七个阶段,分别是新建企业、扩张、专业化、巩固、多元化、一体化、衰落和复兴;爱迪思(Adizes)的企业生命周期模型,把企业成长过程分为孕育期、婴儿期、学步期、青春期、盛年期、稳定期、贵族期、官僚初期、官僚期以及死亡期共十个阶段。

著名的管理学大师德鲁克(Peter F. Drucker)在《创新与企业家精神》一书中,提出了四种创业型战略,分别是:孤注一掷;打击对方的弱点;生态位置适当;改变价值和特性。此外,新创企业还有其他成长战略,比如,产品开发战略、连锁与特许经营战略等。

新创企业也要重视风险管理。创业风险是指创业企业在成长和发展过程中,由于创业政策变化、市场的不确定性、成熟企业的竞争等外部环境和创业企业自身的复杂性、创业者(创业团队)能力的有限性、企业管理经验的欠缺性、经营实力与竞争能力等内部因素,而导致创业企业的发展目标偏离预期创业计划和目标的可能性以及由此而产生的一系列不确定的后果。

创业风险有不同的种类。按风险来源的主客观性划分,可分为主观创业风险和客观创业风险。按创业风险的内容划分,可分为技术风险、市场风险、政治风险、管理风险、生产风险和经济风险。按创业不同阶段,可分为新创企业种子期的风险、新创企业起步期的风险、新创企业成长期的风险、新创企业成熟期的风险。

遵循风险管理的一般内容体系和程序,创业企业风险管理通常分为风险识别、风险分析与评价、风险处理三大部分。

复 习 题

1. 新创企业该如何进行市场细分及目标市场的选择?
2. 新创企业通常使用哪些营销组合策略?
3. 新创企业有哪些成长战略?
4. 新创企业有哪些创业风险?企业该如何进行创业风险管理?

第 10 章

"创业之星"创业管理模拟

"挑战杯"中国大学生创业计划竞赛网络虚拟运营专项竞赛常规赛平台介绍

挑战杯是"挑战杯"全国大学生系列科技学术竞赛的简称,是由共青团中央、中国科协、教育部和全国学联共同主办的全国性的大学生课外学术实践竞赛。"挑战杯"竞赛在中国共有两个并列项目,一个是"挑战杯"中国大学生创业计划竞赛;另一个则是"挑战杯"全国大学生课外学术科技作品竞赛。这两个项目的全国竞赛交叉轮流开展,每个项目每两年举办一届。

由团中央学校部指导、贝腾科技研制的"创业之星"创业模拟平台作为"挑战杯"中国大学生创业计划竞赛网络虚拟运营专项竞赛的唯一官方竞赛平台,是运用先进的计算机软件与网络技术,结合严密和精心设计的商业模拟管理模型及企业决策博弈理论,全面模拟真实企业的创业运营管理过程。学生在虚拟商业社会中完成企业从创建、运营、管理等所有决策。通过这种训练,可以有效地将所学知识转化为实际动手的能力,检验和提升创业团队的经营管理能力,增强学生的就业与创业能力。

在"创业之星"的虚拟创业运营管理过程中,参赛团队将组建互相对抗的虚拟企业,拥有一定的创业资金,在某个指定行业中,针对不同消费群体设计品牌,研发产品,通过分布各个区域市场的营销网络销售产品。在此过程中团队成员将分别担任企业的不同角色,分工合作,完成企业的战略、营销、财务、研发、生产、人力资源等各项管理工作。同时对市场环境与竞争对手的分析讨论,完成创业企业若干季度的运营管理,通过团队成员的共同努力,实现企业的战略目标,在所有公司中脱颖而出。

"创业之星"涉及的企业经营管理要点如下。

1. 战略规划

根据市场环境形势制定企业发展战略,企业的所有经营决策工作均围绕企业战略来展开实施,企业各项决策的目标就是保证企业战略的实现。企业战略涉及的内容包括:市场环境分析;企业竞争优势分析;如何制定企业战略,如何平衡长、中、短期战略;战略的选择与执行。

2. 品牌设计

要使产品受消费者的欢迎,首先要根据消费者需求和偏好进行分析,设计出能满足消费者需求的产品,并树立公司的品牌。公司可以针对一类消费群体设计一个或多个品牌,实施单品牌或多品牌战略,以最大限度地提升消费者的购买量,提升市场占有率。同时可灵活进行企业品牌定位实验,尝试不同类型企业品牌运作方式,掌握品牌定位的方式和技巧。

3. 产品研发

研究开发有竞争力的产品,是企业获取市场竞争力的重要因素。在训练中涉及的内容包括:客户需求分析;如何根据用户需求完善产品设计;新产品研发策略,产品投入产出分析;如何根据竞争对手产品特性及市场表现改进企业的相关产品;产品生命周期分析;如何根据产品生命周期的变化调整企业经营策略。如何依据竞争环境变化,推出新的产品计划,应对不断变化的市场需求。

4. 市场营销

如何围绕企业战略制定各阶段市场营销战略;新产品开发规划与产品组合策略;细分市场分析与产品定位分析;市场情报分析的基本方法与思路;新市场开发策略与投资回报分析;销售预测与营销网点的建设;市场趋势预测与市场机会分析;产品定价策略;广告宣传策略;营销渠道建设,分析价格、广告、设计、渠道等和产品销量之间的弹性关系;根据顾客反馈、竞争者行为,分析市场综合表现与经营绩效,调整营销策略。

5. 生产制造

在本培训平台中,涵盖了企业生产制造的完整过程,从销售预测、订单管理到原料采购、付款计划,再到产能规划、主生产计划、物料需求计划、生产作业管理等,是学习了解企业一个完整ERP流程管理的实践平台。此外,系统中还需要各个小组对以下各方面进行深入思考与细致分析,包括:投资回报分析;产能规划决策;生产成本分析;产品设计组合;市场需求、营销策略和设备产能间的关系;库存管理、设备管理等。

6. 财务管理

现金是企业流动的血液,是企业生存的命脉。运营管理中涉及的财务管理内容主要包括:了解三大财务报表的结构与数据含义,能完成财务报表的编制;编制现金预算与全面预算,根据企业发展制订合理的资金需求计划,保障企业各项工作的有序进行;制订投资计划,评估投资回报;加强应收账款管理,控制现金流;掌握成本分析的基本方法,控制企业生产成本;预估资金需求,评估各筹资方式的资金成本;制订投资计划,评价决策效益;了解常用财务分析指标的含义,运用财务指标进行经营绩效分析,发现管理中的问题,改善经营管理。

7. 团队管理

企业运营管理中如何充分发挥团队的作用,对实现企业战略,提升企业绩效有着重要的作用。课程中需要运用的团队合作与沟通内容包括:了解不同岗位的分工与职责,分配组织职责和工作内容;实地学习如何与立场不同的其他部门沟通协调;培养不同部门人员的共同价值观与经营理念;建立以整体利益为导向的组织结构;评估团队成员的技能和工作风格;团队成员间的沟通技巧;领导力与执行力的训练。

所有小组组建的公司之间是相互对抗竞争的,每个公司的目标就是使公司实现经营目标,并战胜其他公司。因此,如何思考并制定出有效的各项决策,是取得胜利的关键。

第10章 "创业之星"创业管理模拟

10.1 "创业之星"软件简介

本章所介绍的"创业之星"大学生创业实践模拟软件目前是"挑战杯"中国大学生创业计划竞赛的专项竞赛平台,如果教学单位尚未购入该款软件,则可以通过"挑战杯"官网中"网络虚拟经营"专项竞赛平台下载创业之星"挑战杯"专版,网址为 http://2013zxjs.tiaozhanbei.net/d36/ziliaoxiazai。

10.1.1 "创业之星"平台简介

联合国教科文组织在 1999 年发表的《21 世纪的高等教育:展望与行动世界宣言》中提出:"必须将创业技能和创业精神作为高等教育的基本目标。"发达国家尤其是美国,在创业教育的实践中已积累了丰富的经验,源源不断地培养出大批具备创新和创业能力的人才。

创业教育是对教育改革提出的更高要求,是破解素质教育难题的钥匙。创业教育体现了素质教育的内涵,突出了教育创新和对学生实际能力的培养。提升高校创业教育质量,使学生"具备创业意识,创造就业机会",已成为当代大学教育的重要组成部分。

"创业之星——大学生创业模拟实验室"就是在这种大环境背景下推出的一套全面创业模拟实践的解决方案。"创业之星"运用先进的计算机软件与网络技术,结合严密和精心设计的商业模拟管理模型及企业决策博弈理论,全面模拟真实企业的创业运营管理过程。学生在虚拟商业社会中完成企业从注册、创建、运营、管理等所有决策。通过这种实训课程,可以有效地将所学知识转化为实际动手的能力,提升学生的综合素质,增强学生的就业与创业能力。

创业之星的目标,是为所有学生而不仅仅是部分学生提供一个创业实践的训练平台,使创业教育真正落地。透过创业之星领先的商业模拟引擎,让学生在虚拟创业空间里,全面体验创业的全过程,尽情释放才智,挥洒创业激情,放飞创业梦想。在这里,创业不再是停留在书面上的理论知识,而是真实的体验与实践。

10.1.2 "创业之星"主要功能

"创业之星"涵盖了从计划、准备到实施的创业全过程。"创业之星"主要包括三大部分功能模块:创业计划、创业准备和创业管理。

1. 模块一:创业计划

根据"创业之星"整个训练系统平台的商业背景环境与数据规则,完成创业计划书的编写。创业者首先对背景环境进行商业机会分析,组建经营团队,制订资金筹措计划,撰写公司名称,制定公司章程,并编写一份完整的创业计划书。

组成创业公司的训练团队首先要对市场商业机会进行研究,并分析市场竞争形势,从而制订出合理的创业计划书。创业计划书的内容主要包括摘要、公司简介、市场分析、竞争分析、产品服务、市场营销、财务计划、风险分析、内部管理等方面。

2. 模块二：创业准备

当创业者有了想法，并已经做好了资金、人员、技术、场地、设备、公司名称等方面的各项准备工作后，就进入了企业的初创阶段。参加训练的学生需要独立完成公司注册审批流程的所有工作。

公司注册流程如图10-1所示。

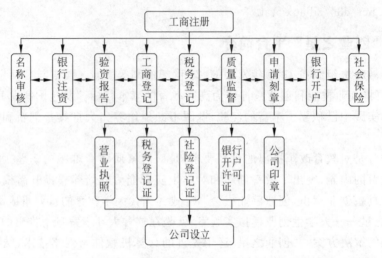

图10-1　公司注册流程

3. 模块三：创业管理

企业的生存发展如同一个生命的有机体一样，也会经历初创、成长、发展、成熟、衰退等阶段，即企业发展的生命周期。"创业之星"在创业管理模块环节就是让学生在实战中模拟企业的运营管理，围绕企业发展的生命周期，制订各项决策，并最终推动企业成长壮大。公司创业管理模块如图10-2所示。

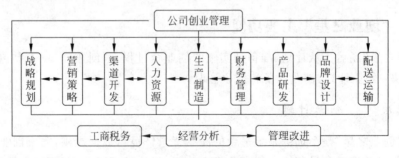

图10-2　公司创业管理模块

创业管理是本系统的核心部分，是训练和提升学生创业能力的关键环节，也是检验创业计划可行性的实践环节。通过对真实企业的仿真模拟，所有参加训练的学生分成若干小组，组建成若干虚拟公司，在同一市场环境下相互竞争与发展。每个小组的成员分别担任虚拟公司的总经理、财务经理、营销经理、生产经理、研发经理、人力资源经理等岗位,并承担相关的管理工作,通过对市场环境与背景资料的分析讨论,完成企业运营过程中的各项决策,包括战略规划、品牌设计、营销策略、市场开发、产品计划、生产规划、融资策略、成本分析等。通过团队成员的努力,使公司实现既定的战略目标,并在所有公司中脱颖而出。

在"创业之星"中,每个小组需要独立做出众多的经营决策,使创业企业能够逐步成长壮大。这些经营决策涉及一个创业企业的各个方面。同时,团队合作、沟通技巧、执行力等也是整个决策过程中至关重要的环节。如何综合考虑各种因素的影响,充分发挥团队的作用,是制定有效决策和最终取胜的关键。

10.2 "创业之星"创业管理模拟实训

10.2.1 实训内容大纲

1. 实训主要内容

学生通过实战模拟企业的运营管理,围绕企业发展的生命周期,制定各项决策,来学习认识企业创业管理的各项决策。

创业管理环节是企业实训的核心环节,是训练和提升大学生创业能力的关键部分。通过对真实企业的仿真模拟,所有参加训练的学生分成若干小组,组建成若干虚拟公司。每个小组由3~6名学生组成,小组成员分别担任虚拟公司的总经理、财务经理、营销经理、生产经理、研发经理、人力资源经理等岗位,并承担相关的管理工作,通过对市场环境与背景资料的分析讨论,完成企业运营过程中的各项决策,包括战略规划、品牌设计、营销策略、市场开发、产品计划、生产规划、融资策略、成本分析等。通过团队成员的努力,使公司实现既定的战略目标,并在所有公司中脱颖而出。

在整个模拟运营过程中,教师将担任裁判、客户、银行、工商、税务等所有公司经营中可能面对的其他部门与机构。教师控制整个模拟运营的进程与规则,并在运营过程中指导学生如何分析与思考,并针对学生的实际经营情况进行分析点评,帮助学生发现经营管理中的问题,寻找改进策略,努力提升绩效。

创业管理阶段的实训课教学全部在"创业之星"平台上完成。

本部分内容紧接"创业之星"第二部分的实训,在完成企业工商税务登记注册后,正式成立一家模拟企业,组建经营管理团队,并完成若干经营周期的管理。

在这一环节,一般建议采用小组形式开展实训,即一家模拟企业最好是由3~6名学生组成,以团队形式分工合作,共同完成一家企业的运营管理。以团队合作的方式进行实训,一方面便于教师组织授课实训;另一方面更利于提升学习训练的效果。当然,也可以采用单人模式独自进行模拟实训。

2. 实训时间安排

"创业之星"的创业管理实训环节约24课时,其中理论讲解约8课时,"创业之星"的创业管理环节模拟实训约16课时,具体可根据实际情况灵活安排。

如果在教学计划中能够给予充分的教学与实训时间,这部分的总时间安排可以安排到 40 课时左右,其中实训环节为 24 课时,理论讲解环节为 16 课时。在理论授课环节可再增加一些实际创业案例分析等内容,以帮助学生更好地理解创业相关知识与方法。

如果理论授课另外单独安排,这里仅考虑"创业之星"模拟实训的时间,一般可以安排 16~24 课时。

以下以总计 24 课时为例,理论讲解授课与模拟实训操作相结合的方式进行教学,"创业之星"实训平台的创业管理环节总体时间安排如表 10-1 所示,供制订教学时间计划时参考。

表 10-1 创业管理环节时间安排表

内 容	说 明	学 时		
		讲解	操作	合计
背景讲解	介绍整个商业背景环境与运营规则	0.5	0.5	1.5
组建团队	组建经营团队,小组讨论,制订经营目标	0.5	0.5	0.5
知识讲解	介绍企业运营管理的基本知识	1.0		1.0
第一季运营	"创业之星"模拟实训第一季,实战与点评		2.0	1.5
知识讲解	企业战略规划的基本方法	1.0		1.0
第二季运营	"创业之星"模拟实训第二季,实战与点评		2.0	1.5
知识讲解	市场营销的基本知识	1.0		1.0
第三季运营	"创业之星"模拟实训第三季,实战与点评		1.5	1.5
知识讲解	财务管理的基本知识	1.0		1.0
第四季运营	"创业之星"模拟实训第四季,实战与点评		2.0	2.0
知识讲解	生产制造的基本知识	1.0		1.0
第五季运营	"创业之星"模拟实训第五季,实战与点评		2.0	1.5
知识讲解	绩效分析的基本知识	0.5		1.0
第六季运营	"创业之星"模拟实训第六季,实战与点评		1.5	1.5
知识讲解	企业创业风险与防范	0.5		1.0
第七季运营	"创业之星"模拟实训第七季,实战与点评		1.5	1.5
知识讲解	团队沟通与合作的基本知识	0.5		1.0
第八季运营	"创业之星"模拟实训第八季,实战与点评		2.0	1.5
总结点评	总结与综评	1.0		0.5
总课时	总课时	8	16	24

如果整个教学时间安排比较紧张,也可以在课堂上讲解整个环节的相关理论知识与操作流程,在课后让学生在规定的时间内去完成相关的各项操作任务。在"创业之星"模拟实训平台中,允许教师开始一个经营周期的运营决策后由各小组一次性完成所有相关决策后再结束。因此,课后给学生充分的时间深入思考与分析,可以更好地提升教学效果。

10.2.2 实训内容步骤

企业的生存发展如同一个生命的有机体一样,也会经历初创、成长、发展、成熟、衰退等阶段,即企业发展的生命周期。"创业之星"的第三大功能模块就是让学生实战模拟企业的运营管理,围绕企业发展的生命周期,制定各项决策,并最终推动企业成长壮大。

"创业之星"第三部分创业管理环节的模拟实训流程如图10-3所示。

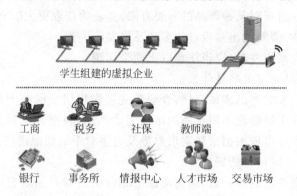

图10-3 创业管理环节模拟实训流程

主要实训内容包括以下几点。

(1) 企业战略。评估内部资源与外部环境,制订企业的短、中、长期发展战略。

(2) 产品研发。产品技术的研发决策,制订企业的产品品牌发展战略。

(3) 市场营销。负责公司的市场开拓及产品销售工作,在与其他小组的竞争中制订有效的营销策略,把握市场走势,满足消费者需求,努力提升销售业绩。

(4) 生产制造。按照市场要求的质量标准,尽可能高效率、低成本地生产各类产品。生产部门要与市场营销部门密切配合,从短期和长期两个方面提供足够的产品,以保证满足营销部门对市场需求的预测。生产部门还要适当超前安排好生产计划,以保证有足够的设备与有效的原材料来安排生产。

(5) 人力资源。根据生产部门和销售部门的工作规划及用人要求,及时完成人力资源的招聘及培训工作,并为所有员工签订劳动合同和办理养老保险。

(6) 财务管理。按照公司的发展战略有效管理公司的资金,提高资金的使用效率。

1. 研发部门决策任务

技术经理(CTO)负责研发部的日常运营管理工作。

作为企业核心部门之一,研发部承担着产品的研发设计的重要工作。没有可满足用户需求的产品,所有工作也将无法开展。在对消费者需要进行充分分析调查的基础上,研发部要根据公司的整体战略规划制订出未来产品的设计与研发计划,包括产品品牌数量、产品的原料构成、产品的需求分析等。设计一个适合消费者需要的产品是提升产品销量的基础,同时也可以有效地控制产品成品,提高产品的性价比。

产品的设计应以用户的需求为出发点,要充分考虑消费者的需求情况,同时也要考虑该领域市场的规模大小及未来的发展潜力。研发部应与公司的营销部门密切配合,共同规划做好产品品牌设计与研发工作。

在模拟市场环境下,企业可以研发设计多种产品,以满足不同消费群体的需求。不同产品在产品设计上会不同,花费的成本与投入的研发时间也会不同。企业可以选择研发一种产品,也可以选择研发多种产品,以配合公司战略规划实行单一品牌或多品牌战略。

企业要获取绩效,首先需要研发出有竞争力且能满足用户需要的产品,并争取获取更多的订单。由于每一市场对某种产品的需要有限,企业为获取更大的利润,就需要卖出更多的产品。因此,企业需要做出是否进行多产品研发的决策。

研发部在规划产品研发时,应当注意以下两个问题。

第一,企业的产品研发策略是什么?

由于企业可以研发的产品多种多样,企业首先要做出研发哪些产品的决策。而企业的资金、人员有限,且不同阶段不同产品的市场需求不同,在刚开始时企业很难所有产品都全力投入研发。企业应该根据市场需求趋势及竞争对手的情况进行合理规划。

第二,企业从什么时候开始研发什么产品?

企业决策要研发产品的品种后,需要考虑的是什么时候开始研发以及研发什么产品的问题。不同的产品可以同时研发,也可以分别研发。企业可以根据市场、资金、人员、竞争对手情况等综合考虑。

研发部每季度需要完成的决策任务如表10-2所示。

表10-2 研发部决策任务说明

决策任务	任 务 说 明
品牌设计	根据公司战略及消费者需求分析,针对不同消费者设计相应的产品品牌及原料构成。市场上可能有多类消费群体,不同的消费群体其需求均不一样。可以选择对一类或多类消费群体设计相应的品牌,也可以针对一类消费群体设计单一或多个品牌,通过品牌组合来达到满足消费者需求的目的
产品研发	对完成设计的产品品牌,如果产品构成比较复杂,涉及的原料品种较多,这类产品还需要花一定的时间和费用来进行前期产品研发工作。研发工作全部完成后,产品才可以正式生产制造及投入市场进行销售

(1)品牌设计决策

根据公司的发展战略与经营目标,使公司设计生产的产品贴切消费者的需要,并争取最大的市场份额。公司在产品设计上可以采取多品牌战略或单一品牌战略。

品牌战略就是公司将品牌作为核心竞争力,以获取差别利润与价值的企业经营战略。品牌战略的确立应该是围绕企业的竞争实力来进行的,公司要根据自己的情况,根据行业的特点,根据市场的发展,根据产品的特征,灵活地探询合适的战略。

① 单品牌战略

针对每一类特定的消费群体,企业只设计一个最适合消费者的产品品牌,并以最合理的成本配置相关的产品构成,针对性进行销售。单品牌战略的优势不言而喻,企业针对某一消费群体可以集中力量塑造一个品牌形象,品牌宣传的成本要低,这里面的成本不仅仅指市场宣传、广告费用的成本,同时还包括品牌管理的成本,以及消费者认知的清晰程度。单品牌更能集中体现企业的意志,容易形成市场竞争的核心要素,避免消费者在认识上发生混淆,也减少了在各个品牌之间的资源配置与协调。

当然,作为单一的品牌战略也存在着一定的风险。如果该设计的品牌不能很好地满足消费者的需要,可能会导致企业对该品牌产品的依赖度过高,一旦失误,将严重影响企业的收入。作为单一品牌缺少区分度,差异性差,往往不能区分不同产品的特征,这样不利于企业开发不同类型的产品,也不便于消费者们有针对性地选择。

② 多品牌战略

针对某一类消费群体,企业同时经营两个以上相互独立、彼此没有联系的品牌的情形,就是多品牌战略。企业使用多产品品牌,每种不同设计的品牌均具有不同的特征,这样可以更好地为消费者提供更多的选择,通过多产品组合来覆盖不同的消费者需求,从而为消费者带来更大的选择空间。

多品牌的优点很明显,它可以根据功能或者价格的差异进行产品划分,这样有利于企业占领更多市场份额,面对更多需求的消费者;彼此之间的看似竞争的关系,但是实际上很有可能壮大了整体的竞争实力,增加了市场的总体占有率;而且,多品牌可以分散风险,某种产品不适合消费者的需要,可能另一种恰恰比较好地满足了消费者需要。

多品牌的缺点是宣传费用过高,企业打造一个品牌需要财力、人力等多方面的配合,如果想成功打造多个品牌自然要有高昂的投入作为代价;多个品牌之间的自我竞争;品牌管理成本过高,也容易在消费者中产生混淆。

在具体实践中,应根据商业背景及竞争情况来灵活把握,并通过市场消费者的反馈信息,来检验产品设计及品牌战略的得失情况,并进行相应的调整。

进入公司场景,单击"研发部",在弹出窗口中选择"决策内容—产品设计",完成公司需要设计的品牌数量、品牌名称及每一个产品品牌的原料构成。如图10-4所示。然后根据对背景环境的研究及公司的战略规划,设计公司的产品品牌。

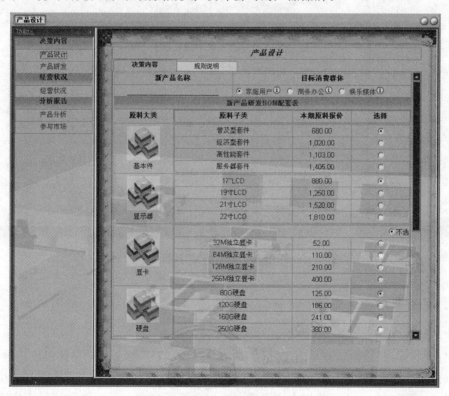

图10-4 "产品设计"界面

根据对背景环境的研究及公司的战略规划,设计公司的产品品牌。

(2)产品研发决策

产品设计好了以后,还需要对设计的产品进行研发,研发完成才允许生产。根据产品原料的组合情况,不同设计的产品的研发周期也不相同。一般而言,原材料组成种类越多,设计的复杂性越高,所要花费的研发时间会越多。在产品设计的时候,在下面会同时提示组成产品的原材料成本以及设计需要的周期时间。

进入公司场景,单击"研发部",在弹出窗口中选择"决策内容—产品研发",完成公司相关产品的研发投入工作,全部完成了产品的研发后,才允许正式生产制造该产品,如图10-5所示。

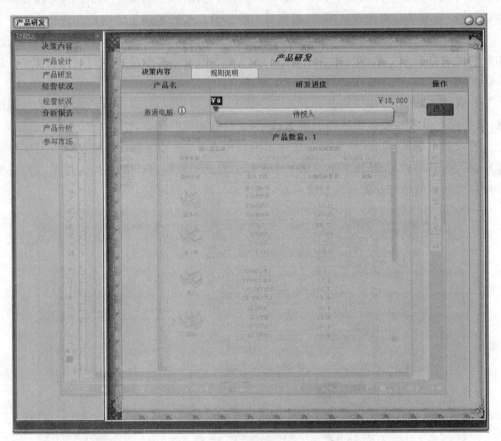

图10-5 "产品研发"界面

2. 制造部门决策任务

生产经理(CPO)负责生产制造部日常运营管理决策。

生产制造部门行使对产品生产过程中的管理权限,要根据公司的整体发展规划,合理地组织公司产品生产过程、综合平衡生产能力、科学地制订和执行物料采购计划和生产作业计划,以实现用最小合理的投入达到最大产出之管理目的。保障销售部门销售工作的

第 10 章 "创业之星"创业管理模拟

正常开展及供货。

制造部门每季度需要完成的决策任务如表 10-3 所示。

表 10-3 制造部决策任务说明

决策任务	任务说明
原料采购	根据公司研发设计好的所有产品品牌,计算好所需要的各类原材料的数量,并根据原料的到货周期及销售计划,合理做好物料采购计划,保障生产计划的正常执行
厂房购置	生产产品的设备需要安置到厂房中,要完成设备的安装生产,首先需要做好厂房购置。厂房有多种不同的类型,可购买也可租用,应根据公司的资金状况及规划制订
设备购置	所有原料通过生产设备生产为设计好的产品,设备只能购买,不同的设备类型其产能、价格等参数均不相同,需要根据公司生产规划和资金状况来确定购买的生产设备组合
资质认证	随着市场竞争的激烈与管理体系的成熟,部分市场在未来的某一时刻要对进入的公司提出更高的要求,公司必须要通过相应的资质认证才允许进入相应的市场,开展产品销售工作。资质认证需要投入一定的时间及费用,如果公司要进入的市场在未来有认证要求,公司应根据市场要求的变化提前做好认证规划
生产计划	制造部门要根据公司市场销售的安排按时按量生产出相应数量的产品,确保订单接到后能按时交货,否则公司将承受订单违约的惩罚。在生产设备安装好后,生产某一品牌产品的所有构成原料均已采购入库,则可以对相应的生产设备安排产品的生产计划。如果有多个品牌产品需要安排生产,要对所有生产设备做好计划的安排与任务分工,以确保所有产品均能按要求落实生产,同时也使生产设备的利用率达到最大化,有效降低产品的生产成本

进入公司场景后,单击"制造部",会出现与生产制造有关的操作内容。主要包括原料采购、厂房购置、设备购置、资质认证、生产工人、订单交付等内容。

(1) 原料采购决策

进入公司内部场景,单击"制造部",在弹出窗口中选择"决策内容—原料采购",根据产品品牌的原料构成、销售预测、到货周期等信息,完成所有需要生产产品的原料采购。

在采购产品原料时,要注意的是,这里所有的单价都是指不含税的价格,实际支付的金额是最右边的价税合计金额。此外,不同原料的订货周期是不同的,要根据公司整个生产计划的安排前提做好所有原料的采购计划。如图 10-6 所示。

(2) 厂房购置决策

进入公司内部场景,单击"制造部",在弹出窗口中选择"决策内容—厂房购置",根据公司生产规模的需要以及现金状况,通过购买或租用的方式获取相应的厂房。如图 10-7 所示。

(3) 设备购置决策

进入公司内部场景,单击"制造部",在弹出窗口出选择"决策内容—设备购置"。如图 10-8 所示。

生产设备只能购买不能租用,不同类型的生产设备其相关参数也有较大差异。如何选择适合的设备组合来满足公司当期或未来生产制造的需要,是生产部门的一项重要任务。

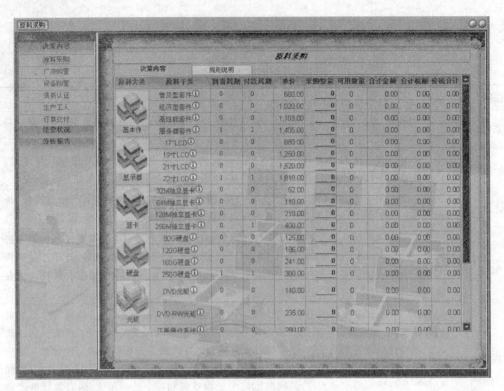

图 10-6 "原料采购"界面

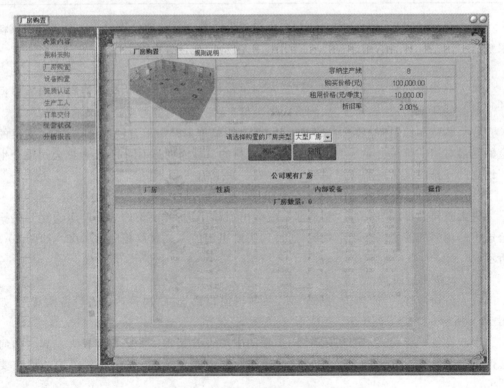

图 10-7 "厂房购置"界面

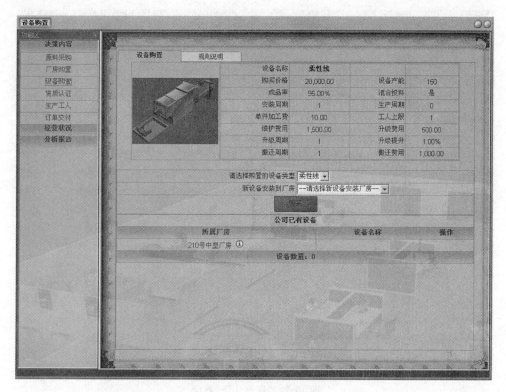

图 10-8 "设备购置"界面

(4) 资质认证决策

进入公司内部场景,单击"制造部",在弹出窗口中选择"决策内容—资质认证"。对公司确认要投资的认证体系投入认证费用。如图 10-9 所示。

认证是对整个公司的生产资质进行的认证。如果市场要求认证,公司应根据各类认证的投入时间周期提前做好认证资质的开发投入,以确保市场开始要求认证资格时公司已经拿到相关认证的资质证书。

(5) 生产工人决策

进入公司内部场景,单击"制造部",在弹出窗口中选择"决策内容—生产工人",对制造部门现有的所有生产工人进行管理,对不需要的人员可以单击辞退申请,并递交到人力资源,由人力资源安排解除劳动合同,从下一季开始正式离职。如图 10-10 所示。

(6) 生产计划决策

进入公司内部场景,单击"生产车间",在弹出窗口中可以看到所有的厂房情况及生产设备情况。如果要对某一条生产进行计划编排,则单击这个生产线所在的厂房后面的"进入"标志,进入该厂房。如图 10-11 所示。

进入厂房后,可以看到厂房内的所有生产设备及设备上的工人数量。

要对某一条生产线进行操作,则单击相应的生产线,在弹出窗口中完成对该生产设备的生产计划编排。也可以在这里对该生产设备进行升级、搬迁等操作。如图 10-12 所示。

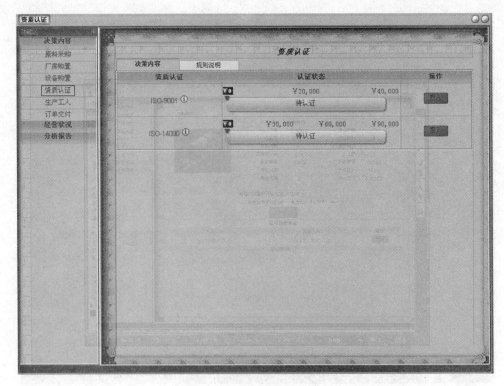

图 10-9 "资质认证"界面

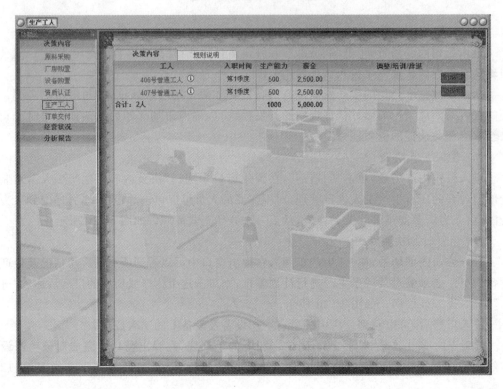

图 10-10 "生产工人"界面

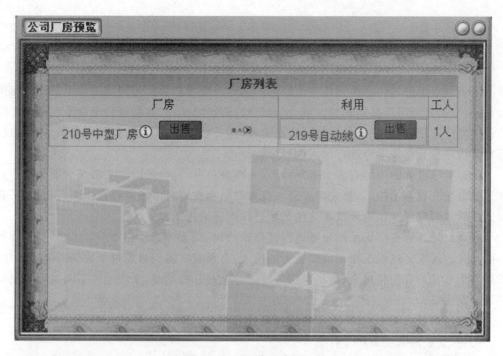

图 10-11 "厂房列表"界面

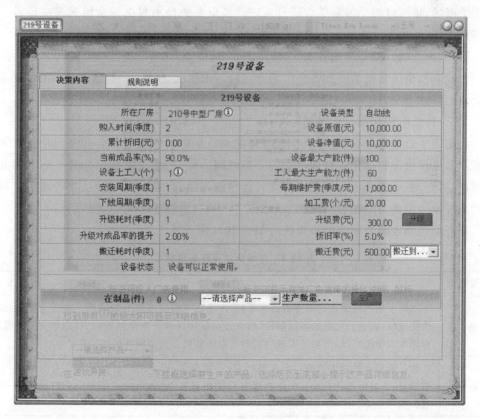

图 10-12 "生产设备"界面

3. 市场部门决策任务

市场经理(CMO)负责市场部的日常运营管理工作。

市场部负责公司的企业宣传与市场推广工作。市场部负责公司营销计划的制订与执行,并努力提升公司产品的销售业绩。如何设计营销组合,如何制订公司在发展不同阶段的营销推广计划,以更好地促进公司产品销售,提升品牌形象,提高市场占有率,需要市场部对市场环境与竞争形势进行深入调研分析。

公司可以进入的市场有多个选择,可以主攻某个市场,也可以多个市场全面开花。要在这些市场开展营销推广,首先需要公司投入时间和费用对市场进行前期调研与开发,开发完成后才可以派驻销售人员在这些区域进行产品销售工作。

在规划进入哪些市场及对市场进行前期投入时,需要考虑企业的资金情况及对营销团队人员的需求。这些工作都需要资金的投入,会影响短期现金流量及盈利情况。因此,虽然各个市场均有销售机会,市场部门需要进行全面分析判断,来决定在不同发展阶段的市场开发策略。

在进行市场投入开发时,企业应当明确以下三个问题。

第一,企业的营销策略是什么?

企业可能会考虑哪个市场产品价格高就进入哪个市场,也可以哪个市场需求大就进入哪个市场,也可以两个因素综合进行考虑。最重要的是要根据资金情况来决定需要开拓哪些市场、开拓多少市场。

第二,企业的目标市场是什么?

企业应当根据营销策略和各个市场产品的需求状况、价格水平、竞争对手的情况等明确企业的目标市场。

第三,什么时候开拓目标市场?

在明确了目标市场后,还涉及什么时候进入目标市场的问题。企业应当结合资金状况和产品生产情况明确企业目标市场的开拓时间。此外,由于拿到销售订单后需要及时交付产品,否则,可能会因为不能按时交付而导致缴纳违约金。因此,还要考虑到公司资金的状况及生产能力的配置情况。

市场部每季度需要完成的决策任务如表10-4所示。

表10-4 市场部决策任务说明

决策任务	任 务 说 明
市场开发	不同的市场区域潜在的消费者需求不同,市场的开发进度也有快有慢。根据公司制订的营销战略,在公司发展的不同阶段,结合公司整体规划及生产制造能力,选择需要开发的市场投入费用开发,市场开发成功后即可以派驻销售人员展开销售工作
广告宣传	广告是影响产品销售量的一个重要因素,一般来说,较多的广告投放可以有效拉动产品销量,还可以不断提升公司的知名度与品牌知名度,对公司的长期发展有着潜在的帮助与影响

(1) 市场开发决策

进入公司内部场景,单击"市场部",在弹出窗口中选择"决策内容—市场开发",选择需要开发的市场投入市场开发费用。如图10-13所示。如果某个市场开发需要多个周期才能完成,在后面的经营中,还需要持续完成市场开发投入,直到完成该市场的开发工作。

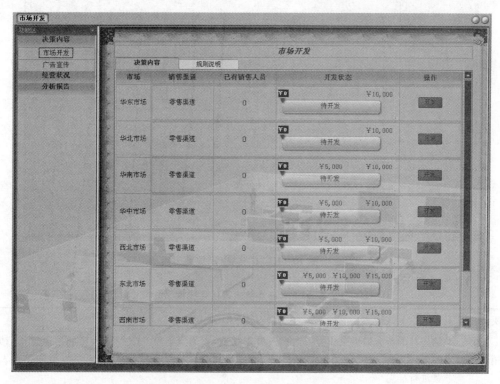

图10-13 "市场开发"界面

(2) 广告宣传决策

进入公司内部场景,单击"市场部",在弹出窗口中选择"决策内容—广告宣传",确定本季度公司计划投入的广告费用,如图10-14所示。

4. 销售部门决策任务

市场经理(CSO)负责市场部和销售部的日常运营管理工作。

销售部负责将公司生产的产品销售给消费者,完成销售业绩,回笼资金。公司最终的经营业绩要通过销售部门的销售工作来完成,销售工作做得是否有效,是否能完成公司制订的销售计划,将直接对整个公司的运营产生重要的影响。

销售部每季度需要完成的决策任务如表10-5所示。

(1) 销售人员决策

进入公司内部场景,单击"销售部",在弹出窗口中选择"决策内容—销售人员",对销售部门的所有销售人员进行工作安排,如图10-15所示。

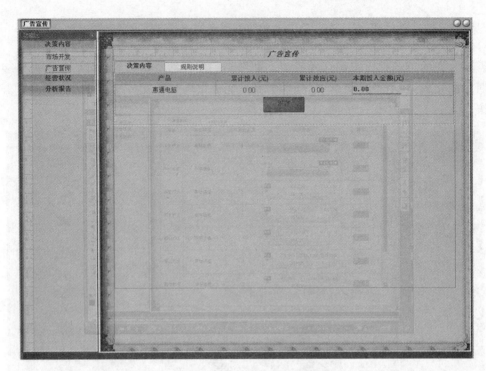

图 10-14 "广告宣传"界面

表 10-5 销售部决策任务说明

决策任务	任务说明
销售人员	销售部的所有销售工作需要销售人员去完成,人力资源部负责销售人员的招聘工作,销售部门负责对销售人员的区域安排、培训计划进行统筹安排,并可以对不需要的销售人员进行辞退
产品报价	在公司完成了相关市场调研开发以及资质认证,获得进入该市场的资格后,同时已经派驻了销售人员在当地开展销售工作,则公司可以参与该区域的产品销售订单报价。为了控制订单总量,还可以设定针对某一品牌产品在某一市场上的最多获取订单量,以确保生产交付得到保障

对销售人员的安排主要包括管辖区域调整、培训计划,以及辞退计划。其中,管辖区域调整直接由销售部在这里就可以完成,对相关销售人员的培训计划和辞退计划,需要由销售部门负责提出,再由人力资源审核,同意后人力资源部解除与该员工的劳动合同关系,则该员工从下一季度开始将正式辞退,本季度仍将继续工作。

(2)产品报价决策

进入公司内部场景,单击"销售部",在弹出窗口中选择"决策内容—产品报价",填写各产品的市场报价以及期望的最大订货数量,如图 10-16 所示。

5. 人力资源部门决策任务

人力资源经理(CHO)负责人力资源部的日常运营管理工作。

第 10 章 "创业之星"创业管理模拟

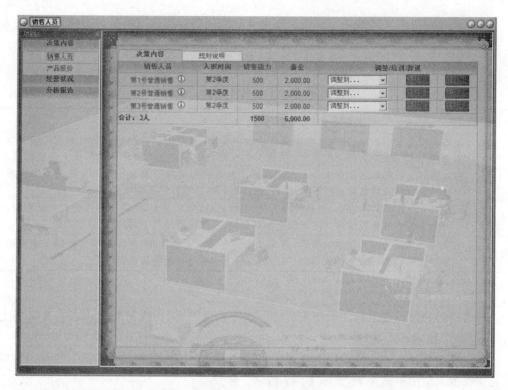

图 10-15 "销售人员"界面

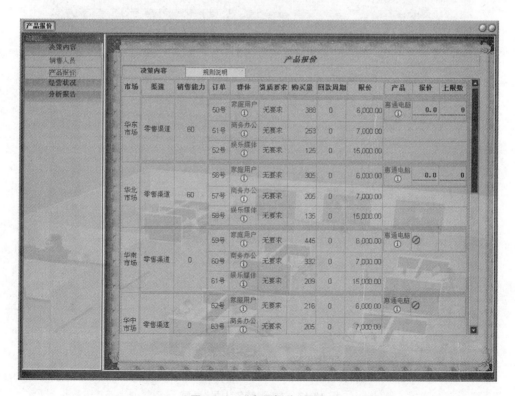

图 10-16 "产品报价"界面

人力资源部门最重要的工作就是根据企业战略规划与经营发展的需要制订相应的人力资源发展战略,对企业人力资源进行开发,招聘合适的人才,提高员工的整体素质。

人力资源部每季度需要完成的决策任务如表10-6所示。

表10-6 人力资源部决策任务说明

决策任务	任务说明
人员招聘	在模拟公司中,管理团队由参加训练的学生组成,也是公司的创始人与股东。在公司中有两个部门需要招聘人员工作:销售部和生产部。所有的销售任务由销售人员来完成,所有的生产制造工作由生产工人来完成。人力资源部应根据公司业务发展的不同阶段招聘适合的人员数量,并针对员工开展技能培训,以提升员工的综合能力
签订合同	所有人员招聘进来以后,包括管理人员、销售人员、生产工人,均需要签订正式劳动合同,并为员工办理各类保险。对于没有签订合同、办理保险的员工,将会受到相关处罚
解除合同	如果公司因为经营规划的调整,或在具体用人需求上的变化,可以向不需要的员工发出解聘通知,解除劳动合同。初解聘的员工从下一季度开始将从现岗位离职

(1)人员招聘

需要招聘的公司员工包括销售人员和生产工人两类,两类人员均可以在人才市场上招聘到。

进入主场景,单击"交易市场",进入后,单击"人才市场—招聘销售人员",在弹出窗口中完成销售人员的招聘决策,如图10-17所示。

图10-17 "招聘销售人员"界面

第 10 章 "创业之星"创业管理模拟

进入主场景,单击"交易市场",进入后,单击"人才市场—招聘生产工人",在弹出窗口中完成生产工人的招聘决策。如图 10-18 所示。

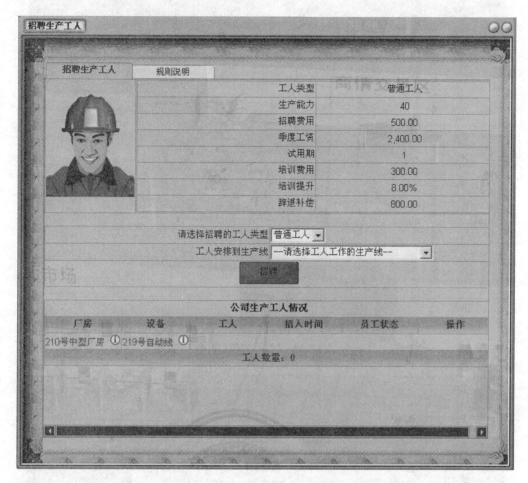

图 10-18 "招聘生产工人"界面

(2) 签订合同

公司所有员工在正式入职后都要签订劳动合同,办理养老保险。包括管理团队成员、招聘的销售人员、生产人员。

进入公司内部场景,单击"人力资源部",在弹出窗口中选择"决策内容—签订合同",与公司管理层人员和招聘的人员签订劳动合同,如图 10-19 所示。

(3) 解除合同

如果需要对不适用的员工解除劳动合同,首先需要由相关部门提供解聘申请,再在人力资源完成劳动合同解聘事项。

进入公司内部场景,单击"人力资源部",在弹出窗口中选择"决策内容—解除合同",列表显示相关部门已提交辞退的人员清单,人力资源予以确认是否正式解除劳动合同并辞退,如图 10-20 所示。

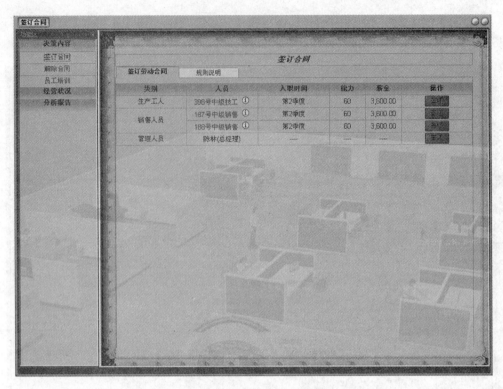

图 10-19 "签订合同"界面

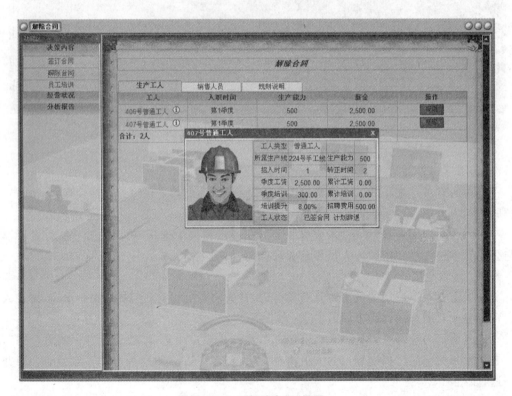

图 10-20 "解除合同"界面

6. 财务部门决策任务

财务经理(CFO)负责财务部的日常运作管理工作。

企业在经营过程中的各项工作,如人员招聘、产品研发、市场开发、广告宣传等都离不开资金支持。资金是企业生存发展的命脉及开展各项工作的基础,没有资金就无法开展任何工作。因此,财务部门的首要工作是做好现金预算,根据企业不同发展阶段的工作需要,合理安排并使用资金,保障企业正常运转的各项支出,提升资金运作的效率。

要有效控制资金的使用,首先要编制好现金预算表。要编制好现金预算表,就要详细了解各阶段的每一笔现金收入与支出的情况。企业的现金收入主要有两种情况,正常经营过程中通过销售企业研发生产的产品带来收入;在资金紧张情况下,也可以通过向银行借款来补充现金的不足,满足企业生产经营的需要。

企业经营的最终目标之一是追求利润的最大化。但在追求最大利润的同时,应当充分考虑到资金的情况,要谨防一味扩张冒进而可能导致企业现金链断裂的情况。如果企业未能及时筹资而又需要大量现金支出,则意味着企业破产。在系统运营中,会通过高利贷的方式为企业提供额外借款,目的是使企业能继续运营下去,但是企业将为此支付高额借款利息,同时最终经营成绩将被扣分。因此,财务部门要充分做好资金的运作管理,在追求利润最大化的同时,充分考虑资金的安全情况,既要最大限度地提高资金使用效率,发挥资金的作用,达到资产保值增值的目的;同时,还要考虑资金使用不当可能给企业带来的风险。

在充分利用自有资金及借款资金保障企业运营的前提下,财务部门还要做好财务数据的分析工作。人力资源管理的最终目标是提升企业经营绩效,而财务指标是经营绩效最直接的反映。在对企业每一阶段的财务报表的分析基础上,还可以进一步地从企业的盈利能力、营运能力、偿债能力、发展能力等方面对企业进行综合分析评价,以全面分析企业经营得失,发现企业经营管理中存在的问题,并在后续经营中加以改进与完善。

公司内部各部门的工作开展都需要得到财务部的支持。因此,要做好财务部门的各项决策任务,要与各部门保持密切的联系与沟通,在公司整体战略发展规划的指引下,通过合理资金调度安排,充分保障各部门战略的有效实施,在充分保证资金安全的情况下,完成公司阶段经营目标。

财务部每季度需要负责完成的各项决策任务如表 10-7 所示。

表 10-7　财务部决策任务说明

决策任务	任务说明
现金预算	在每季初根据公司的整体规划与季度经营目标,编制现金预算表。在现金预算的编制过程中应与其他各部门充分沟通,在各部门工作方案制订的基础上再汇总到财务部完成现金预算,以满足各个部门开展工作的需要
银行借款	根据公司经营计划确定的资金使用计划,合理制订资金筹措计划,并根据需要到银行办理所需的借款。所有借款都要求到期时必须按时归还,因此在借款时要提前做好资金预算,在借款到期时能准备好充足的现金

(1) 现金预算

进入公司内部场景,单击"财务部",在弹出窗口中选择"决策内容—财务预算",根据公司本季度的整体规划及各部门的经营计划,制订公司本季度的财务现金预算表。

(2) 银行借款

进入主场景,单击"创业银行",进入创业银行后,单击"信贷业务"窗口,在弹出窗口中完成借款决策任务。如图10-21所示。

图10-21 "申请贷款"界面

7. 实训报告

完成创业管理模拟实训后,参训学生应提交一份实训报告,也可以与前面模拟实训环节一起提交一份完整的报告。实训报告的主要内容如下。

(1) 实训目的

本次创业企业管理模拟实训的主要目的。

(2) 实训时间

本次创业企业管理模拟实训的具体时间安排。

(3) 实训方式

本次创业企业管理模拟实训的具体方法与形式。

（4）实训内容

本次创业企业管理模拟实训的内容，应结合授课讲解的知识内容与实训的具体要求。

（5）实训总结

描述整个实训过程的具体操作与心得总结。包括：①背景分析，对创办企业所在的行业背景与竞争形势的整体分析；②经营策略，介绍本企业的战略规划、营销策略、生产管理、财务管理等各方面的经营策略与整体规划；③绩效分析，对企业的绩效进行总结分析；④企业经营成败原因总结分析。

（6）心得体会

通过本次模拟创业实训所带来的感受与体会，包括：①对真实企业运营管理的理解与体会；②对日后如何开展创业的启发；③对如何提高企业的创业成功率的认识。

本 章 小 结

本章重点介绍了创业的核心环节——创办企业的运营管理。企业只有通过各类运营活动的开展才能成长壮大并获得收益。不论你创办的是何种类型的企业，在创办初期和成长阶段，都可能会面临企业战略、市场营销、财务管理、生产制造、人力资源等各方面的管理内容。如何灵活理解并运用企业管理各方面的知识，客观全面地分析行业市场，为消费者提供更有竞争力的产品与服务，是企业在创办初始所面临的关键问题。

通过创业之星模拟实训平台的综合训练，帮助创业者更好地认识现实企业创业所要经历的各个阶段，并对企业经营管理的各个环节有一个全面真实的决策体验，从而对企业的创业管理有着更感性更直接的理解，并回避企业创办过程中可能出现的各种风险。

复 习 题

一、简答题

1. 企业一般包括哪些重要部门？各个部门的主要工作职责是什么？
2. 企业在设计创业初期的组织架构时应注意哪些问题？
3. 对初创企业来说，需要进行战略规划吗？初创企业可选择哪些战略？
4. 现金流管理对初创企业是否重要？在实际操作中要注意什么问题？
5. 对初创企业来说，企业创业管理过程中主要会遇到哪些风险？
6. 企业在初创阶段和快速成长阶段需要注意哪些问题？
7. 如何做好创业团队的职责分工与沟通协作？

二、实训题

将全班同学分成六个组，进行一次模拟四年的创业企业经营比赛。

附录 1

"创业之星"创业模拟实训教师准备

教师的课前准备

1. 学生管理准备

如是必修课,则以班级为单位进行训练;如是选修课,应提前一周将参加课程训练的学生名单、所属院系统计报名完成。

所有参加训练课程的学生按照 4~6 人一组的形式分成若干个小组。可以由学生自由组队或由教师统一安排分组。如是综合选修课程,建议不同专业的学生混合组队效果更好。

将分组的名单告知学生,以便于学生在课前进行相关知识的准备工作。同时小组成员可以根据发放的背景资料提前进行讨论,制订企业发展规划。

提前一天以上,教师应登录"创业之星"系统,创建新的班级,调整好课程参数,做好开课前的准备工作。

2. 教学授课准备

教师在课程实施前结合教材中相关的知识内容以及每一阶段的教学任务,完成备课工作。

教师在课程实施前将课程的教学目标告知学生,以便于学生在课前就相关的知识进行学习准备。

教师在课程实施前三天,将"创业之星"训练平台中的模拟商业环境背景、模拟系统中的数据规划以及学生手册发给学生,以便于学生在课前对模拟商业环境有所熟悉。

在每一轮模拟经营结束之后,下一轮模拟经营开始之前,教师应将各小组的经营结果和分析图表下发给学生,以供学生在课后总结,并为下一轮模拟经营课程做学习准备。

附录 2

"创业之星"创业模拟实训学生准备

学生的课前准备

学生在课前应做好如下准备工作。

(1) 与自己所在的小组组员建立联系,并打造良好的合作情感基础。

(2) 与小组成员一起就模拟商业环境的数据规则和背景资料进行讨论,熟悉企业的创业背景和将要参与竞争的环境。

(3) 在课前完成相关知识的学习准备,包括企业创业登记注册的流程及运营管理需要用到的知识。

(4) 在课前根据教师下发的教学目标,完成相关知识内容的准备学习。

(5) 在每一轮模拟经营结束之后,下一轮模拟经营开始之前,学生应将教师所下发的经营结果和分析图表进行分析,在课后与组内成员一起对竞争形势进行探讨,并完成一些必要的知识储备。

企业名称预先核准申请书

表格填写范例如下。

申请企业名称	武汉市康泰医药有限责任公司
备选企业名称 （请选用不同的字号）	1. 武汉市康盛医药有限责任公司 2. 武汉市福泰医药有限责任公司 3. 武汉市福盛医药有限责任公司
经营范围	许可经营项目：化学药制剂、中成药、抗生素、生化药品、生物制品、诊断药品销售；Ⅱ类医疗器械、一次性使用无菌医疗器械销售 一般经营项目 （只需填写与企业名称行业表述一致的主要业务项目）
注册资本(金)	人民币 200(万元)
企业类型	有限责任公司
住所所在地	武汉市××区××街××号
指定代表或者委托代理人	王××

指定代表或者委托代理人的权限：
1. 同意☑不同意☐核对登记材料中的复印件并签署核对意见
2. 同意☑不同意☐修改有关表格的填写错误
3. 同意☑不同意☐领取《企业名称预先核准通知书》

指定或者委托的有效期限	自××××年××月××日至××××年××月××日

注：1. 手工填写表格和签字请使用黑色或蓝黑色钢笔、毛笔或签字笔，请勿使用圆珠笔。
2. 指定代表或者委托代理人的权限需选择"同意"或者"不同意"，请在☐中打√。
3. 指定代表或者委托代理人可以是自然人，也可以是其他组织；指定代表或者委托代理人是其他组织的，应当另行提交其他组织证书复印件及其指派具体经办人的身份证件。

投资人姓名或名称	证照号码	投资额/万元	投资比例/%	签字或盖章
王××	××××××××	60	30	投资人本人签字
李××	××××××××	40	20	投资人本人签字
××市××医疗器械有限公司	××××××××	100	50	投资人盖章
填表日期	××××年××月××日			
指定代表或者委托代理人、具体经办人信息	签　　字：王××			
	固定电话：××××××			
	移动电话：027-××××××××			

（指定代表或委托代理人、具体经办人身份证明复印件粘贴处）

身份证正反面复印，并排粘贴

（复印件上注：与原件一致，委托人姓名，时间）

注：1. 投资人在本页表格内填写不下的可以附纸填写。

2. 投资人应对所有信息进行确认后，在本页盖章或签字。自然人投资人由本人签字，非自然人投资人加盖公章。

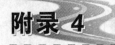

附录 4

指定代表或者共同委托代理人的证明

申请人：_____

指定代表或者委托代理人：_____

委托事项及权限：

1. 办理_____（企业名称）的 □设立 □变更 □注销 □备案 □手续；
2. 同意□ 不同意□ 核对登记材料中的复印件并签署核对意见；
3. 同意□ 不同意□ 修改企业自备文件的错误；
4. 同意□ 不同意□ 修改有关表格的填写错误；
5. 同意□ 不同意□ 领取营业执照和有关文书。

指定或者委托的有效期限：自　　年　月　日至　　年　月　日

指定代表或委托代理人或者经办人信息	签　字
	固定电话
	移动电话

（指定代表或委托代理人、具体经办人身份证明复印件粘贴处）

（申请人盖章或签字）

　　年　月　日

注：1. 手工填写表格和签字请使用黑色或蓝黑色钢笔、毛笔或签字笔，请勿使用圆珠笔。

2. 设立登记，有限责任公司申请人为全体股东；国有独资公司申请人为国务院或地方人民政府国有资产监督管理机构；股份有限公司申请人为董事会；非公司企业申请人为出资人；变更、注销登记申请人为本企业；企业集团登记申请人为母公司。

3. 委托事项及权限：第1项应当选择相应的项目并在□中打√，或者注明其他具体内容；第2、3、4、5项选择"同意"或"不同意"并在□中打√。

4. 指定代表或者委托代理人可以是自然人，也可以是其他组织；指定代表或者委托代理人是其他组织的，应当另行提交其他组织证书复印件及其指派具体经办人的文件、具体经办人的身份证件。

5. 自然人申请人由本人签字，非自然人申请人加盖公章。

公司设立登记申请书

名　称				
名称预先核准通知书文号			联系电话	
住　所			邮政编码	
法定代表人姓　名			职　务	
注册资本	（万元）	公司类型		
实收资本	（万元）	设立方式		
经营范围	许可经营项目：			
	一般经营项目：			
营业期限	长期/_____年	申请副本数量		个

本公司依照《公司法》、《公司登记管理条例》设立，提交材料真实有效。谨此对真实性承担责任。

法定代表人签字：

年　月　日

注：1. 手工填写表格和签字请使用黑色或蓝黑色钢笔、毛笔或签字笔，请勿使用圆珠笔。
2. 公司类型应当填写"有限责任公司"或"股份有限公司"。其中，国有独资公司应当填写"有限责任公司（国有独资）"；一人有限责任公司应当注明"有限责任公司（自然人独资）"或"有限责任公司（法人独资）"。
3. 股份有限公司应在"设立方式"栏选择填写"发起设立"或者"募集设立"。
4. 营业期限：请选择"长期"或者"××××年"。

附录 6

公司股东(发起人)出资信息

股东(发起人)名称或姓名	证件名称及号码	认缴			持股比例/%	认缴			备注
		出资额/万元	出资方式	出资时间		出资额/万元	出资方式	出资时间	

注：1. 根据公司章程的规定及实际出资情况填写，本页填写不下的可以附纸填写。

2. "备注"栏填写下述字母：A. 企业法人；B. 社会团体法人；C. 事业法人；D. 国务院、地方人民政府；E. 自然人；F. 外商投资企业；G. 其他。

3. 出资方式填写：货币、实物、知识产权、土地使用权、其他。

董事、监事、经理信息

姓名_____职务_____身份证件号码：_____

(身份证件复印件粘贴处)

姓名_____职务_____身份证件号码：_____

(身份证件复印件粘贴处)

姓名_____职务_____身份证件号码：_____

(身份证件复印件粘贴处)

附录 8

法定代表人信息

姓　　名		联系电话	
职　　务		任免机构	
身份证件类型			
身份证件号码			

（身份证件复印件粘贴处）

法定代表人签字：

_____   年　月　日

以上法定代表人信息真实有效，身份证件与原件一致，符合《公司法》、《企业法人法定代表人登记管理规定》关于法定代表人任职资格的有关规定，谨此对真实性承担责任。

（盖章或者签字）
年　月　日

注：依照《公司法》、公司章程的规定程序，出资人、股东会确定法定代表人的，由二分之一以上出资人、股东签署；董事会确定法定代表人的，由二分之一以上董事签署。

参考文献

[1] 林强,姜彦福等.创业理论及其架构分析[J].经济研究,2001(9).
[2] [美]布鲁斯·巴林格(Bruce R. Barringr),[美]杜安·爱尔兰(R. Duane Ireland).创业管理——成功创建新企业[M].杨俊,薛红志译.北京:机械工业出版社,2010.
[3] 陈龙春,杨敏.大学生创业基础[M].杭州:浙江大学出版社,2007.
[4] 胡振兴.现代创业管理[M].武汉:华中师范大学出版社,2007.
[5] 邓汉慧,刘帆等.美国创业教育的兴起发展与挑战[J].中国青年研究,2007(09).
[6] 焦豪,魏江等.企业动态能力构建路径分析:基于创业导向和组织学习的视角[J].管理世界,2008(04).
[7] 李志能,郁义鸿.创业学[M].杭州:浙江大学出版社,2009.
[8] Lindsay. N,J, Craig. J, A Framework for Understanding Opportunity Recognition:Entrepreneurs versus Private Equity Financiers[J]. Journal of Private Equity,2002(6):13-24.
[9] 陈震红,董俊武.创业机会的识别过程研究[J].科技管理研究,2005(2).
[10] 林嵩,姜彦福等.创业机会识别:概念、过程、影响因素和分析架构[J].科学与科学技术管理,2005(6).
[11] 张爱丽.试析个人因素与机会因素的匹配对创业机会识别的作用[J].外国经济与管理,2009(10):59-64.
[12] 教育部.各高校应面向全体学生开创业基础必修课[EB/OL].中国新闻网.http://www.chinanews.com/edu/2012/08-17/4115924.shtml.
[13] 深圳远大创业公司.创业指南[EB/OL].http://www.cy666.cn/blog/post/245.html.
[14] Porter,ME. Strategy and the Internet[J]. Harvard Business Review,2001,79(3):62-78.
[15] 张玉利.创业者如何整合资源?[J].中外管理,2011(06).
[16] 陈震红,董俊武.成功创业的关键——如何获取创业资源[J].科技创业月刊,2003(09).
[17] 林嵩.创业资源的获取与整合——创业过程的一个解读视角[J].经济问题探索,2007(6):166-169.
[18] 李振勇.商业模式[M].北京:新华出版社,2007.
[19] 许尔明.企业精益生产管理模式的创新[J].当代经济,2011(10):18-19.
[20] [美]卡迈恩·加洛.乔布斯的魔力演讲[M].葛志福译.北京:中信出版社,2010.
[21] 中国大学生创业网.商业计划书的作用[EB/OL]. http://www.chinadxscy.com/news.
[22] [美]加里·阿姆斯特朗,[美]菲利普·科特勒.市场营销学[M].何志毅,赵占波译.北京:中国人民大学出版社,2007.
[23] 双根.王永庆全传[M].武汉:华中科技大学出版社,2010.
[24] 薛红志,牛芳.国外创业计划研究前沿探析[J].外国经济与管理,2009(02).
[25] 卢翠翠.高绩效团队特质及其组建模型[EB/OL].中国人力资源网,www.hr.com.cn,2005-02-25.
[26] 陶莉.创业企业组织设计和人类只有管理[M].北京:清华大学出版社,2005.
[27] 余胜海.创业非常道[M].北京:经济日报社出版社,2009.
[28] 傅晓霞.创业案例精编[M].上海:上海财经大学出版社,2008.
[29] 黄海燕.浅析创业团队的组建[J].商场现代化,2008(3):56.
[30] 杨忠东.创业经之"如何组建创业团队"[J].四川教育学院学报,2012(5):45-46.

[31] 李华晶,张玉利.创业型领导:公司创业中高管团队的新角色[J].软科学,2006(3):138-139.
[32] 沈淑萍,李明生.领导者在团队建设中应扮演的角色[J].领导科学,2004(23):25.
[33] 朱沆,李新春.合作创业以及创业团队成员行为分析[J].中山大学学报(社会科学版),2011(3):195-196.
[34] 张国权,郭秀丽.大学生创业优劣之博弈[J].职业,2008(35):69-70.
[35] 秦立柱,秦兆行.创业团队的组建与激励问题研究[J].中小企业科技,2007(6):21-22.
[36] [美]凯瑟琳·M.艾森哈达特.管理团队如何化冲突为力量[J].商学院,2005(6):78-80.
[37] 李素萍,安予苏.市场营销学[M].郑州:郑州大学出版社,2008.
[38] 杨安,兰欣,刘玉.创业管理——成功创建新企业[M].北京:清华大学出版社,2009.
[39] [美]伊查克·爱迪思.企业生命周期[M].赵睿译.北京:中国社会科学出版社,1997.
[40] [美]彼特·德鲁克.创新与企业家精神[M].蔡文燕译.北京:机械工业出版社,2011.
[41] 陈震红,董俊武.创业风险的来源和分类[J].财会月刊,2003(12):56-57.
[42] 巩艳芬,崔海燕,李友俊.基于生命周期理论的我国创业企业风险分析[J].企业管理,2011(13):37-39.
[43] 谢胜强.创业企业技术创新风险和技术创新能力培育方法研究[J].科学学研究,2008(26)(增刊):230-233.
[44] [美]杰弗里·蒂蒙斯,[美]小斯蒂芬·斯皮内利.创业学[M].周伟民,吕长春译.北京:人民邮电出版社,2005.
[45] [美]蒂蒙斯.战略与商业机会[M].周伟民译.北京:华夏出版社,2002.
[46] [美]库洛特克,[美]霍志茨.创业学:理论、流程与实践[M].张宗益译.北京:清华大学出版社,2006.
[47] [美]H.克雷格·彼得森,[美]W.克里斯·刘易斯.管理经济学[M].吴德庆译.北京:中国人民出版社,2008.
[48] [美]兰姆英,[美]库尔.创业学[M].胡英坤,孙宁译.大连:东北财经大学出版社,2009.
[49] [美]詹姆斯·库泽斯,[美]巴里·波斯纳.领导力[M].李丽林,林振东译.北京:电子工业出版社,2005.
[50] 王丹.浅析大学生公益创业[J].中国集体经济,2011(4):157.